MATLAB을 이용한

실용 영상 처리

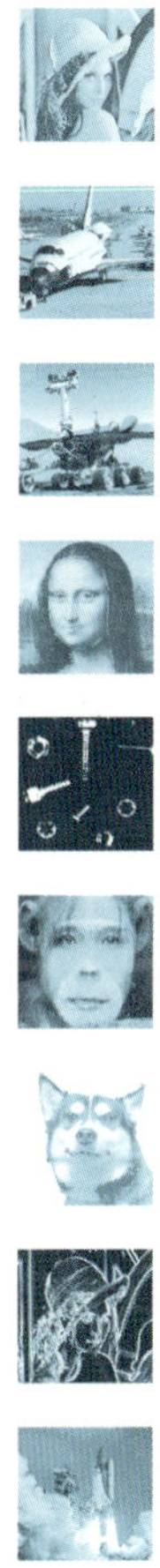

문성룡 · 정성태 · 조준호 지음

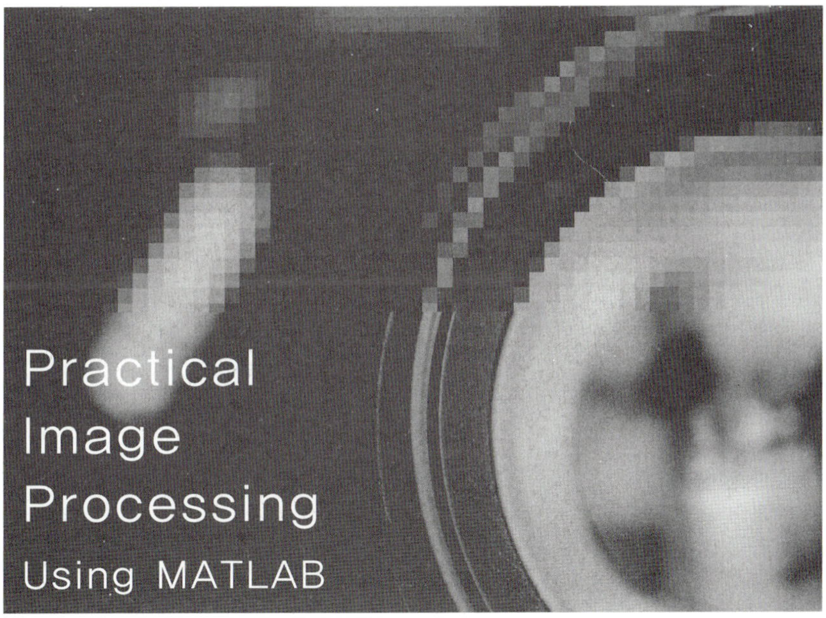

생능출판

저자 소개

문성룡
원광대학교 전자공학과 교수

정성태
원광대학교 컴퓨터공학과 교수

조준호
원광대학교 전자융합공학과 조교수

MATLAB을 이용한 **실용영상처리**

초판인쇄 2016년 2월 4일
초판발행 2016년 2월 12일

지은이 문성룡, 정성태, 조준호
펴낸이 김승기
펴낸곳 (주)생능출판사 / **주소** 경기도 파주시 광인사길 143
출판사 등록일 2005년 1월 21일 / **신고번호** 제406-2005-000002호
대표전화 (031)955-0761 / **팩스** (031)955-0768
홈페이지 www.booksr.co.kr

책임편집 손정희 / **편집** 최일연, 신성민, 김민보 / **디자인** 유준범
마케팅 백승욱, 최복락, 김민수, 심수경, 최권혁, 백수정, 최태웅, 김민정
인쇄 새한문화사 /**제본** 은정문화사

ISBN 978-89-7050-863-4 93000
정가 25,000원

- 이 도서의 국립중앙도서관 출판예정도서목록(CIP)은 서지정보유통지원시스템 홈페이지(http://seoji.nl.go.kr)와 국가자료공동목록시스템(http://www.nl.go.kr/kolisnet)에서 이용하실 수 있습니다. (CIP제어번호: CIP2016001057)

머리말

20세기 중반까지 영상처리는 아날로그로 이루어졌으며, 대부분 광학과 연관된 방법이었다. 이런 영상처리는 현재까지도 홀로그래피 등에 사용되지만, 컴퓨터 처리 속도의 향상으로 인해 이런 기법들은 디지털영상처리 기법으로 많이 대체되었다. 일반적으로 디지털영상처리는 다양한 방법으로 쓰일 수 있으며 정확하다는 장점이 있고, 아날로그보다 구현하기 쉽다. 영상처리의 응용 분야로는 생물학 분야, 군사적 분야, 문서 처리, 공장 자동화(Factory Automation), 의료 진단 영상 시스템(Medical Diagnostic Imaging), 리모트 센싱(Remote Sensing) 등 광범위한 분야에서 사용되고 있으며, 향후 더욱 많은 분야에서 사용되어질 것이다. 이 책은 이론보다는 실습에 적합하도록 집필하였으며, MATLAB을 활용하여 더욱 쉽게 디지털영상처리를 할 수 있도록 하였다. 프로그램 개발 환경은 MATLAB 2010a과 Image Process Toolbox를 활용하여 학습자가 이해하기 쉽도록 하였다.

이 책은 실용적인 영상처리에서 가장 기본적으로 알아두어야 할 내용을 12개의 장으로 구성하였다. 제1장에서는 영상처리의 응용 분야, 디지털영상 생성 방법, 컬러 모델, 영상 파일 형식 등 영상처리의 기초 이론에 대해 설명한다. 그리고 MATLAB을 이용한 영상 읽기, 쓰기와 Image Processing Toolbox 등 영상처리 프로그램 작성에 필요한 기본적인 활용 방법을 다룬다. 제2장에서는 히스토그램 평활화, 명암대비 스트레칭 등 픽셀 기반 처리 방법과 구현 방법을 다루고 제3장에서는 영상 선명화, 경계선 검출, 잡음제거 등의 영역 기반 처리 방법과 구현 방법을 다룬다. 제4장에서는 침식 연산, 팽창 연산, 닫힘 연산, 열림 연산 등의 형태학적 처리 기법과 구현 방법을 다루고 있다. 제5장에서는 영상의 확대, 축소, 회전, 대칭 등의 기하학적 처리 방법과 구현 방법을 다룬다. 제6장에서는 영상 워핑과 모핑의 원리와 구현 방법에 대해 설명하고 제7장에서는 AVI 파일을

P R E F A C E

읽어서 처리하는 방법과 PC 카메라의 영상을 캡처해서 처리하는 방법과 영상 압축 및 복원에 대해 다루고 특히 JPEG 형식으로 영상을 압축하여 파일로 저장하는 프로그램을 구현해 볼 수 있도록 설명한다. 제8장에서는 저주파 통과필터, 고주파 통과필터, 잡음 제거 등 주파수 영역에서 영상을 처리하는 방법을 다룬다. 제9장에서는 컴퓨터 비전에서 이용된 다해상도(multi-resolution) 분석 방법이나 음성과 영상압축에서 사용되던 서브밴드(sub-band) 코딩 기법, 응용 수학에서 사용된 웨이블릿 변환에 대해서 다룬다. 제10장에서는 GUI(graphical user interface)에서 제공하는 대화상자, 슬라이더 컨트롤, 마우스 이벤트 처리 등의 방법을 이용하여 영상처리 프로그램의 사용자 인터페이스를 개선하는 방법을 다룬다. 제11장에서는 영상의 기하학적 특징을 이용하여 사각형, 삼각형, 원 등의 단순한 패턴을 검출하는 방법을 다루고 제12장에서는 주성분 분석을 이용한 단순한 패턴을 인식하고 얼굴 인식을 수행하는 방법을 다룬다.

요즘 영상처리에 대한 관심이 고조되고 있는 상황에서 이 분야에 대해 공부하고자 하는 분들에게 이 책이 조금이나마 도움이 되었으면 한다. 끝으로 이 책을 출판하기 위하여 힘써주신 생능출판사 사장님과 임직원 여러분께 진심으로 감사드린다.

2016년 1월

저자 일동

C O N T E N T S

차례

Chapter 01 | 영상처리 기초

Chapter 02 | 픽셀 기반 처리

CONTENTS

C O N T E N T S

C O N T E N T S

C O N T E N T S

C O N T E N T S

CHAPTER 01

영상처리 기초

1.1 영상처리란 무엇인가?

1.2 영상처리의 응용

1.3 영상처리의 기초 이론

1.4 MATLAB 프로그램 작성

CHAPTER 01

영상처리 기초

1.1 영상처리란 무엇인가?

영상처리란 스캐너, 디지털 카메라 등의 장치를 통하여 획득되었거나 또는 컴퓨터를 이용하여 생성된 영상을 원하는 목적에 맞게 조작하는 것이다. 영상처리의 예로는 영상의 화질을 개선하거나, 영상을 기하학적으로 변환하거나, 영상의 특징을 두드러지게 하거나, 영상을 압축하거나 하는 등의 작업이 있다. 그림 **1-1**에는 영상처리에 관련된 분야와의 관계가 나타나 있다. 시각화는 수치 데이터를 입력 받아 시각적으로 표현될 수 있는 자료 구조로 변환하는 것을 의미한다. 컴퓨터 그래픽스는 컴퓨터를 이용하여 새로운 영상을 합성한다. 영상처리는 영상을 처리해서 다른 영상으로 만든다. 컴퓨터 비전은 영상을 분석하여 이해하는 것을 의미한다.

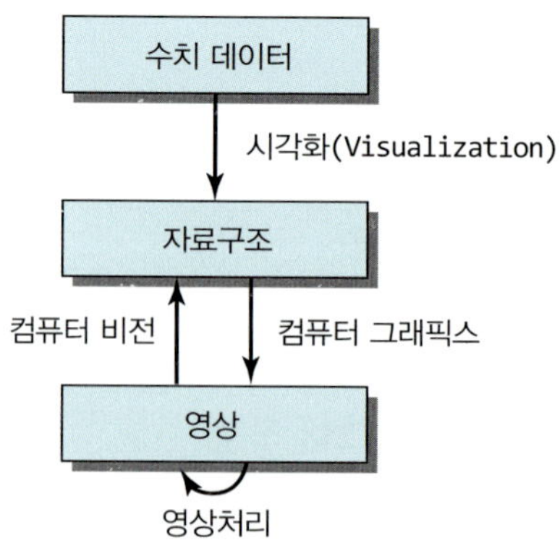

[그림 1-1] 영상처리와 관련 분야와의 관계

1.2 영상처리의 응용

초기의 영상처리는 과학자들 위주로 사용되었지만, 컴퓨터 하드웨어와 소프트웨어 기술의 발달에 따라 영상처리가 일반인들에게도 친숙하게 되었으며 방송, 영화, 의료, 산업 현장, 사진 편집, 출판 등 매우 광범위한 분야에서 이용되고 있다.

● 방송과 영화

방송이나 영화에서 특수 효과를 위해 영상처리가 많이 사용되는데, 흔히 볼 수 있는 영상처리 기술로는 모핑(morphing)과 워핑(warping)이 있다. 모핑이란 여우가 사람으로 변하는 장면 등과 같이 두 영상 간의 부드러운 변화를 생성하는 기술을 의미한다. 워핑이란 한 영상에 대한 기하학적 변환을 하는 것인데, 모핑의 한 과정으로 사용되며 여러 가지 흥미로운 영상을 생성할 수 있다.

● 의료

병원에서 진단에 사용하는 X-선, 초음파, CT(Computed Tomography), MRI (Magnetic Resonance Imaging) 등의 영상에 영상처리가 널리 사용되고 있다. 즉, 보다 정확한 진단을 위하여 영상을 확대, 조작, 변형하는 작업을 수행하고 있다. 또한 염색체의 해석 및 세포의 자동 분류 등 기초 의학 분야에서도 영상처리가 널리 사용되고 있다.

● 산업 현장

공장의 자동화에서도 영상처리가 널리 사용되고 있다. 결함 상품의 자동검사, 산업용 로봇의 눈 등에 영상처리가 사용되고 있다. 공장에서는 조립, 생산 라인에서 사용되기 때문에 카메라를 이용하여 입력된 영상에 대한 고속 처리가 필요하다.

● 보안 및 감시

보안을 위해서도 영상처리가 사용되는데, 지문을 이용해서 사람을 인식하는 시스템, 사람 얼굴을 인식해서 수배자를 검색하는 시스템, 침입자를 인식하는 영상 방범 시스템 등 다양한 분야에서 영상처리가 이용되고 있다.

● 출판 및 문서 제작

사진사, 광고 제작자, 출판자뿐만 아니라 일반인들도 Photoshop과 같은 소프트웨어를 사용하여 영상의 질을 향상시키거나 색을 조작하거나 특수 효과를 사용함으로써 보다 멋있는 영상을 생성하고 있다.

1.3 영상처리의 기초 이론

1.3.1 영상 생성

자연 영상에서는 컬러와 음영이 연속적으로 변화하는데, 이를 아날로그 영상이라 한다. 이러한 아날로그 영상이 컴퓨터에서 처리되기 위해서는 디지털 영상으로 변환되어야 한다. 아날로그 형태로 되어 있는 영상을 디지털 형태로 변환하기 위해서는 디지타이저가 사용된다. 일반적인 디지타이저로는 스캐너, 디지털 카메라, 디지털 비디오카메라 등이 있다. 디지타이저의 두 가지 기능은 샘플링과 양자화이다. 샘플링은 아날로그 영상에서 일정한 간격으로 데이터를 획득하는 것을 말한다. 양자화는 샘플링에 의해 획득된 데이터에 숫자로 된 값을 할당하는 것을 의미한다. 동일한 아날로그 영상이더라도 샘플링과 양자화에 따라 다양한 디지털 영상을 얻을 수 있다. 샘플링의 크기는 가로 세로 방향으로 각각 몇 번 데이터를 취득하느냐를 나타내는데 그림 1-2에는 동일한 영상에 대한 다양한 샘플링의 크기에 따른 결과가 나타나 있다. 그림과 같이 샘플은 사각 영역의 평균 광도를 나타내는데, 각 샘플을 픽셀(pixel)이라 부른다. 각각의 샘플에 숫자로 된 값을 할당하는 양자화의 수준은 몇 비트를 사용하여 그 숫자를 나타낼 것인가에 따라 결정된다. 그림 1-3에는 다양한 양자화 수준의 예가 나타나 있다.

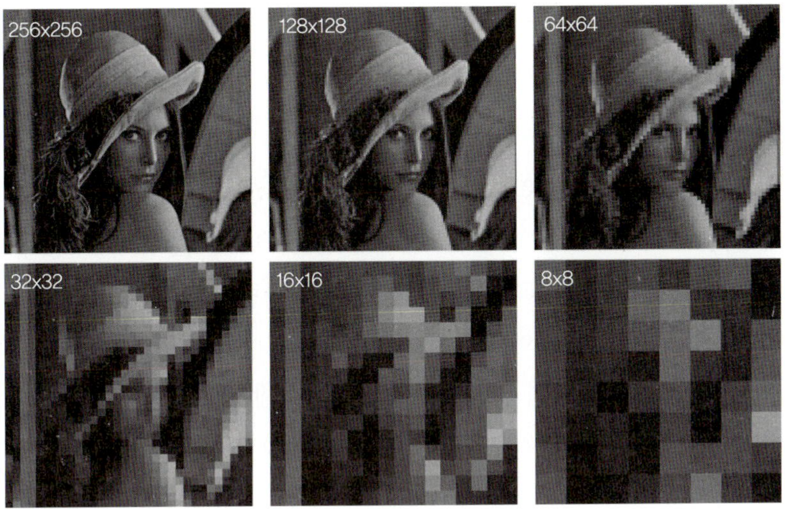

[그림 1-2] 샘플링 크기들의 예

[그림 1-3] 다양한 양자화 수준 예

1.3.2 컬러 모델

흑백 영상의 경우에는 각 픽셀의 광도 값만으로 영상을 표현하지만 컬러 영상에서는 다양한 표현 방법들이 있다. 컬러 모니터와 컴퓨터 그래픽스 시스템들은 RGB 컬러 모델을 사용한다. 컬러 그림을 인쇄하는 시스템에서는 CMY 컬러 모델을 사용한다. 색상, 명도, 채도를 다루어야 하는 시스템에서는 HSI 컬러 모델을 사용한다. 이외에도 YCbCr, YUV, YIQ, UVW 등 다양한 컬러 모델들이 사용되고 있다.

1) RGB 컬러 모델

RGB 컬러 모델은 빛의 삼원색인 빨강(Red), 초록(Green), 파랑(Blue)으로 구성된다. 이들은 서로 더해짐으로써 컬러를 만들어내게 된다. RGB 컬러 모형은 그림 1-4와 같이 각 축의 모서리가 빨강, 초록, 파랑인 3차원 좌표계로 표현될 수 있다. 원점은 세 가지 색이 모두 없는 곳으로 검정색을 나타낸다. 3차원 좌표 (1,1,1)에 해당하는 점은 세 가지 색이 최대로 더해진 곳으로 흰색을 나타낸다. 원점에서 (1,1,1)으로의 대각선 상의 점들은 세 가지 색이 같은 비율로 더해진 곳으로서 흑백 영상의 광도를 나타낸다.

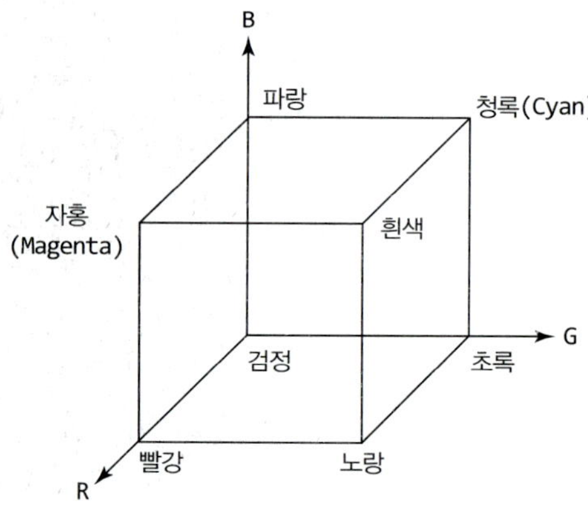

[그림 1-4] RGB 컬러 모델

2) CMY 컬러 모델

CMY 컬러 모델은 청록색(Cyan), 자홍색(Magenta), 노랑색(Yellow)으로 구성된다. 컬러 모니터에서는 검정색의 모니터 상에 빛의 3원색인 빨강색, 초록색, 파랑색 빛을 더하여 컬러를 만들지만 프린터와 같은 인쇄 시스템에서는 하얀색 종이에 잉크나 토너 등을 칠하여 컬러를 만들어 낸다. 따라서 CMY 컬러 모델은 하얀색으로부터 색을 빼는 개념을 사용한다. 태양이나 형광등과 같은 광원으로부터 나온 빛은 빨강색, 초록색, 파랑색 성분을 모두 포함하는데, 이 빛이 종이에 반사되어 우리 눈에 들어갔을 때 사람의 시신경이 이를 흰색으로 인지하는 것이다. 청록색, 자홍색, 노랑색 잉크를 흰색 종이에 칠하면 이들은 각각 서로 다른 빛 성분을 흡수하게 된다. 청록색은 빨강색을 흡수하고, 자홍색은 초록색을, 노랑색은 파랑색을 흡수하게 된다. 예를 들어, 청록색, 자홍색, 노랑색 잉크를 모두 칠하면 빨강색, 초록색, 파랑색 빛을 모두 흡수하므로 검정색이 된다. 청록색과 자홍색 잉크를 칠하면 빨강색과 초록색 빛을 흡수하므로 파랑색이 된다.

이와 같이 RGB와 CMY는 서로 보색 관계에 있기 때문에 두 모델 사이의 변환은 다음과 같이 간단히 할 수 있다.

RGB => CMY	CMY => RGB
C = 1.0 - R M = 1.0 - G Y = 1.0 - B	R = 1.0 - C G = 1.0 - M B = 1.0 - Y

3) CMYK 컬러 모델

CMY 컬러 모델이 이론적으로는 모든 색을 생성할 수 있으나, 실제의 컬러 프린터에서는 CMYK 컬러 모델을 사용한다. CMYK 컬러 모델은 청록색(Cyan), 자홍색(Magenta), 노랑색(Yellow)에 더불어 검정색(blacK)이 추가된 컬러 모델이다. 이론적으로는 청록색, 자홍색, 노랑색 세 가지 색의 잉크나 토너를 혼합하여 흰색 종이에 칠하면 검정색이 되지만, 실제로는 순수한 검정색이 아니라 갈색 톤의 검정색이 생성되고, 세 가지 색을 혼합하면 잉크나 토너가 많이 소모되어 비효율적이다. 또한 컬러 잉크나 토너의 가격이 검정 잉크나 토너의 가격에 비하여 비싸다. 이러한 이유들로 인하여, 컬러프린터에서는 검정색 잉크나 토너를 추가로 사용하여 깨끗한 검정색을 출력할 뿐만 아니라 잉크나 토너의 비용을 절약한다. CMY 컬러 모델의 색상 값을 CMYK 컬러 모델로 변환하는 식은 다음과 같다.

$$K = Min(C,M,Y)$$
$$C = (C - K)/(1 - K)$$
$$M = (M - K)/(1 - K)$$
$$Y = (Y - K)/(1 - K)$$

4) HSI 컬러 모델

HSI 컬러 모델은 색상(Hue), 채도(Satuation), 명도(Intensity)로 구성된다. 색상은 그 색의 원색을 나타낸다. 채도는 색의 순수도를 나타내는 것인데 원색에 어느 정도의 흰색이 혼합되었는지를 나타낸다. HSI 컬러 모델은 색의 변환을 용이하게 해준다. 예를 들어, 빨강색을 분홍색으로 만들기 위해서는 단순히 채도만 조절하면 된다. 어두운 것을 밝게 하려면 명도를 높여주면 된다. 이러한 이유로 영상처리 시스템에서는 컬러 영상을 처리할 때에 HSI 모델을 많이 사용한다. 몇몇 영상처리에서는 단지 명도만을 사용하는데, 이러한 처리에서는 RGB 모델을 사용하는 것보다 HSI 모델을 사용하는 것이 효과적이다. 또한 컴퓨터 비전에서 물체를 색상으로 구분할 경우에도 HSI 모델을 사용하는 것이 효과적이다. HSI 컬러 모델에서는 색상과 명도가 분리되어 표현되지만 RGB 컬러는 빛의 밝기에 대한 정보가 분리되어 있지 않고 빛의 밝기에 따라 물체의 색이 영향을 받으므로 원래 어떤 색상이었는지를 알기가 어렵다.

HSI 컬러 모델은 그림 1-5와 같이 원뿔 모양의 좌표계로 표현된다. 색상은 원뿔 둘레를 따라 0도에서 360도의 범위를 가진 각도로 표현된다. 그림에 몇몇 각도에 대한 색상이 나타나 있는데, 0도는 빨강색, 120도는 초록색, 240도는 파랑색을 나타낸다. 채도는 0에서 1까지의 값을 가지며 원뿔 중심으로부터의 수평 거리로 표현된다. 원뿔 중심에서의 채도값은 0으로서 흰색이 100 퍼센트가 되고 원뿔 가장자리에서는 채도가 1이 되어 흰색이 전혀 섞이지 않은 순수한 원색이 된다. 명도는 세로축에 해당하는데, 가장 아래쪽이 명도가 0이고 검정색을 나타내며 가장 위가 명도가 1이고 흰색을 나타낸다. RGB 컬러 모델로부터 HSI 컬러 모델로의 변환은 다음 식과 같이 수행할 수 있다.

$$H = \cos^{-1}\left(\frac{\frac{1}{2}[(R-G)+(R-B)]}{\sqrt{(R-G)^2+(R-B)(G-B)}}\right)$$

$$S = 1 - \frac{3}{(R+G+B)}[\min(R,G,B)]$$

$$I = \frac{(R+G+B)}{3}$$

HSI 컬러 모델로부터 RGB 컬러 모델로의 변환은 H 값에 따라 다음과 같이 수행할 수 있다.

$0° < H \leq 120°$	$120° < H \leq 240°$	$240° < H \leq 360°$
$R = \frac{1}{3}\left(1 + \frac{S\cos(H)}{\cos(60° - H)}\right)$ $G = 1 - (R + B)$ $B = \frac{1}{3}(1 - S)$	$H = H - 120$ $R = \frac{1}{3}(1 - S)$ $G = \frac{1}{3}\left(1 + \frac{S\cos(H)}{\cos(60° - H)}\right)$ $B = 1 - (R + G)$	$H = H - 240$ $R = 1 - (G + B)$ $G = \frac{1}{3}(1 - S)$ $B = \frac{1}{3}\left(1 + \frac{S\cos(H)}{\cos(60° - H)}\right)$

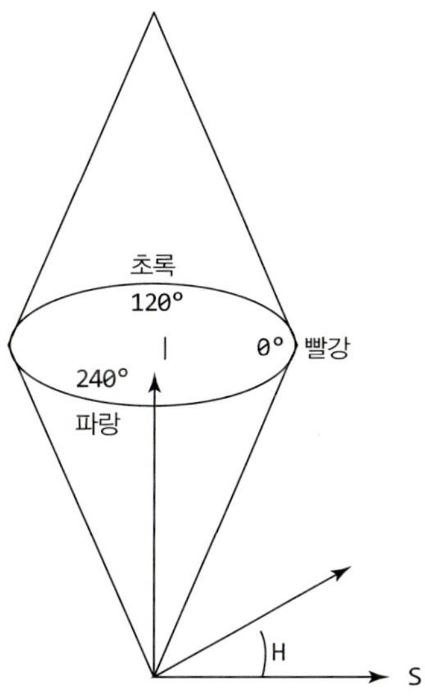

[그림 1-5] HSI 컬러 모형

5) 기타 모델들

앞에서 설명한 세 가지 모델 이외에도 YCbCr, YUV, YIQ 등 다양한 컬러 모델들이 사용되고 있다. 이들 모델에서도 컬러 정보와 광도를 분리하여 사용하는데, Y는 광도를 나타낸다. YCbCr 모델에서 Cb는 푸른 정도 Cr은 붉은 정도를 나타낸다. YCbCr 컬러 모델은 JPEG 압축 파일에서 사용된다. YIQ는 NTSC 컬러 TV 방송에 사용되는 컬러 모델이다. YUV는 PAL 컬러 TV 방송에 사용되고 있으며 디지털 비디오에도 사용되고 있다.

1.3.3 영상 파일 형식

영상을 저장하는 파일 형식에는 BMP, PCX, JPG, TIF, GIF, PBM, PGM, PPM, RAW 등 여러 가지가 있다. 각 파일 형식은 나름대로의 장단점을 가지고 있는데, 본 교재에서는 구현을 용이하게 하기 위해 단순한 파일 형식을 사용하기로 한다. 가장 단순한 파일 형식은 RAW 형식이다. 이 형식에서는 단지 영상의 픽셀값만을 저장하므로 파일을 읽기 위해서는 영상의 크기를 미리 알고 있어야 하는 불편이 따른다. 그 다음으로 단순한 형식은 PBM(Portable BitMap), PGM(Portable GrayMap)과 PPM(Portable PixMap) 형식이다. PBM 형식은 이진 영상에, PGM 형식은 흑백 영상에 사용되고 PPM 형식은 컬러 영상에 사용된다. PBM, PGM, PPM 파일은 헤더와 데이터부로 구성된다. 헤더는 파일의 앞부분에 ASCII 문자로 기록되며 다음과 같은 내용으로 구성된다.

파일의 유형
영상의 너비
영상의 높이
최대 명암도값 또는 컬러값

파일의 유형은 다음과 같이 여섯 가지의 값을 가질 수 있다. P1, P2, P3은 데이터부의 픽셀값도 ASCII 문자로 되어 있어 일반 텍스트 편집기로도 그 값을 볼 수 있다. P4, P5, P6은 데이터부의 픽셀값이 이진수로 되어 있어서 텍스트 편집기로는 그 값을 볼 수 없고 프로그램에서 이진 파일 형식으로 파일을 열어서 그 값을 보아야 한다.

형식	의미	
P1	PBM 형식임	데이터부의 픽셀값이 ASCII 문자임
P2	PGM 형식임	
P3	PPM 형식임	
P4	PBM 형식임	데이터부의 픽셀값이 이진수임
P5	PGM 형식임	
P6	PPM 형식임	

헤더의 네 가지 정보는 서로 다른 줄에 기록된다. 예를 들어 이진 파일이고 PGM 형식이며 영상의 크기가 640×480이고 최대 명암도가 255인 경우에 헤더는 다음과 같다.

```
P5
640
480
255
```

영상은 2차원인 반면에 파일은 1차원 구조를 가지고 있다. 따라서 데이터부 픽셀값들은 영상의 좌측 상단에서부터 우측 하단 방향으로 한 줄씩 차례대로 기록된다. PPM 형식의 경우에는 한 픽셀당 빨강색 성분값, 초록색 성분값, 파랑색 성분값인 세 개의 값이 기록된다.

1.4 MATLAB 프로그램 작성

1.4.1 Matlab 프로그램 시작

MATLAB 프로그램은 처음에는 Fortran으로 작성되었으나, 현재는 C++로 작성되었다. MATLAB 코딩 체계는 수학적인 기호와 간단한 C문법으로 행해진다. MATLAB의 기본 데이터 요소는 차원의 제한이 없는 배열로 수학과 관련된 복잡한 계산식을 쉽게 처리할 수 있으며, 처리된 결과를 2차원 및 3차원 그래프로 볼 수 있어 분석하는 데 많이 사용되는 프로그램이다. 최근에는 신호 및 영상처리 분야에서도 많이 사용되고 있다. MATLAB 프로그램을 활용한 영상처리는 Image Process Toolbox를 활용하면 기존의 다른 프로그램 보다 쉽고, 빠르게 영상처리 결과를 얻을 수 있다. 최근에는 MATLAB 2015a까지 나와 있으며, 이 책은 MATLAB 2010a를 기준으로 설명한다.

1.4.2 MATLAB 실행 방법

MATLAB을 실행시키는 방법은 아래와 같이 3가지 방법이 있다.

① MATLAB 단축아이콘( ) 더블 클릭

② 시작메뉴 → 모든 프로그램 → MATLAB 2010a 버튼 클릭

③ MATLAB이 설치된 디렉터리에서 MATLAB 2010a 버튼 클릭

위의 3가지 중 한 가지 방법을 사용하여 MATLAB을 실행시키면 아래와 같은 매트랩 데스크톱 창이 열리며, 기본 화면에는 Command Window, Current Directory Window, Command History Window 등 세 개의 작은 창이 포함되어 있다. 창의 왼쪽 하단부에 있는 Start 버튼을 이용하여 MATLAB의 여러 도구와 기능에 접근할 수 있다.

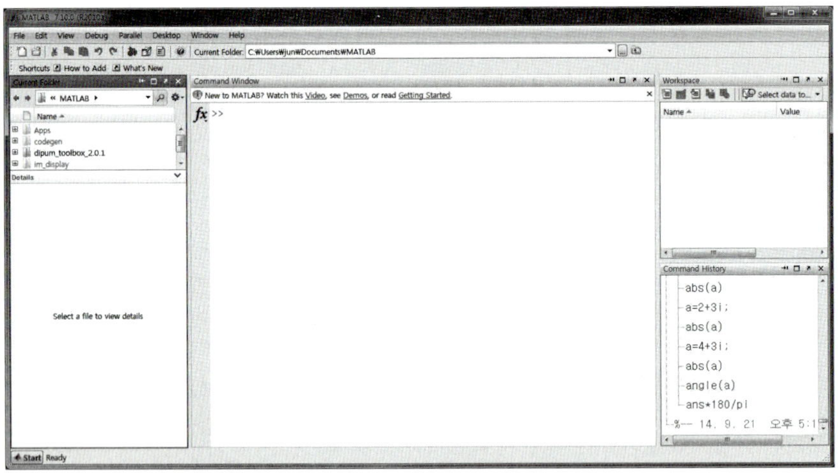

[그림 1-6] 매트랩 데스크톱 창

- **Command 창**

대화식으로 데이터를 입력하고 명령 및 프로그램을 실행하며 결과를 표시할 수 있는 창

- **MATLAB Editor**

중단점 설정과 개별 코드 행 탐색과 같은 편집 및 디버깅 기능 제공

● Code Analyzer

코드 오류를 자동으로 검사하고 성능 및 유지보수성 극대화를 위한 수정 사항을 제안

● MATLAB Profiler

MATLAB 프로그램의 성능을 측정하고 코드 영역을 파악하여 개선 사항을 수정

이 교재에서는 프로그램 작성을 할 경우 MATLAB Editor와 Command 창을 중심으로 설명할 것이다.

1.4.3 Image Processing Toolbox

Image Processing Toolbox™는 표준 알고리즘, 함수, 이미지 처리를 위한 앱 그리고 분석, 시각화 및 알고리즘 개발 등을 위한 포괄적인 세트를 제공한다. 사용자는 이미지 분석, 이미지 분할, 이미지 화상 개선, 잡음 제거, 기하 변형, 이미지 레지스터링 등을 수행할 수 있다. 많은 툴박스의 함수들이 멀티코어 프로세스, GPU 그리고 C Code 생성도 지원된다. Image Processing Toolbox는 HDR(high dynamic range), 기가픽셀 해상도, 내장 ICC 프로파일 및 단층 촬영 이미지를 비롯한 다양한 이미지 유형을 지원한다. 시각화 함수와 응용 프로그램으로 이미지 및 비디오 분석, 특정 픽셀 부분 검사, 색상 및 대비 조정, 윤곽 또는 막대그래프 생성 및 ROI(regions of interest) 조작 등을 수행할 수 있다. 툴박스는 대형 이미지 처리, 표시, 프로세싱의 워크플로를 지원한다.

● 영상 class와 유형들 간의 변환

MATLAB에서 제공되는 영상 class와 유형들 간의 변환 명령어는 <표 1-1>과 같다.

<표 1-1> 영상 class와 유형 변환

이름	결과	데이터 클래스
im2uint8	uint8	logical, uint8, uint16, double
im2uint16	uint16	logical, uint8, uint16, double
mat2gray	double	double
im2double	double	logical, uint8, uint16, double
im2bw	logical	uint8, uint16, double

● Data Class

MATLAB에서 제동되는 데이터 클래스는 아래의 표와 같다.

<표 1-2> 데이터 클래스

이름	설명
double	$-100^{308} \sim -10^{308}$ 범위의 배정도 부동소수점 수
uint8	0~255 범위의 부호 없는 8비트 정수
uint16	0~65535 범위의 부호 없는 16비트 정수
uint32	0~4294967265 범위의 부호 없는 32비트 정수
int8	−128~127 범위의 부호 있는 8비트 정수
int16	−32768~32767 범위의 부호 있는 16비트 정수
int32	−2147483647~2147483647 범위의 부호 있는 32비트 정수
char	2바이트(문자)
logical	1바이트(0 또는 1의 값)

● Image Types

영상처리에서는 다음 표와 같이 영상의 네 가지 기본 타입을 정의한다.

<표 1-3> 영상의 타입

타입	설명
Binary	영상의 화소 값을 흑(0)과 백(1)으로만 나타냄.
Indexed	영상에서 사용되는 모든 컬러를 colormap맵을 사용하여 나타냄. (Array of class logical, uint8, uint16, single, double)
Grayscale	영상에서 화소 값을 그레이 음영으로 나타냄. For uint8, values range from [0,255]. For uint16, values range from [0, 65535].
Truecolor (RGB image)	영상에서 화소 값을 R,G 및 B 성분으로 나타냄. (Array of class logical, uint8, uint16, single, double)

① Binary Images

이진영상은 각 화소의 값을 0과 1로만 나타내며, logical 배열로 저장된다.

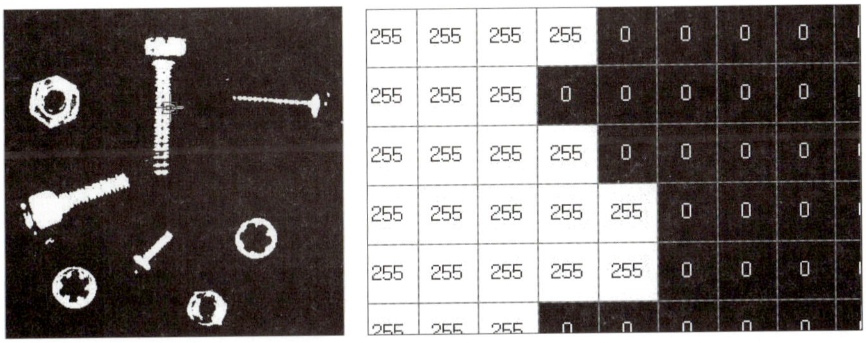

[그림 1-7] 2진 영상

② Indexed Images

인덱스 영상은 인덱스 화소값과 인덱스 화소값에 대한 컬러맵의 조합으로 구성된 영상을 의미한다. 여기서 인덱스 화소값은 데이터의 유형에 따라 결정되며, 컬러맵은 R, G 및 B순 배열로 나타낸다.

[그림 1-8] 인덱스 영상

③ Grayscale Images

Grayscale 영상은 화소 값을 데이터의 유형에 따른 그레이 음영으로 나타내며, uint8은 0~255, uint16은 0~65535 값으로, double형은 0에서 1 사이의 값으로 나타낸다.

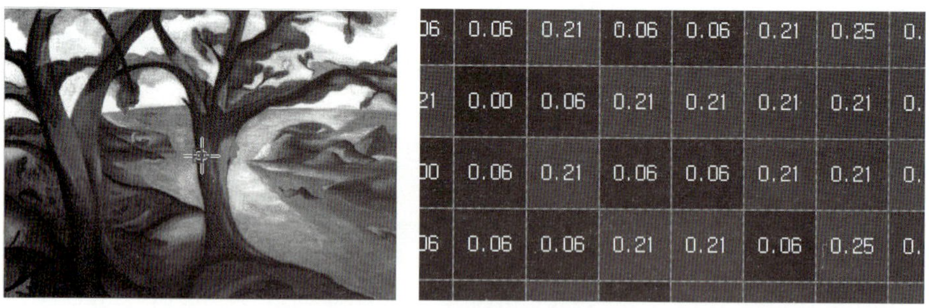

[그림 1-9] Grayscale 영상

④ Truecolor Images

천연컬러 영상은 RGB 영상이라고도 하며, 영상에서 화소 값을 데이터의 유형에 따라 R, G 및 B 성분, 즉 3차원 배열로 나타내는 영상을 의미한다.

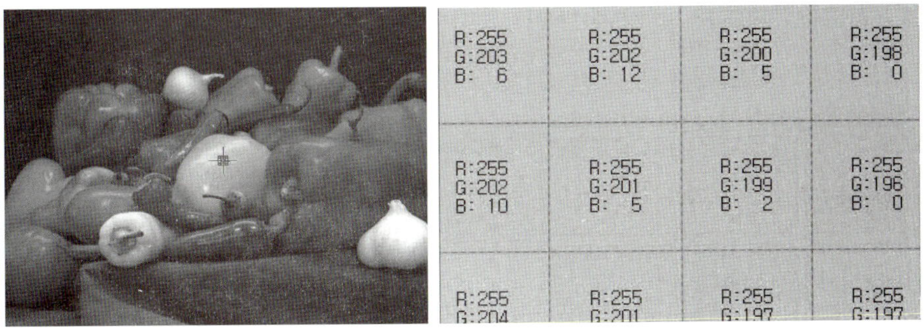

[그림 1-10] Truecolor 영상

● MATLAB의 영상변환

표 1-4는 MATLAB에서 제공되는 영상변환을 나타낸 것이다. 영상변환은 매우 유용하게 쓰인다. 예를 들어, 사용자가 인덱싱된 이미지로 저장된 컬러 이미지를 필터링할 경우에 처음에는 트루 컬러 형식으로 변환한 뒤 필터링을 해야 한다.

<표 1-4> 영상변환

함수	설명
gray2ind	grayscale 영상을 indexed 영상으로 변환. [[y,map]= gray2ind(x)]
im2bw	grayscale 영상, indexed 영상 그리고 truecolor 영상을 threshold를 이용하여 binary 영상으로 변환. [y= im2bw(x,threshold)]
ind2gray	indexed 영상을 grayscale 영상으로 변환. [y= ind2gray(x,map)]
ind2rgb	indexed 영상을 truecolor 영상으로 변환. [y= ind2rgb(x,map)]
mat2gray	매트릭스 값을 grayscale 영상으로 변환. [y= mat2gray(x)]
rgb2gray	truecolor 영상을 grayscale 영상으로 변환. [y= rgb2gray(x)]
rgb2ind	truecolor 영상으로 indexed 영상으로 변환. [[y,map] = rgb2ind(x)]

1.4.4 이미지 데이터 읽기와 쓰기

1) 이미지 데이터 읽기

MATLAB 함수를 이용하여 이미지 데이터를 읽을 수 있다.

● 명령어 : imread( )

- 설명 : MATLAB에서 이미지 영상을 읽음
- 형식 : A = imread(filename)
- fileformat : JPEG, TIFF, GIF, BMP, PNG, HDF, PCX, XWD 등

● 명령어 : dicomread( )

- 설명 : MATLAB에서 의료 영상을 읽음
- 형식 : B = dicomread(filename)

```
① A = imread('ngc6543a.jpg'); % ngc6543.jpg 영상을 읽는다.
② [A,map] = imread('trees.tif') % Indexed Images인 trees.tif 영상을 읽는다.
                                % 여기서 map은 indexed 영상의 컬러맵임.
③ RGB = imread('football.jpg'); % football.jpg가 Truecolor Images이면
   R=RGB(:,:,1);                 % 3차원 배열로 읽어지며, R,G,B 순이다.
   G=RGB(:,:,2);
   B=RGB(:,:,3);
④ I = dicomread('CT-MONO2-16-ankle.dcm'); % 의료 영상을 읽는다.
```

2) 이미지 데이터 쓰기

MATLAB 함수를 이용하여 영상을 읽고, 전처리 및 영상 분할 등의 작업을 처리한 이미지를 원하는 format으로 이미지 데이터를 저장할 수 있다.

● 명령어 : imwrite( )

- 설명 : MATLAB에서 이미지 영상을 저장
- 형식 : imwrite(x, map, 'filename','fmt')
- fileformat : JPEG, TIFF, GIF, BMP, PNG, HDF, PCX, XWD 등

● 명령어 : dicomwrite( )

- 설명 : MATLAB에서 의료 영상을 저장
- 형식 : dicomread(x, filename)

```
① A = imread('ngc6543a.jpg'); % 영상을 읽는다.
  imwrite(A, 'ngc6543b.tif'); % 영상을 tif 형식으로 저장한다.
② [A,map] = imread('trees.tif') % Indexed Images인 trees.tif 영상을 읽는다.
                                % 여기서 map은 indexed 영상의 컬러맵이다.
  imwrite(A,map, 'trees.png'); % Indexed 영상으로 저장한다.
③ X = dicomread('CT-MONO2-16-ankle.dcm'); % 의료 영상을 읽는다.
  metadata = dicominfo('CT-MONO2-16-ankle.dcm'); % CT의 정보 포함
  dicomwrite(X, 'ct_file.dcm', metadata); % CT의 정보를 포함해서 저장한다.
```

1.4.5 Image display

MATLAB에서 제공되는 Image Processing Toolbox에서는 기본적으로 imshow와 imtool이라는 두 개의 display 함수를 제공한다. 두 함수 모두 핸들 그래픽 아키텍처를 기반으로 동작하며, 이미지 개체를 만들고 개체에 포함된 축을 표시할 수 있다.

● 명령어 : imshow( )

- 설명 : MATLAB에서 영상 display
- 형식 : imshow(x)

```
X = imshow(imread('moon.tif'));  % X = imread('moon.tif');
```

```
① moon = imread('moon.tif');
  imshow(moon);
② imshow('moon.tif');
  → ①번과 동일한 영상 디스플레이
③ imshow(moon, 'InitialMagnification', 150);
  → ①번 영상의 150% 확대 디스플레이
④ imshow(moon, 'InitialMagnification', 50);
  → ①번 영상의 50% 축소 디스플레이
```

1) 출력 영상의 모형 제어 방법

imshow() 함수의 디폴트는 회색 테두리 모양의 여백으로 화면에 디스플레이 된다. 하지만 명령어 옵션을 다음과 같이 변경하면, 회색 테두리 모양의 여백을 조절할 수 있다.

- loose : 회색 테두리 모양을 더욱 넓게 만듦.
- tight : 회색 테두리 모양을 더욱 얇게 만듦.

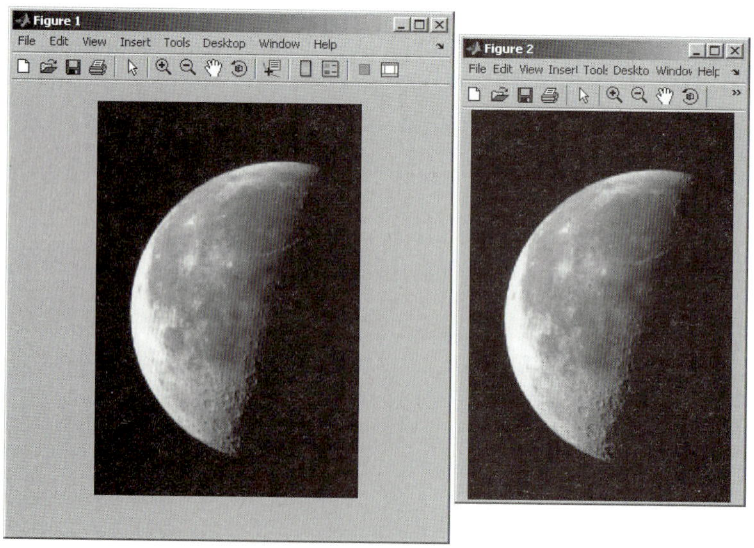

'loose' 'tight'

[그림 1-11] 출력 영상의 모형 제어된 영상 화면

2) 여러 이미지를 하나의 그림창에 디스플레이하기

MATLAB에서 2차원 그림을 그리는 명령어인 subplot()함수를 사용하면 하나의 그림창에 여러 개의 이미지를 디스플레이할 수 있다.

```
[X1,map1]=imread('forest.tif');
[X2,map2]=imread('trees.tif');
subplot(1,2,1), imshow(X1,map1)
subplot(1,2,2), imshow(X2,map2)
```

[그림 1-12] 하나의 그림창에 2개의 이미지 디스플레이

위의 예제는 2개의 이미지를 하나의 그림창에 디스플레이했지만, 첫 번째 그림은 원하는 디스플레이가 되지 못했다. 이러한 이유는 2개의 이미지 모두 indexed image로 하나의 colormap를 사용하기 때문이다. 이러한 문제를 해결하기 위해서는 subimage()함수를 이용하면 된다.

● 명령어 : subimage( )

- 설명 : MATLAB에서 하나의 그림창에 여러 영상 display

• 형식 : subimage(X1,map1) ;

% [X1,map1]=imread('forest.tif'); subplot(1,2,1), subimage(X1,map1)

```
[X1,map1]=imread('forest.tif');
[X2,map2]=imread('trees.tif');
subplot(1,2,1), subimage(X1,map1)
subplot(1,2,2), subimage(X2,map2)
```

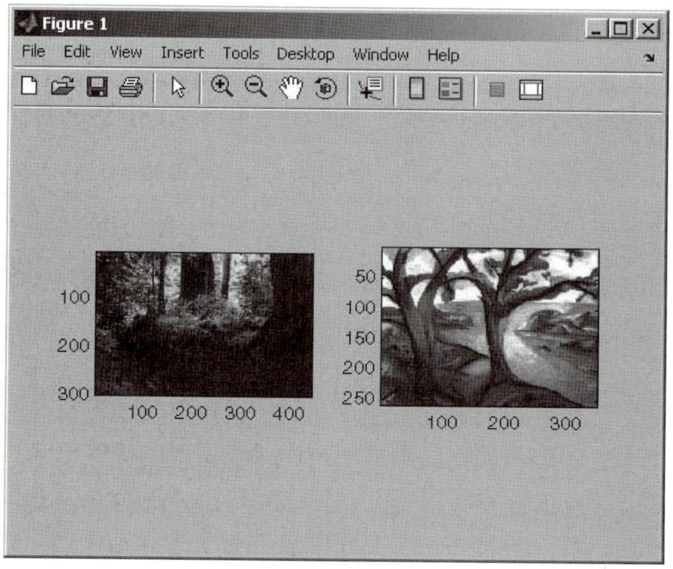

[그림 1-13] subimage()함수를 이용한 2개의 이미지 디스플레이

3) Image Viewer App

이미지 뷰어 애플리케이션은 영상을 표시하고 일반적인 영상처리 작업을 수행하기 위한 통합된 환경을 제공하는 영상 display 및 탐색 도구이다.

• Pixel Information tool

- 해당 포인터 아래의 픽셀에 대한 정보를 얻기 위한 툴

• Pixel Region tool

- 화소의 그룹에 대한 정보를 얻기 위한 툴

- Distance tool
  - 두 개의 픽셀들 사이의 거리를 측정하기 위한 툴
- Image Information tool
  - 이미지와 이미지 파일의 메타 데이터에 대한 정보를 얻기 위한 툴
- Adjust Contrast tool and associated Window/Level tool
  - 실제의 이미지 데이터를 이미지 뷰어에 표시되는 이미지의 콘트라스트를 조정하고 수정하는 툴. 작업 공간 또는 파일에 조정된 데이터를 저장할 수도 있음.
- Crop Image tool
  - 이미지에 자르기 영역을 정의하고 이미지를 자르기 위한 툴. 작업 공간 또는 파일에 조정된 데이터를 저장할 수도 있음.
- Pan tool
  - 이미지의 다른 부분을 보기 위해 이미지를 이동시키는 툴
- Zoom tool
  - 이미지의 어떤 부분의 자세히 보기를 얻기 위한 툴

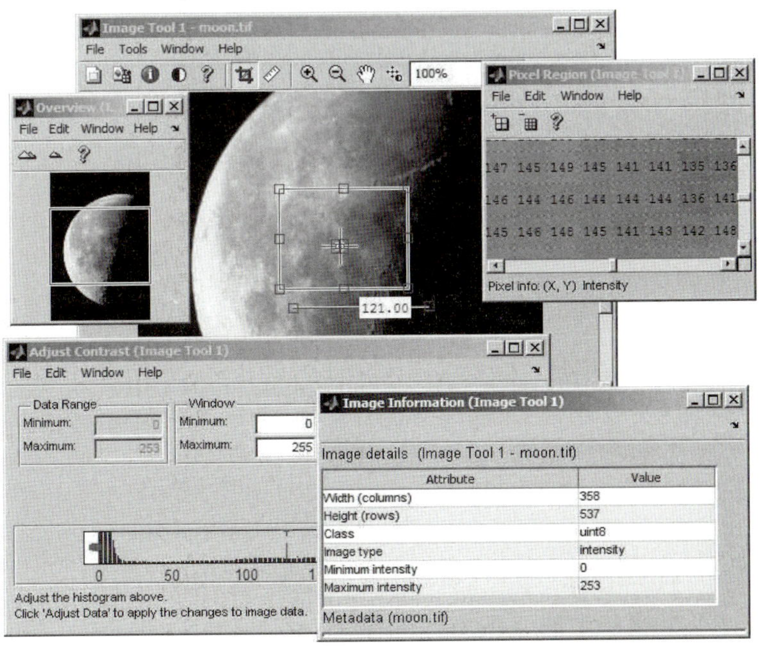

[그림 1-14] Image Viewer App and Related Tools

●이미지 디스플레이 범위 변경

이미지 디스플레이의 디폴트 형태를 변경하기 위해서는 imshow와 imtool 두 함수의 옵션을 사용하면, 직접 표시 범위를 지정할 수 있다.

```
imshow(I,'DisplayRange',[low high]) or imtool(I,'DisplayRange',[low high])
```

사용자가 표시 범위를 지정할 때 빈 매트릭스([])를 사용하는 경우, 이 함수는 배열의 최솟값 및 최댓값에 하한 및 상한 설정 데이터를 자동으로 설정한다.

```
I = imread('testpat1.png');
J = filter2([1 2;-1 -2],I);
imtool(J,'DisplayRange',[]);
```

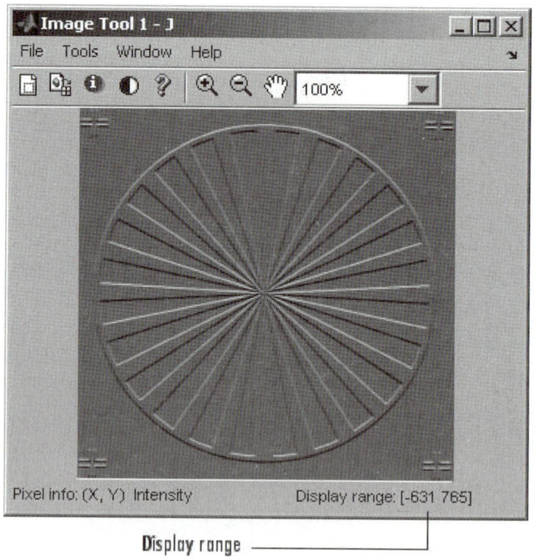

[그림 1-15] 이미지 디스플레이 범위

4) 4가지 형태의 이미지 Display

① Indexed Images

imshow 또는 imtool을 사용하여, 인덱스 이미지를 디스플레이하려면 이미지 매트릭스와 컬러 맵을 모두 지정해야 한다.

```
imshow(X,map) 또는 imtool(X,map)
```

② Grayscale Images

그레이 스케일 이미지를 표시하려면, **imshow** 함수를 호출하거나 **imtool**을 실행하면 된다.

```
imshow(X) 또는 imtool(X)
```

변수 **X**의 자료형이 **double**형인 경우, **0.0**의 화소 값이 흑색으로 표시되고, **1.0** 화소 값은 흰색으로 표시되며, 그 사이의 화소 값은 회색 음영으로 표시된다. 또는 변수 **X**의 자료형이 **uint8**형인 경우, **0.0**의 화소 값이 흑색으로 표시되고, **255** 화소 값은 흰색으로 표시되며, 그 사이의 화소 값은 회색 음영으로 표시된다.

③ Binary Images

이진 이미지는 **0**과 **1**로 표현되며, **0**은 검은 색으로 표시되는 값을 나타내고 **1** 픽셀은 흰색으로 표시된다.

```
BW = imread('circles.png');
imshow(BW); figure; imshow(~BW)
```

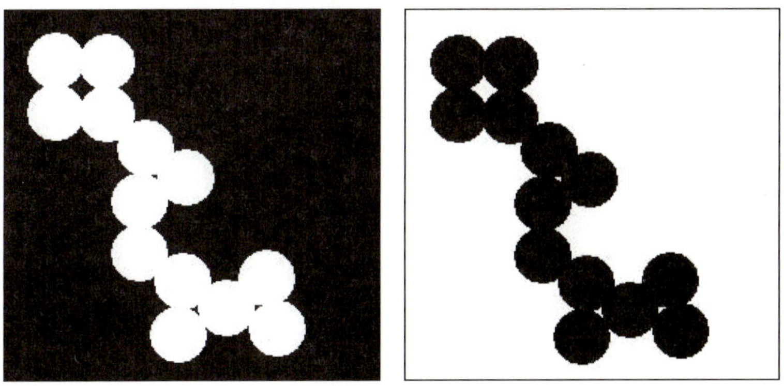

[그림 1-16] 이진 영상의 디스플레이

보수 연산자를 사용하면 0은 1로 1은 0으로 반전되어 표시된다.

④ Truecolor Images

Truecolor Images를 표시하려면, imshow 함수를 호출하거나 imtool을 실행하면 된다.

```
RGB = imread('peppers.png');
imshow(RGB)
```

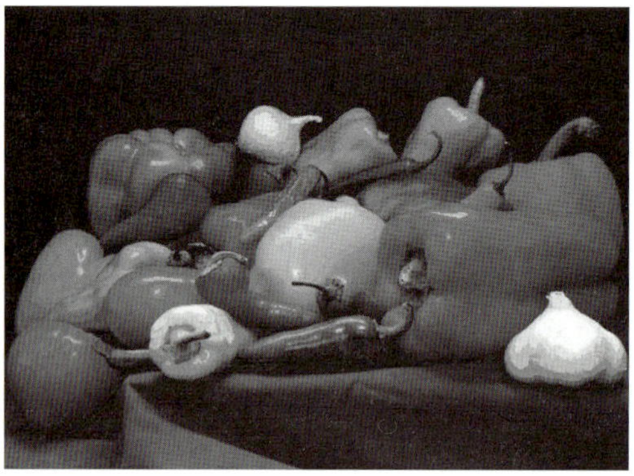

[그림 1-17] Truecolor Images의 디스플레이

여기서 변수 RGB 3차원 배열, 즉 R, G, B 색깔의 3개의 배열이 겹쳐 표시한 것이다. 또한 각각의 색깔별로 화면에 디스플레이할 수 있다.

```
RGB = imread('peppers.png');
subplot(2,2,1), imshow(RGB);
subplot(2,2,2), imshow(RGB(:,:,1));
subplot(2,2,3), imshow(RGB(:,:,2));
subplot(2,2,4), imshow(RGB(:,:,3));
```

[그림 1-18] Truecolor Images의 색깔별 화면 디스플레이

연 습 문 제

01 영상처리, 컴퓨터 그래픽스, 컴퓨터 비전을 비교하여 설명하라.

02 샘플링과 양자화의 개념에 대하여 설명하라.

03 YUV와 YIQ 컬러 모델에 대하여 조사하여 기술하라.

04 영상 파일 형식 중에서 BMP, JPG, GIF, TIF에 대하여 조사하여 기술하라.

05 공장자동화와 보안 및 감시 분야에서 영상처리가 적용되는 실제의 예를 조사하여 기술하라.

06 영상 편집 프로그램인 포토샵(Photoshop)에서 어떤 영상처리 기능들을 제공하는지 조사하여 기술하라.

07 영상 편집 프로그램인 페인트샵(Paintshop)에서 어떤 영상처리 기능들을 제공하는지 조사하여 기술하라.

08 포토샵이나 페인트샵 프로그램을 이용하여 자신의 사진과 같은 기존의 영상을 RAW 형식으로 변환하라. 그 다음에 본문의 실습 과정에 따라 구현한 영상 출력 프로그램을 이용하여 화면에 출력해보라. 이때 RAW 영상의 크기가 256× 256이 아닌 경우에는 영상 출력 프로그램을 수정해야 한다.

CHAPTER 02

픽셀 기반 처리

CHAPTER

02 픽셀 기반 처리

픽셀 기반 처리란 한 픽셀의 값을 변환하는 데 다른 픽셀의 값에 관계없이 단지 현재의 픽셀의 값에만 의존하여 변환하는 처리를 의미한다. 픽셀 기반 처리는 영상 변환, 영상 개선, 영상 합성 등의 많은 분야에서 가장 기초적인 연산으로 사용된다. 많은 픽셀 기반 처리 방법들이 있지만 이 교재에서는 산술 연산, 히스토그램 평활화, 명암대비 스트레칭 등의 처리 방법에 대하여 살펴보기로 한다.

2.1 산술 연산

산술 연산은 각 픽셀의 값에 상수값을 더하거나 빼거나 곱하거나 나누는 연산으로서 픽셀 기반 처리 중에서도 가장 기본적인 연산이다. 이 교재에서는 흑백 영상의 픽셀값을 한 바이트 크기의 값으로 양자화한다고 가정하기로 하자. 즉, 픽셀값은 0에서 255 사이의 값을 가지며 0은 검정색을 나타내고 255는 흰색을 나타낸다. 따라서 덧셈 연산은 영상의 명암도를 높여서 밝은 영상으로 만들어 준다. 뺄셈 연산은 영상의 명암도를 낮추어서 어두운 영상으로 만들어준다. 덧셈과 뺄셈 연산은 픽셀의 값을 일률적으로 커지거나 작게 하여 영상이 밝아지거나 어두워지기만 한다. 그러나 곱셈과 나눗셈 연산으로 픽셀의 값이 일률적으로 변하지는 않는다. 예를 들어, 픽셀의 값에 1.5를 곱할 경우에, 픽셀값 10은 15가 되고 픽셀값 100은 150이 된다. 결과적으로 픽셀값 10의 경우에는 명암도가 5만 증가했는데, 픽셀값 100의 경우에는 50이나 증가했다. 이와 같이 곱셈 연산은 밝은 값은 더욱 밝게 하고 어두운 값은 약간 밝게 만들어 영상을 보다 선명하게 부각시키는 역할을 한다. 반대로 나눗셈 연산은 영상의 선명도를 낮추는 역할을 한다. 그림 2-1에는 덧셈 연산, 뺄셈 연산, 곱셈 연산, 나눗셈 연산의 예가 나타나 있다.

산술 연산을 수행할 때 그 결과값이 0에서 255 사이의 값이 되도록 해야 한다는 점에 주의해야 한다. 이를 처리하는 일반적인 방법은 0보다 작은 값은 0이 되도록 하고 255보다 큰 경우에는 255가 되도록 하는 것이다. 예를 들어, 상수값 50을 더하는 연산의 경우에는 205 이상의 큰 픽셀값들은 모두 255의 값을 갖도록 하고, 상수값 50을 빼는 연산의 경우에는 50 이하의 픽셀값들은 모두 0의 값을 갖도록 만드는 것이다.

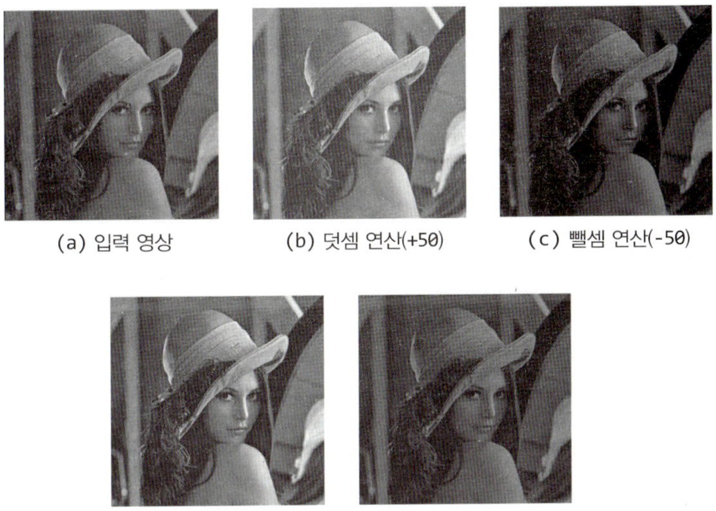

(a) 입력 영상 (b) 덧셈 연산(+50) (c) 뺄셈 연산(-50)

(d) 곱셈 연산(*1.2) (e) 나눗셈 연산(/1.2)

[그림 2-1] 산술 연산 예

2.2 히스토그램 평활화

히스토그램(histogram)은 영상의 픽셀들에 대한 명암값의 분포를 나타낸 것으로서 영상처리에 유용하게 사용된다. 그림 2-2에는 Lenna 영상에 대한 히스토그램이 나타나 있다. 히스토그램의 가로축은 명암값이고 세로축은 영상에서 해당 명암값이 사용된 빈도수를 나타낸다.

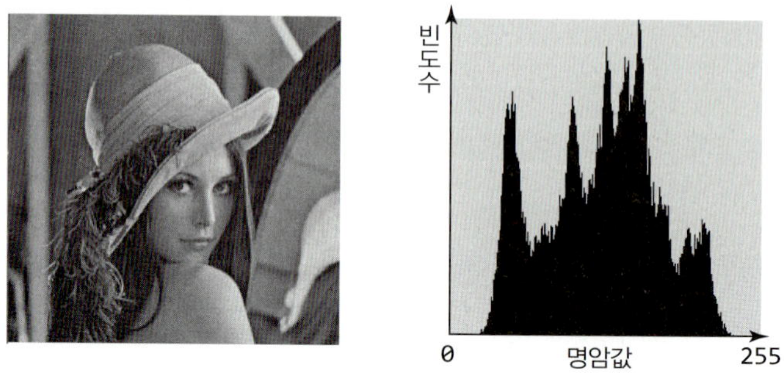

(a) Lenna 영상　　(b) 히스토그램

[그림 2-2] Lenna 영상에 대한 히스토그램

그림 2-3에는 히스토그램과 영상의 특성과의 관계가 나타나 있다. 어두운 영상은 히스토그램이 왼쪽으로 치우쳐 있고 밝은 영상은 오른쪽으로 치우치게 된다. 히스토그램이 좁은 영역에 분포하는 영상은 명암대비가 낮아서 영상이 선명하지 않고 히스토그램이 넓은 영역에 골고루 퍼져 있으면 명암대비가 높아서 영상이 선명하다.

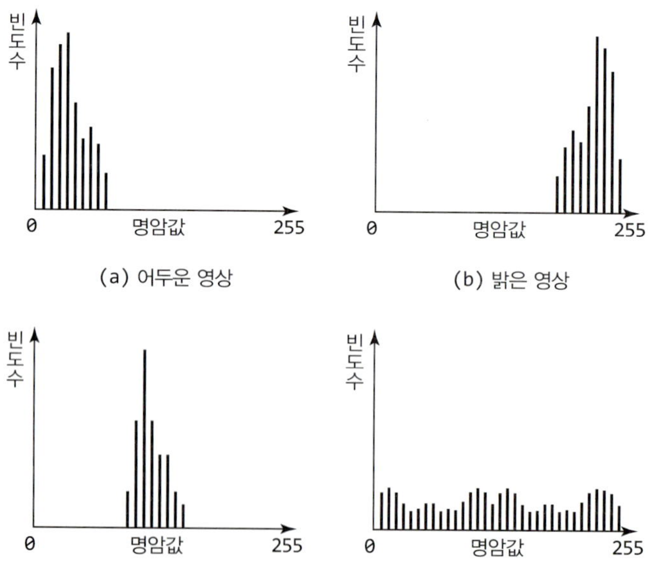

(a) 어두운 영상　　(b) 밝은 영상

(c) 낮은 명암대비 영상　　(d) 높은 명암대비 영상

[그림 2-3] 히스토그램과 영상의 특성

그림 2-3(c)와 같이 낮은 명암대비를 가지는 영상은 히스토그램 평활화(equalization)에 의하여 높은 명암대비를 갖는 영상으로 변환될 수 있다. 히스토그램 평활화는 단지 명암값 분포를 재분배한다. 즉, 각 명암값에 따른 세로 막대의 위치가 수평 방향으로 이동하고 그 높이는 변하지 않는 것이다. 또한 빈도수가 0보다 큰 명암값의 개수도 증가하지 않는다. 히스토그램 평활화는 다음과 같이 4단계로 이루어진다.

1. 히스토그램을 생성한다.
   - 영상에서 명암값 j의 빈도수 $hist[j]$를 계산한다.

2. 각 명암값 i에 대하여 다음 식과 같이 0부터 i까지의 빈도수의 누적값을 구한다.

$$sum[i] = \sum_{j=0}^{i} hist[j]$$

3. 단계 2에서 구한 누적값을 다음 식과 같이 정규화한다.

$$n[i] = sum[i] \times \frac{1}{N} \times 255$$

   여기에서, N은 영상의 전체 픽셀수이다.

4. 입력 영상에서 픽셀값 i를 정규화된 값 $n[i]$로 변환하여 결과 영상을 생성한다.

히스토그램 평활화에 대한 이해를 돕기 위하여 간단한 영상에 대한 예를 살펴보자. 입력 영상이 그림 2-4(a)와 같다고 하자. 이 영상에 대한 히스토그램은 그림 2-4(b)와 같다. 명암값의 빈도수의 누적합과 정규화된 값은 그림 2-4(c)와 같다. 입력 영상에서 각 픽셀값을 정규화된 값으로 변환된 결과가 그림 2-4(d)에 나타나 있고 결과 영상에 대한 히스토그램이 그림 2-4(e)에 나타나 있다.

40	40	50	60	70
40	50	60	70	70
50	60	70	70	80
60	70	70	80	90
70	70	80	90	100

(a) 입력 영상

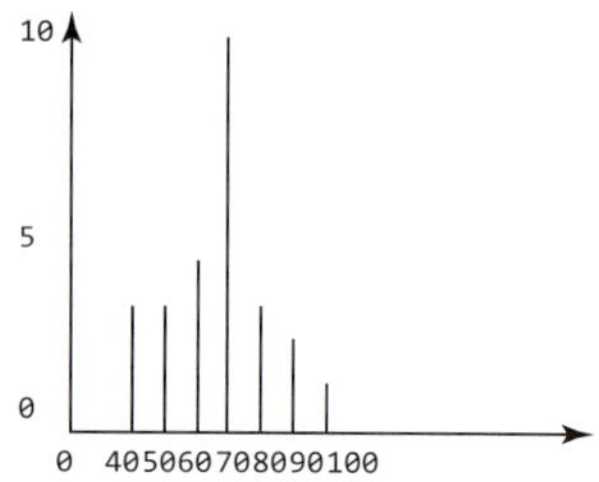

(b) 입력 영상에 대한 히스토그램

명함값	누적합 sum[i]	정규화값 n[i]
40	3	30
50	5	61
60	10	102
70	19	193
80	22	224
90	24	244
100	25	255

(c) 누적합과 정규화값

30	30	61	102	193
30	61	102	193	193
61	102	193	193	224
102	193	193	224	244
193	193	224	244	255

(d) 변환된 영상

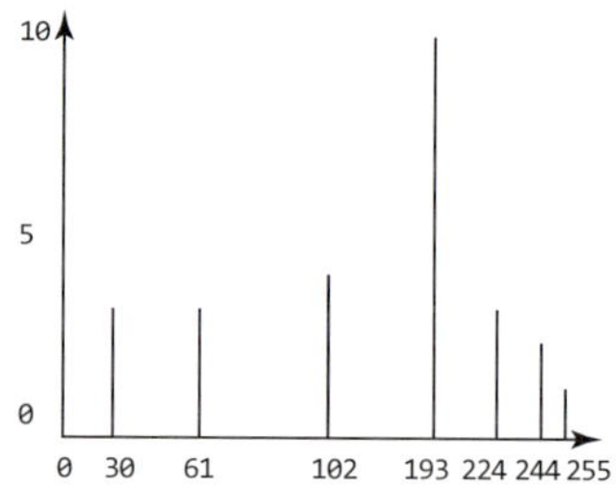

(e) 결과 영상의 히스토그램

[그림 2-4] 히스토그램 평활화 과정

이와 같은 히스토그램 평활화를 Lenna 영상에 적용한 결과가 그림 2-5에 나타나 있다. Lenna 영상은 히스토그램 평활화를 통하여 보다 선명하게 변환되었고 히스토그램은 그림 2-2의 히스토그램을 좌우로 펼쳐놓은 형태를 하고 있다.

[그림 2-5] 히스토그램 평활화된 Lenna 영상과 히스토그램

히스토그램 평활화는 명암대비가 약한 영상의 화질 개선에 매우 효과적이다. 그림 2-6에는 명암대비가 매우 낮은 영상에 대한 히스토그램 평활화의 적용 예가 나타나 있다. 입력 영상의 픽셀값들이 어두운 영역에 몰려 있어 내용을 구분하기 매우 어렵지만 히스토그램 평활화를 통하여 영상이 매우 선명해졌음을 알 수 있다.

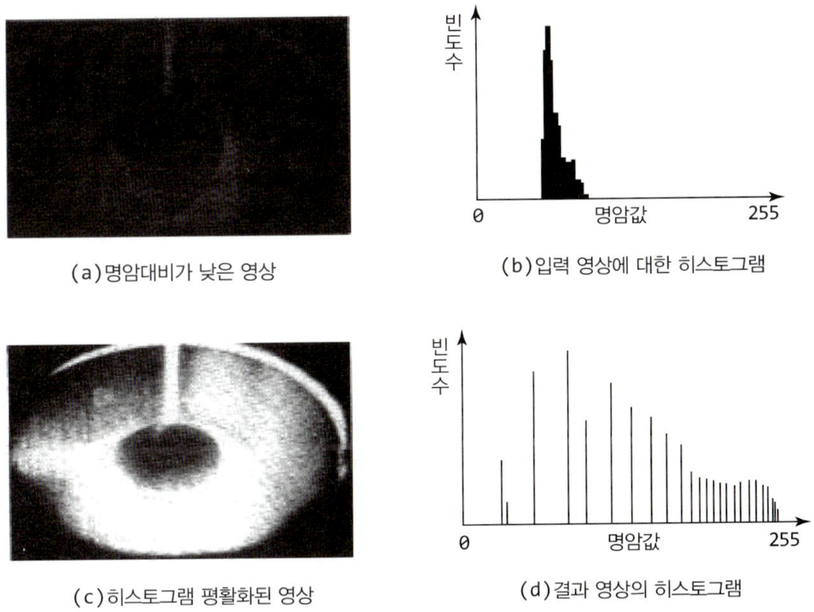

[그림 2-6] 명암대비가 낮은 영상에 대한 히스토그램 평활화 적용 예

2.3 명암대비 스트레칭

명암대비 스트레칭은 히스토그램 평활화와 유사하게 명암값이 0에서 255사이에 골고루 오도록 명암 분포를 좌우로 늘려주는 처리이다. 명암대비 스트레칭은 다음 식과 같은 맵핑 함수로 표현되는데, 여기에서 $P(x, y)$는 입력 영상에서 위치 (x, y)의 픽셀값을 나타내고 $P'(x, y)$는 변환된 값을 나타낸다. 그리고 min은 입력 영상의 픽셀값 중에서 최솟값을 나타내고 max는 최댓값을 나타낸다.

$$P'(x,y) = \frac{P(x,y) - \min}{\max - \min} \times 255$$

위의 식에 의하면 영상 내의 최솟값은 0으로 변환되고 최댓값은 255로 변환되면 그 사이값들은 최솟값과 최댓값으로부터의 거리에 비례해서 변환된다. 위의 식과 같이 명암 대비 스트레칭은 아주 단순하게 구현 가능하지만 히스토그램 평활화에 비하여 적용 가능한 영상에 제한점이 있다. 예를 들어, 어떤 영상의 명암 분포가 대부분은 가운데에 몰려 있지만 몇몇 픽셀의 값이 0과 255인 경우에 이 영상은 명암대비 스트레칭을 적용해도 아무런 변화가 없게 된다. 즉, 최솟값과 최댓값이 각각 0과 255인 경우에는 위의 식이 $P'(x,y) = P(x,y)$로 된다. 그림 2-7에는 Lenna 영상에 대한 명암대비 스트레칭 결과가 나타나 있다. 이 영상에서는 픽셀값의 최솟값이 19인 반면에 최댓값이 251이어서 어두운 영역에 비하여 밝은 영역의 명암 분포가 덜 펼쳐졌다.

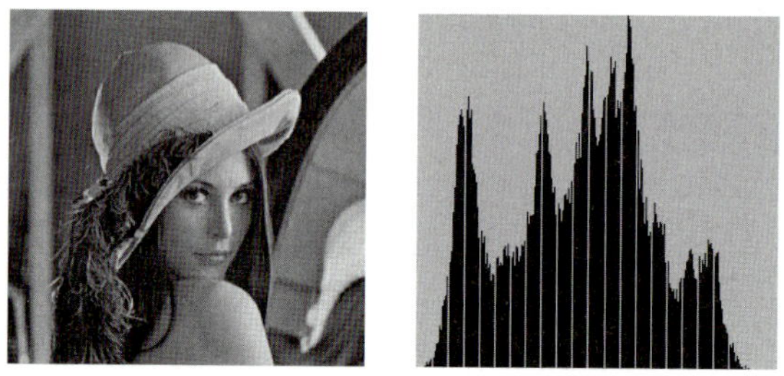

[그림 2-7] 명암대비 스트레칭 결과

2.4 이진화

이진화 처리에서는 임계값 이상의 값은 255로 변환하고 임계값보다 작은 값은 0으로 변환한다. 이를 식으로 표현하면 다음과 같다. 여기에서 T는 임계값을 나타낸다.

$$P'(x,y) = \begin{cases} 255 & P(x,y) \geq T \\ 0 & P(x,y) < T \end{cases}$$

그림 2-8에는 임계값 128을 기준으로 Lenna 영상을 이진화한 결과가 나타나 있다.

[그림 2-8] 임계값 128을 기준으로 이진화한 결과

이진화는 문자인식이나 도면인식 등과 같은 응용에서 잡음을 제거하고 영상의 분석을 쉽게 하기 위해 유용하게 사용될 수 있다. 즉, 256가지의 명암값을 가진 영상을 분석하는 것보다 2가지의 값을 가진 영상의 분석이 훨씬 단순할 것이다. 예를 들어, 도면을 스캔하여 분석하는 경우를 살펴보자. 먼저, 스캐너를 이용하여 도면을 스캔한 예가 그림 2-9에 나타나 있다.

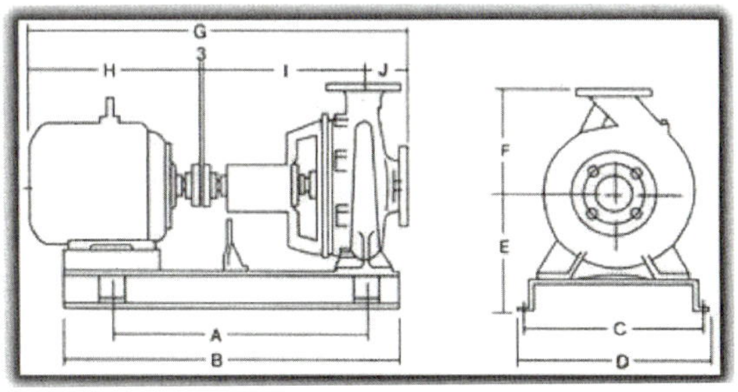

[그림 2-9] 스캔된 도면

그림 2-9의 도면은 흰색 배경에 검정색 선으로 그려진 도면을 스캔한 것인데, 도면의 잡음이나 스캐너의 오차 등에 의해 스캔된 영상에서는 흰색과 검정색의 두 가지 픽셀값뿐만 아니라 여러 가지 픽셀값들이 존재하게 되어서 컴퓨터로 분석하는 데 어려움이 따른다. 그림 2-9의 스캔된 도면에서 흰색(픽셀값=255)이

아닌 픽셀들을 모두 검정색(픽셀값=0)으로 변환하면 그림 2-10과 같이 된다.

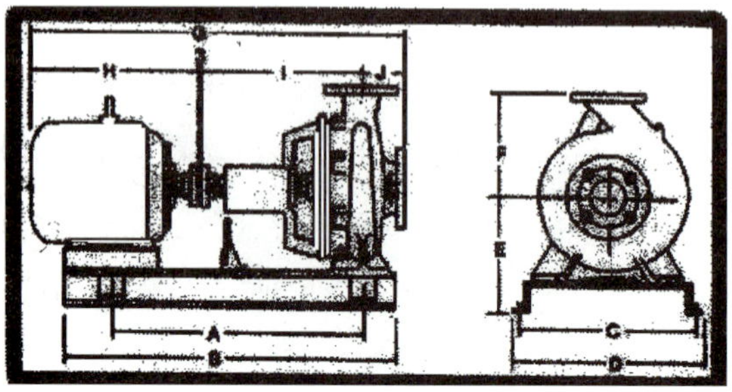

[그림 2-10] 잡음 예

그림 2-10에 나타나 있는 영상 잡음은 이진화를 이용하여 간단하게 제거할 수 있다. 임계값 230을 사용하여 이진화한 결과가 그림 2-11에 나타나 있다.

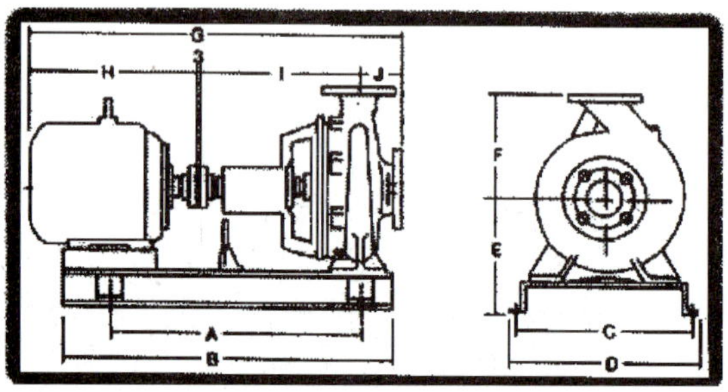

[그림 2-11] 잡음이 제거된 도면

2.5 영상 사이의 픽셀 기반 처리

이 절에서는 여러 영상 사이의 픽셀 기반 처리를 살펴보기로 하자. 예를 들어, 두 영상의 픽셀값을 서로 더하거나 빼거나 하는 등의 처리가 유용하게 사용된다. 먼저 두 영상의 덧셈 연산에 대하여 살펴보자. 두 영상을 더할 때에는 단순하게 두 영상의 대응 픽셀값을 더할 수도 있을 것이고 다음 식과 같이 두 영상의 대응 픽셀값에 가중치를 곱하여 더할 수도 있을 것이다.

$$O(x, y) = \alpha \times I_1(x, y) + \beta \times I_2(x, y)$$

두 영상의 덧셈 연산은 사진에 특수효과를 주거나 영상을 합성하는 데 유용하게 사용된다. 사진에 테두리 효과를 주는 작업은 사진 편집 프로그램에서 널리 사용되는데 이를 그림 2-12와 같이 두 영상의 덧셈을 이용하여 간단하게 구현할 수 있다. 여기에서는 사진의 가운데 부분은 살리고 가장자리는 점점 밝아지도록 하는 효과를 주고자 한다. 이를 위해서 그림 2-12(b)와 같은 영상을 생성한 다음에 그림 2-12(a)의 사진과 더하게 되면 그림 2-12(c)와 같은 결과 영상을 얻을 수 있다. 이 예에서는 단순하게 두 영상의 픽셀값을 서로 더하였다. 즉, 위의 식에서 α와 β 값을 둘 다 1로 하여 덧셈 연산을 수행하였다. 한 영상에서의 덧셈 연산과 마찬가지로 이 경우에도 덧셈 결과가 255보다 큰 경우에는 그 값을 255로 만들어 주어야 한다.

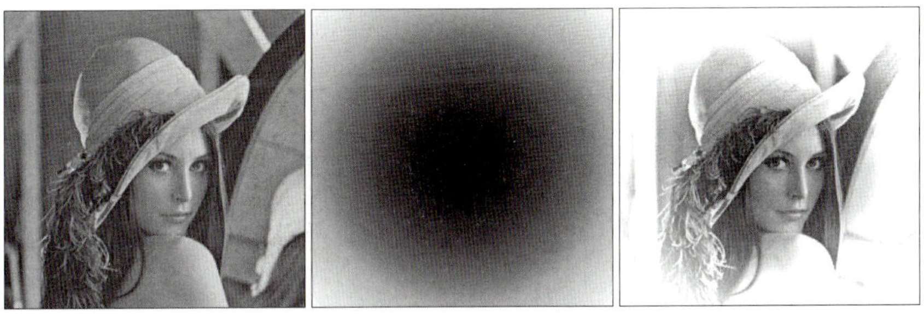

(a) 영상 1 (b) 영상 2 (c) 영상 1 + 영상 2

[그림 2-12] 두 영상의 덧셈 예

두 영상의 차이를 구하는 뺄셈 연산은 보안 시스템이나 영상 분석 시스템 등 여러 분야에서 응용될 수 있다. 보안 시스템에서는 두 영상의 차이를 구함으로써 침입자의 출현을 감지할 수 있을 것이다. 예를 들어, 야간에 아무런 물체의 움직임도 없어야 할 장소를 카메라로 계속 촬영하면서 연속된 두 영상 사이의 차이를 구한다고 하자. 그림 2-13(a), (b)와 같이 연속된 영상에서 침입자가 없는 경우에는 두 영상 사이에 아무런 차이가 없으므로 두 영상의 뺄셈 영상에서 그림 2-13(c)와 같이 모든 픽셀의 값이 0에 가까울 것이고 그림 2-13(e)와 같이 침입자가 나타날 경우에는 두 영상의 뺄셈 영상에서 그림 2-13(f)와 같이 침입자가 나타난 부분의 픽셀값들이 0보다 훨씬 큰 값을 가질 것이다.

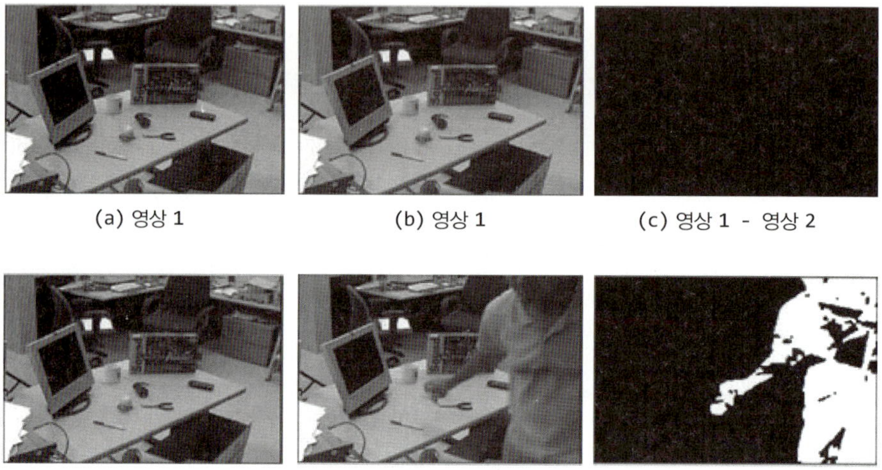

(a) 영상 1 (b) 영상 1 (c) 영상 1 - 영상 2

(d) 영상 3 (e) 영상 4 (f) 영상 3 - 영상 4

[그림 2-13] 보안 시스템에서의 뺄셈 연산의 활용 예

2.6 MATLAB을 이용한 실습

2.6.1 산술 연산

아래 표는 산술 연산 관련 MATLAB(Image Process Toobox) 명령어들이다.

1) 산술 연산 명령어

이름	설명
imadd	두 이미지를 더하거나 하나의 이미지에 상수 값만큼 픽셀 값을 증가시킴
imsubtract	두 이미지를 빼거나 하나의 이미지에 상수 값만큼 픽셀 값을 감소시킴
immultiply	두 이미지를 곱하거나 하나의 이미지에 상수 값만큼 픽셀 값을 배가시킴
imdivide	두 이미지를 나누거나 하나의 이미지에 상수 값만큼 픽셀 값을 나누게 함

● 명령어 : Z= imadd(X,Y)

- X : 입력 영상
- Y : 입력 영상의 각 픽셀에 더해질 정수 값.
- Z : 덧셈 연산의 결과값이 적용된 새로운 영상.

여기서, X 및 Y는 정수 배열이며, 정수형의 범위를 초과하는 경우 그 값은 무시되며, 분수 값은 반올림된다.

```
Z=imadd(x,50);
  : 이미지 x의 픽셀 값을 50씩 증가.
```

● 명령어 : imsubtract(X,Y)

- X : 입력 영상
- Y : 입력 영상의 각 픽셀에 차감될 정수 값.
- Z : 뺄셈 연산의 결과 값이 적용된 새로운 영상.

여기서, X 및 Y는 정수 배열이며, 정수형의 범위를 초과하는 경우 그 값은 무시되며, 분수 값은 반올림된다.

```
Z=imsubtract(x,50);
  : 이미지 x의 픽셀 값을 50씩 감소.
```

● 명령어 : immultiply(X,Y)

- X : 입력 영상
- Y : 입력 영상의 각 픽셀에 배수될 정수 값.
- Z : 곱셈 연산의 결과 값이 적용된 새로운 영상.

여기서, X와 Y값이 0과 1 사이의 값을 갖는 경우는 영상의 나눗셈 연산과 동일한 결과를 얻을 수 있다.

```
Z=immultiply(x,2);
  : 이미지 x의 픽셀 값을 2배 증가.
```

● 명령어 : imdivide(X,Y)

- X : 입력 영상
- Y : 입력 영상의 각 픽셀에 나누게 될 정수 값.
- Z : 나눗셈 연산의 결과 값이 적용된 새로운 영상.

여기서, X와 Y값이 0과 1 사이의 값을 갖는 경우는 영상의 곱셈 연산과 동일한 결과를 얻을 수 있다.

```
Z=imdivide(x,2);
  : 이미지 x의 픽셀 값을 2로 나눔.
```

2) 프로그램 코드 및 결과

```
① I = imread('Lenna.jpg');  % 영상을 읽음
② i1 = imadd(i,50);          % 화소별 덧셈 연산
   i2 = imsubtract(i,50);    % 화소별 뺄셈 연산
   i3 = immultiply(i,2);     % 화소별 곱셈 연산
   i4 = imdivide(i,2);       % 화소별 나눗셈 연산
③ subplot(2,3,1); imshow(i),title('< Đø >','Fontweight','bold')
   subplot(2,3,2); imshow(i1),title('< Add( +50) >','Fontweight','bold')
   subplot(2,3,3); imshow(i2),title('< Subtract( -50) >','Fontweight','bold')
   subplot(2,3,4); imshow(i3),title('< Multiply( x2) >','Fontweight','bold')
   subplot(2,3,5); imshow(i4),title('< Divide( ÷2) >','Fontweight','bold')
```

프로그램 결과 덧셈 연산은 영상을 전체적으로 더욱 밝게 만들었고, 뺄셈 연산은 영상을 전체적으로 어둡게 만들어다. 그리고 곱셈 연산은 비례적으로 밝은 영상은 더욱 밝게 어두운 곳은 조금 밝게 변하였으며, 나눗셈 연산은 비례적으로 어두운 영상을 얻을 수 있다.

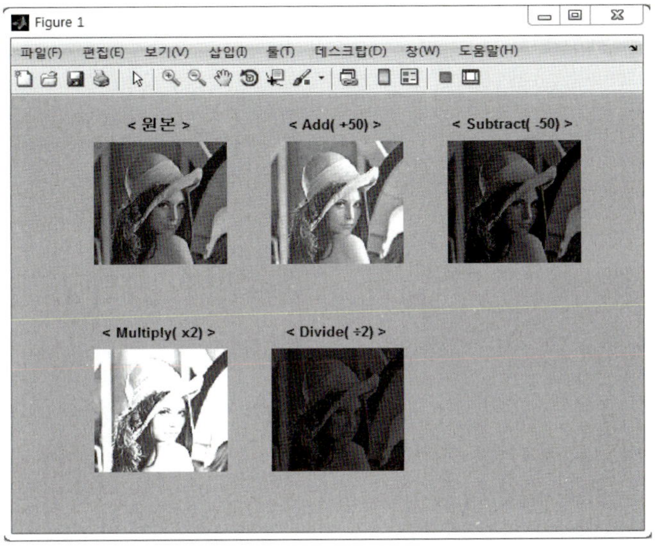

[그림 2-14] 산술 연산 예

2.6.2 히스토그램

히스토그램은 이미지의 어두운 곳에서 밝은 부분까지의 픽셀 분포를 나타낸다. 그래프의 가로축은 영상의 밝기로 그 범위는 0~255이며 0으로 갈수록 영상이 어둡고 255로 갈수록 영상은 밝아진다. 세로축은 각 화소의 밝기값에 해당하는 픽셀 수를 빈도수로 하여 표시하여 영상의 밝기 구성 및 명암 대비 등의 정보를 직관적으로 알 수 있다. 히스토그램의 기둥이 좁은 범위에 분포되어 있으면 명암대비 좋지 않은 영상이고, 이를 개선하기 위해 히스토그램 평활화를 사용하여 영상의 히스토그램의 명암 분포를 균일하게 만들어 명암대비 더 좋은 영상을 만들 수 있다. MATLAB에서 Image Process Toolbox에서는 다음과 같은 히스토그램 명령어를 제공한다.

1) 히스토그램 명령어

이름	설명
imhist	이미지 데이터를 히스토그램으로 나타낸다.

● 명령어 : imhist(I)

imhist는 이미지 영상의 강도를 계산하여 히스토그램화하여 보여준다. 요소들의 개수는 이미지의 유형에 의해 결정된다.

```
imhist(I);
  이미지 I의 데이터값을 히스토그램으로 나타냄.
I = imread('Lenna.jpg');  % 영상을 읽음
   imhist(i)              % 히스토그램으로 표현
```

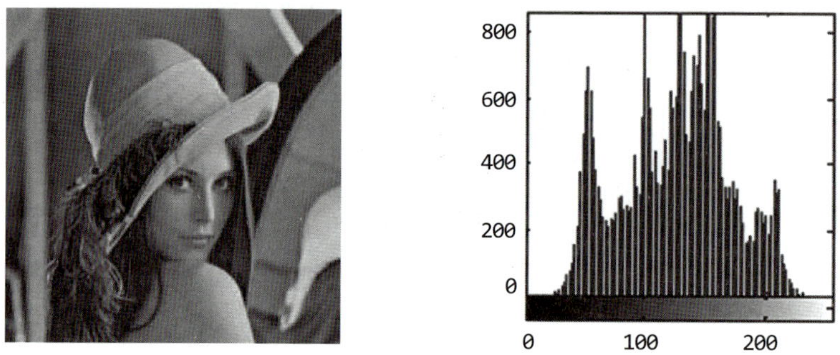

(a) Lenna 영상　　　　(b) 히스토그램

[그림 2-15] 영상의 히스토그램

[그림 2-15]는 Grayscale 영상에 대한 히스토그램을 나타낸 것이다. 히스토그램을 보면 중심값이 150 주위에 있으며, 전체적인 영상은 밝게 나타낸다. 앞 절에서 설명한 화소단위의 연산에 대한 결과를 히스토그램으로 통해 확인할 수 있다.

2) 화소단위 산술 연산에 대한 히스토그램 프로그램

```
① I = imread('Lenna.jpg');   % 영상을 불러옴
② i1 = imadd(i,50);          % 화소별 덧셈 연산
   i2 = imsubtract(i,50);     % 화소별 뺄셈 연산
   i3 = immultiply(i,1.2);    % 화소별 나눗셈 연산
   i4 = imdivide(i,1.2);      % 화소별 곱셈 연산
③ subplot(2,3,1); imhist(i),title('< Đø >','Fontweight','bold')
   subplot(2,3,2); imhist(i1),title('< Add( +50) >','Fontweight','bold')
   subplot(2,3,3); imhist(i2),title('< Subtract( -50) >','Fontweight','bold')
   subplot(2,3,4); imhist(i3),title(' < Multiply( x2) >','Fontweight','bold')
   subplot(2,3,5); imhist(i4),title('< Divide( ÷2) >','Fontweight','bold')
```

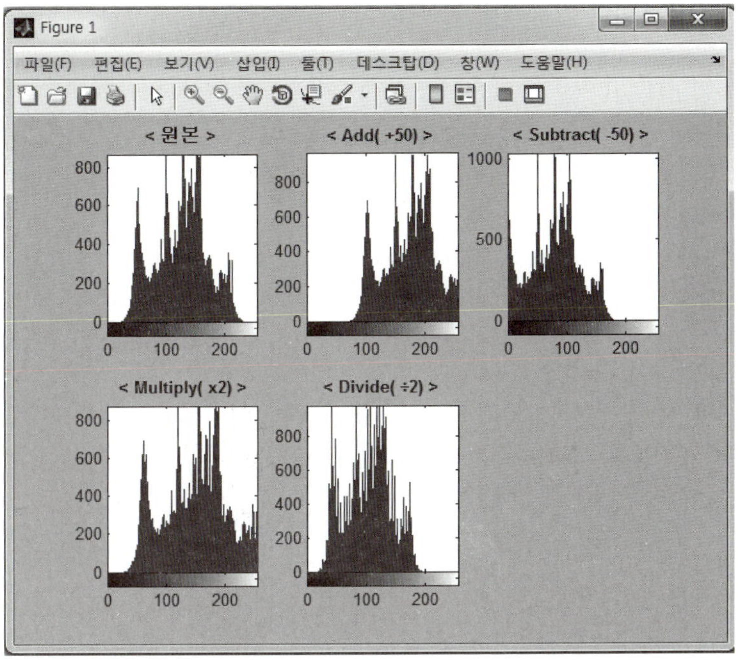

[그림 2-16] 산술 연산의 히스토그램

그림 2-16에서 확인할 수 있듯이 덧셈 연산은 중심값이 200 주위에 있으며, 뺄셈 연산은 100 주위, 곱셈 연산과 나눗셈 연산 각각 200과 150 주위에 있음을 확인할 수 있다.

2.6.3 히스토그램 평활화

1) 히스토그램 평활화 명령어

● 명령어 : histeq(I,n)

대비를 높이기 위해 히스토그램 평활화를 사용한다. 히스토그램 사용시 그레이 레벨의 수 n을 설정해야 한다. 8비트 범위는 0~255이며, 기본 값은 64이다.

```
Z = histeq(I);
```
- 이미지 I의 히스토그램 데이터를 평활화함.
- I : 입력 영상, Z : 평활화된 영상.

2) 히스토그램 평활화 프로그램

```
① I = imread('Lenna.jpg');  % 영상을 불러옴
   i1= histeq(i);            % 평활화
② subplot(2,3,1); imhist(i),title('< 원본 >','Fontweight','bold');
   subplot(2,3,2); imhist(i1),title('< Add( +50) >','Fontweight','bold');
   subplot(2,3,3); imhist(i2),title('< Subtract( -50) >','Fontweight','bold');
   subplot(2,3,4); imhist(i3),title(' < Multiply( x2) >','Fontweight','bold');
   subplot(2,3,5); imhist(i4),title('< Divide( ÷2) >','Fontweight','bold');
```

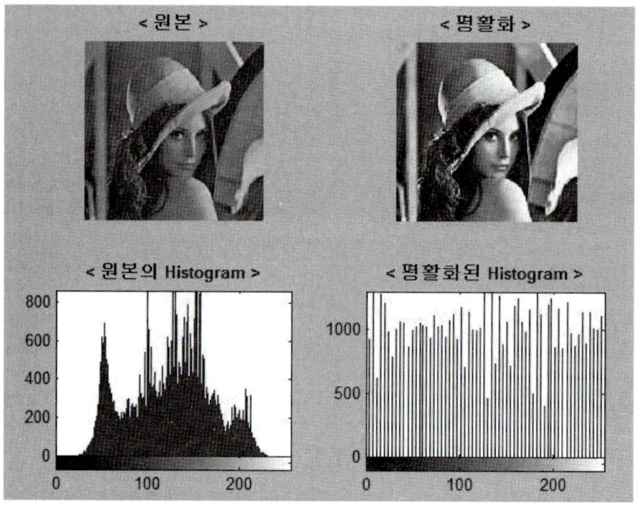

[그림 2-17] Lenna영상 히스토그램 평활화

2.6.4 히스토그램 스트레칭

1) 히스토그램 스트레칭 명령어

● 명령어 : imadjust(I, [low,hight], [top,bottom], gamma);

이미지 세기 값 또는 색상 맵을 조정한다. 즉, gray scale 영상의 밝기를 변화시킨다. 영상 I의 밝기 값의 범위인 low~high를 새로운 밝기 값인 top~bottom으로 매핑한다. 이 범위의 기본값은 [0,1]이며, gamma는 영상 I의 밝기 값을 매핑해서 영상 G의 밝기 곡선의 모양을 규정한다.

- 예제 : G = imadjust(I, [], [1,0], 0.5);
- 설명 : 이미지 I의 밝기값 0~1을 새로운 밝기 1~0으로 감마값 0.5로 설정하여 매핑.

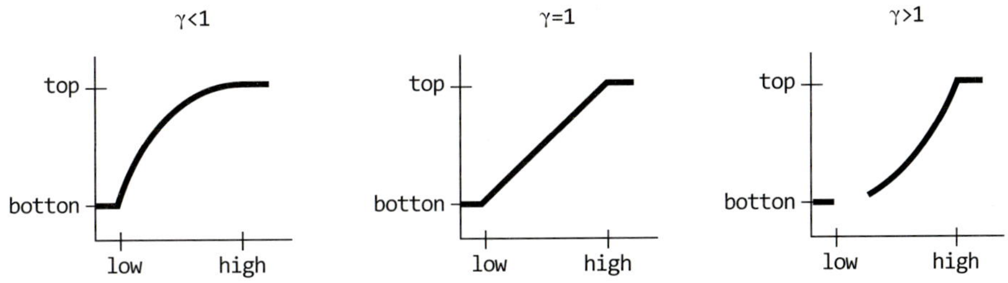

[그림 2-18] 감마값에 따른 그래프 모양

2) 프로그램 코드 및 결과

```
① i=imread('Lenna.jpg');
   i1=imadjust(i,[ ],[ ],0.5);    % 스트레칭
② subplot(1,3,1); imshow(i),title('< 원본 >','Fontweight','bold')
   subplot(1,3,2); imshow(i1),title('< 스트레칭 >','Fontweight','bold')
   subplot(1,3,3); plot(i,i1,'.'),
   axis tight ,title('< 스트레칭 함수 >','Fontweight','bold')
```

그림 2-19는 Lenna 입력영상에 대한 스트레칭을 적용한 결과로 밝기값이 0~100 주위의 값들을 0에서 255 사이의 값으로 스트레칭함으로써 명도가 좋은 영상을 얻을 수 있다.

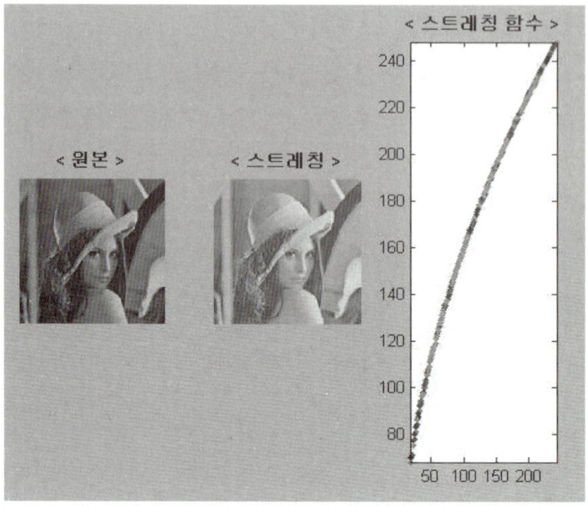

[그림 2-19] Lenna 영상 스트레칭 및 스트레칭 함수

2.6.5 이진화

영상처리에서 이진화는 어떤 주어진 임계값(threshold)보다 밝은 픽셀들은 모두 1로, 그렇지 않은 픽셀들은 모두 0으로 변환한다.

그림 2-20은 균일한 밝기를 갖는 배경과 물체에 약간의 노이즈를 섞은 영상이다. 이것은 볼트 영상과 밝기 분포를 나타낸 Histogram, 임계값을 적용한 이진화 볼트영상이다. 히스토그램에서 볼 수 있듯이 배경영역은 약 25 정도의 밝기값 분포를 갖는다. 따라서 임계값(threshold)을 T = 50 정도로 주고 이진화를 했을 때 (c)처럼 가장 좋은 이진화 결과를 기대할 수 있다.

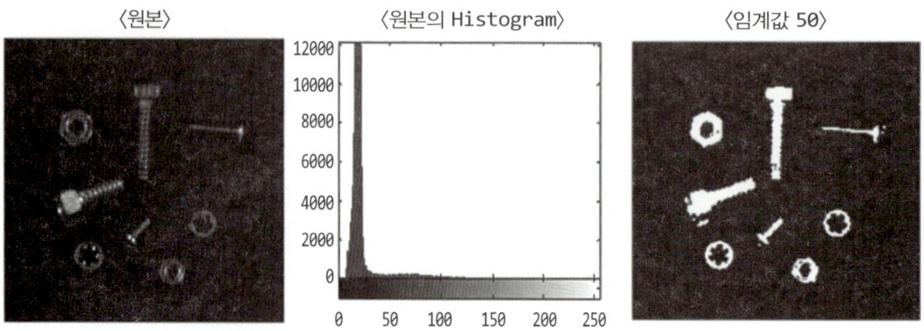

[그림 2-20] 히스토그램과 이진화

임계값 T를 자동으로 정해보자. 보편적 방법으로 입력 영상의 밝기 분포를 보고 임계값을 찾아주는 Otsu's method가 있다.

Otsu의 이진화 방법은 임계값 T를 기준으로 영상 픽셀들을 두 Class로 분류했을 때 두 Class 사이의 클래스 내부를 최소화하거나 또는 클래스와 클래스 간 사이를 최대화하는 T를 찾는 이진화 방법이다.

입력 영상에서 임계값 T보다 어두운 픽셀들의 비율을 α, 밝기 평균을 $\mu1$, 분산을 $\sigma12$, T보다 밝은 픽셀들의 비율을 β, 밝기 평균을 $\mu2$, 분산을 $\sigma22$라 했을 때 $(\alpha+\beta=1)$, 클래스 내 분산과 클래스와 클래스 간 분산은 각각 다음과 같이 계산된다.

클래스 내 분산 = $\alpha\sigma12+\beta\sigma22$ --- (1)

클래스와 클래스 간 분산 = $\alpha\beta(\mu1-\mu2)2$ --- (2)

식 (1)을 최소화시키는 것은 식 (2)를 최대화시키는 것과 동일하며 둘 중 어느 기준을 사용해도 무방하지만 계산상으로는 식 (2)를 최대화시키는 것이 효율적이다.

1) 프로그램 코드 및 결과

```
① i=imread('Lenna.jpg');
   i1=(i>=128);     % 임계값 128 가정
② subplot(2,2,1); imshow(i),title('< 원본 >','Fontweight','bold')
   subplot(2,2,2); imshow(i1),title('< 임계값 128 >','Fontweight','bold')
   subplot(2,2,3); imhist(i),title('< 원본의 Histogram >','Fontweight','bold')
   subplot(2,2,4); imhist(i1),title('< 임계값 Histogram >','Fontweight','bold')
```

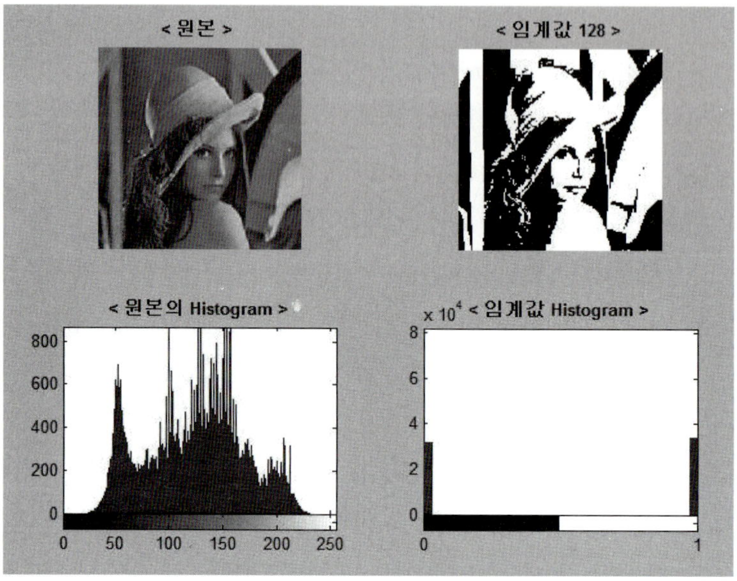

[그림 2-21] Lenna 영상의 이진화

2.6.6 영상 사이의 픽셀 기반 처리

영상의 픽셀 기반 처리는 2개 또는 그 이상의 서로 다른 영상을 포함하는 연산을 기반으로 하여 화소 값을 생성한다. 덧셈 연산, 뺄셈 연산, AND/OR 연산, 평균 연산 등이 있다. 여기선 두 영상의 덧셈 및 뺄셈 연산을 예를 들었다.

1) 두 영상의 덧셈

```
① i=imread('Lenna.jpg');     % 두 영상을 불러옴
  i1=imread('mask.pgm');
② i2= i+i1;  % 두 영상의 값을 더함
③ subplot(1,3,1); imshow(i),title('< 원본1 >','Fontweight','bold')
  subplot(1,3,2); imshow(i1),title('< 원본2 >','Fontweight','bold')
  subplot(1,3,3); imshow(i2),title('< 덧셈 영상 >','Fontweight','bold')
```

[그림 2-22] 두 영상의 덧셈 연산

원본 영상 2는 배경 영상으로 원본 영상의 중앙값은 작게, 배경 값은 큰 값으로 되어 있다. 두 영상의 덧셈처리 결과 원본 영상 1의 중앙은 조금 밝아지고, 영상의 배경은 많이 밝아져서 중앙의 영상이 강조된 효과를 얻을 수 있다.

2) 두 영상의 뺄셈

```
① i=imread('gam1.pgm');
   i1=imread('gam2.pgm');
   i2=imread('gam3.pgm');
   i3=imread('gam4.pgm');
② s1= i-i1;  % 두 영상의 값을 뺌
   s2= i2-i3;  % 두 영상의 값을 뺌
③ subplot(2,3,1); imshow(i),title('< 원본1 >','Fontweight','bold')
   subplot(2,3,2); imshow(i1),title('< 원본2 >','Fontweight','bold')
   subplot(2,3,3); imshow(s1),title('< 뺄셈 영상1 >','Fontweight','bold')
   subplot(2,3,4); imshow(i2),title('< 원본3 >','Fontweight','bold')
   subplot(2,3,5); imshow(i3),title('< 원본4 >','Fontweight','bold')
   subplot(2,3,6); imshow(s2),title('< 뺄셈 영상2 >','Fontweight','bold')
```

[그림 2-23] 두 영상의 뺄셈 연산

원본영상1과 원본영상 2는 서로 같은 영상이다. 그 결과 뺄셈 영상1에서 원본 영상2를 뺀 값으로 픽셀 값은 모두 0이 된다. 원본영상4는 원본영상3에서 사람이 추가된 영상이다. 뺄셈 영상2는 원본영상3과 원본영상4의 차이만큼만 나타나게 된다.

2.6.7 기타 픽셀 기반 처리

● 명령어 : imlincomb(K,A)

imlincomb는 K1 * A1 + K2 * A2 + … + KN * AN 영상을 AN개로 배열화하여 각각을 지정한 배율 K값을 곱하여 다시 더해서 조합한 영상을 만든다. 결과값은 immultiply의 배율을 K한 것과 동일하다.

- 예제 : imlincomb(2,I);
- 설명 : 이미지 I의 각 픽셀값을 2배씩 배가하여 조합한다.

1) 영상의 선형조합 프로그램

```
① I = imread('cameraman.tif')      % 영상을 불러 옴
② J = imlincomb(2,I);    %
③ subplot(1,2,1); imshow(I),title('< 원본 >','Fontweight','bold')
   subplot(1,2,2); imshow(J),title('< 선형조합 >','Fontweight','bold')
```

[그림 2-24] 선형조합 적용 결과

2) 두 영상의 선형조합2 프로그램

```
① I = imread('cameraman.tif');   % 영상을 불러 옴
② J = uint8(filter2(fspecial('gaussian'), I)); % 가우시안 필터를 적용한 영상
   K = imlincomb(1,I,-1,J,128);      % K(r,c) = I(r,c) - J(r,c) + 128
③ subplot(1,3,1); imshow(I),title('< 원본1 >','Fontweight','bold')
   subplot(1,3,2); imshow(J),title('< 필터영상>','Fontweight','bold')
   subplot(1,3,3); imshow(K),title('< 두 영상의 선형조합 >','Fontweight','bold')
```

[그림 2-25] 필터영상과의 선형조합

● 명령어 : imcomplement(I)

imcomplement는 이미지의 타입, 이진영상, grayscale영상, RGB영상 등 모든 영상을 보수화하여 출력한다. 출력되는 이미지는 같은 클래스와 같은 크기를 가진다. 출력에서 어두운 부분은 밝아지고 밝은 부분은 어두워지며 흑백 영상의 경

우 가장 뚜렷하게 출력을 확인할 수 있다.

- 예제 : imcomplement(I);
- 설명 : 이미지 I와 같은 크기 같은 사이즈의 보수화된 픽셀값의 이미지 출력

3) 배열의 보수화

```
① X = uint8([ 255 10 75; 44 225 100])  % 배열을 생성
② X2 = imcomplement(X)    % 보수화
```

```
X =

  255   10   75
   44  225  100


X2 =

    0  245  180
  211   30  155
```

[그림 2-26] 배열의 보수화

4) 이진영상의 보수화

```
① bw = imread('text.png');   % 이진영상을 불러옴
② bw2 = imcomplement(bw);  % 이진영상의 보수화
③ subplot(1,2,1),imshow(bw)
   subplot(1,2,2),imshow(bw2)
```

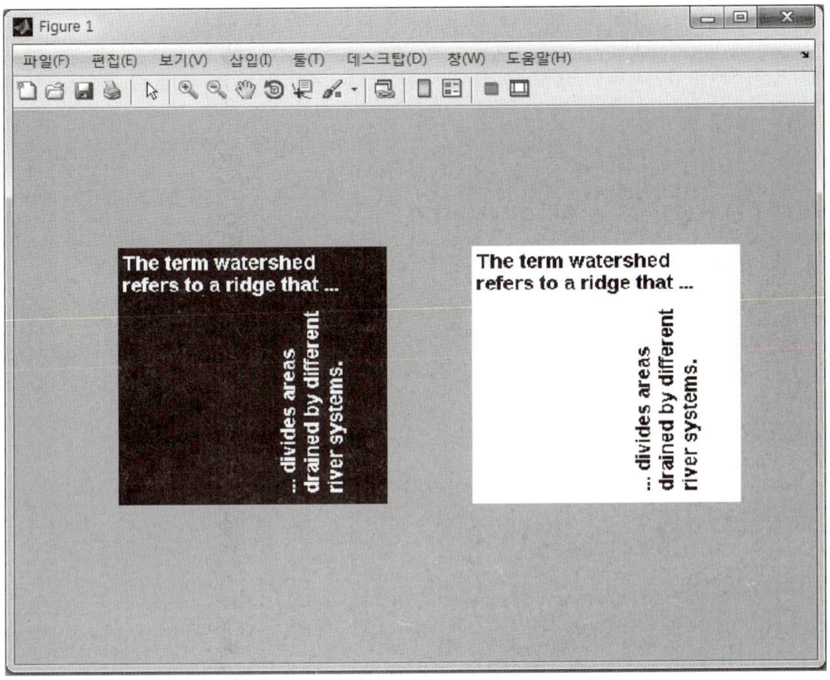

[그림 2-27] 이진영상의 보수화

5) intensity 영상의 보수화

```
① I = imread('glass.png');   % intensity 영상을 불러옴
② J = imcomplement(I);   % intensity 영상의 보수화
③ subplot(1,2,1),imshow(I)
   subplot(1,2,2),imshow(J)
```

[그림 2-28] intensity 영상 보수화

● 명령어 : imabsdiff(I,J)

imabsdiff(I,J)는 두 영상을 절대차분한다. 각 J 영상의 배열요소값에서 I의 값을 차감하여 절댓값을 출력한다. 이때 값은 0~255의 정수값이며 초과할 시 그 크기만큼 잘리고, I, J가 논리적 배열일 경우 함수값 대신 XOR(I,J)를 사용할 수 있다.

- 예제 : imabsdiff(I,J);
- 설명 : 이미지 I와 이미지 J의 절대차분된 영상을 출력

6) 영상의 절대차분

```
① I = imread('cameraman.tif'); % 영상을 불러옴
② J = uint8(filter2(fspecial('gaussian'), I)); % 가우시안 필터영상 생성
   K = imabsdiff(I,J);        % 영상 I와 영상 J의 절대차분
③ subplot(1,3,1),imshow(I)
   subplot(1,3,2),imshow(J)
   subplot(1,3,3),imshow(K,[])
```

[그림 2-29] 두 영상의 절대차분

연 습 문 제

01 히스토그램 평활화와 명암대비 스트레칭의 차이점에 대하여 설명하라.

02 산술 뺄셈 연산, 산술 곱셈 연산, 산술 나눗셈 연산 기능을 구현하는 프로그램을 작성하라. 산술 뺄셈 연산의 경우 뺄셈값이 음수인 경우에는 결과 픽셀값을 0으로 설정하는 과정이 추가되어야 한다. 또한 산술 곱셈의 경우 곱셈값이 255보다 클 경우에는 결과 픽셀값을 255로 해주는 과정이 필요하다.

03 "2장-감시3.pgm" 영상과 "2장-감시4.pgm"영상을 읽어 들여 두 영상의 산술 뺄셈 연산을 구현하는 프로그램을 작성하라. 단순하게 뺄셈 연산만 적용하면 음수가 발생하므로 값을 뺀 다음에 절댓값을 취하거나 제곱 연산을 적용하도록 하자. 그림 2-13(f)의 영상에서는 차이 영상이 뚜렷하게 나타나도록 하기 위해서 영상 차이값의 제곱값을 사용하였다.

04 명암대비 스트레칭을 구현하는 프로그램을 작성하라.

05 이진화 프로그램을 작성하고 "bolts.pgm" 파일을 읽어 들여 이진화를 수행하여 보라. 다음 그림은 임계값을 50으로 하여 "bolts.pgm" 파일에 이진화를 수행한 예이다.

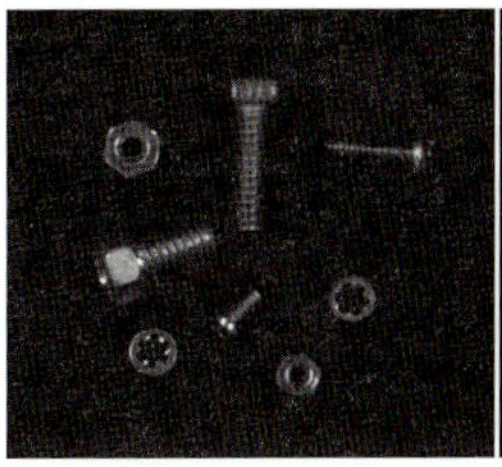

입력 영상(bolts.pgm)

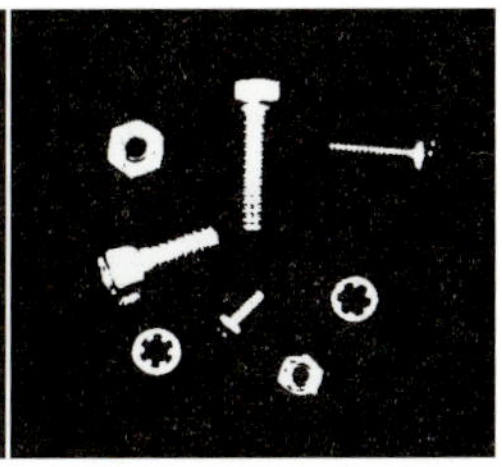

이진화 영상(임계값=50)

06 다음 그림과 같이 영상의 역변환을 수행하는 프로그램을 작성하라. 역변환이란 입력 영상의 픽셀값이 x일 때에 결과 영상의 픽셀값이 255 - x가 되도록 하는 변환을 말한다.

입력 영상

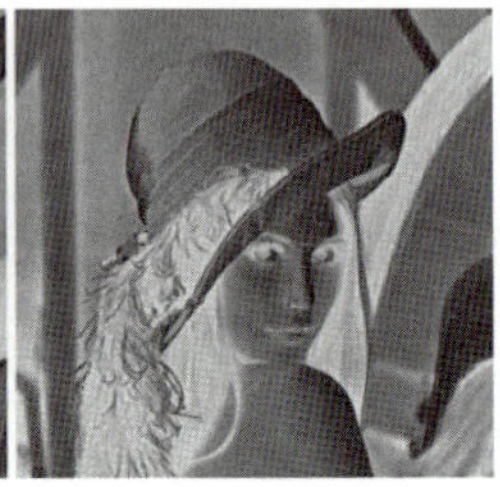

역변환 영상

CHAPTER 03

영역 기반 처리

CHAPTER

03 영역 기반 처리

2장의 픽셀 기반 처리에서는 각 픽셀의 값을 처리할 때 주위 픽셀의 값은 전혀 고려하지 않고 단지 현재의 픽셀값만을 참조하였다. 이에 반해 영역 기반 처리는 입력 픽셀과 그 주위 픽셀값을 고려하여 출력 픽셀의 값을 결정한다. 영역 기반 처리는 영상을 흐리게 또는 선명하게 하거나, 영상의 경계선을 검출하거나, 잡음을 제거하는 등의 연산을 효과적으로 수행할 수 있다.

3.1 회선

영역 기반 처리를 효과적으로 수행하기 위한 방법으로 회선(convolution) 기법이 사용된다. 회선 기법에서는 입력 영상의 각 픽셀에 대한 출력 픽셀 값을 구하기 위하여 입력 픽셀과 그 주위 픽셀의 값에 회선 마스크의 값을 곱한 다음에 그 합을 구한다. 그림 3-1에 입력 영상에서 3×3 크기의 한 부분이 나타나 있다. 픽셀 값이 $I_1, I_2, \cdots, I_9$ 이고 현재 처리해야 할 픽셀 값이 I_5 라 하자. 회선 마스크는 그림 3-1에 나타난 것과 같다고 하자. 그러면 I_5 에 대한 출력 픽셀 값은 다음 식과 같이 계산된다.

$$\text{출력 픽셀 값} = I_1 \times M_1 + I_2 \times M_2 + I_3 \times M_3 + I_4 \times M_4 + I_5 \times M_5 + I_6 \times M_6 + I_7 \times M_7 + I_8 \times M_8 + I_9 \times M_9$$

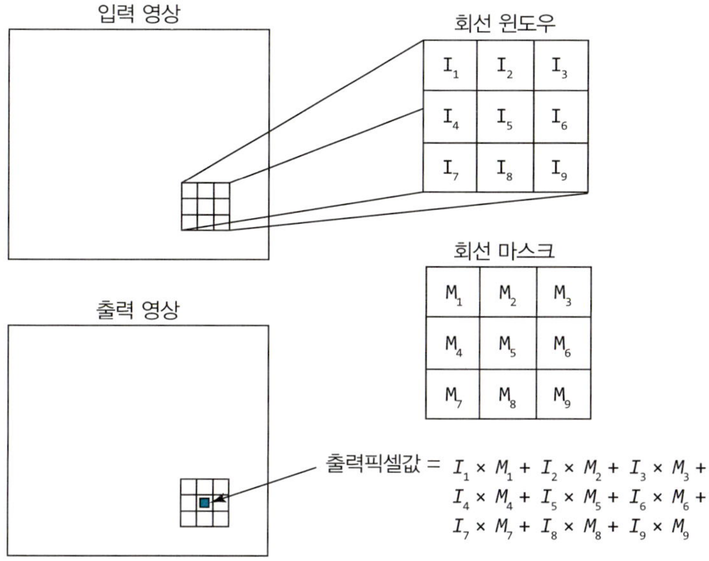

[그림 3-1] 회선의 개념

현재의 입력 픽셀에 대하여 주위 픽셀을 고려할 때 각 방향으로 대칭되도록 해야 하므로 회선 마스크의 가로, 세로 크기는 홀수이어야 한다. 일반적으로 회선 마스크의 크기는 3×3을 많이 사용하고 5×5 또는 그 이상 크기의 마스크도 사용한다.

영상을 흐리게 하거나, 영상을 선명하게 하거나, 영상의 경계선을 검출하거나, 잡음을 제거하는 영역 기반 처리에서 회선 기법을 적용하는 방법은 모두 동일하고 단지 마스크의 값이 서로 다르다.

영상의 경계면에서는 회선 기법을 적용할 때 문제가 발생한다. 예를 들어, 회선 마스크의 크기가 3×3이고 현재의 픽셀의 위치가 (0,0)일 때 필요로 하는 8개의 주위 픽셀 중에서 (0,1), (1,0), (1,1)의 세 위치의 픽셀들만 존재하고 나머지 픽셀은 존재하지 않는다. 이와 같이 영상의 가장자리에 있는 모든 픽셀들에는 필요로 하는 주위 픽셀들이 부족하게 된다. 이를 해결하는 방법으로는 0-삽입 방법이 있다. 0-삽입 방법이란 존재하지 않는 픽셀들의 값은 모두 0으로 가정하고 회선을 수행하는 방법이다. 다른 방법으로는 가장자리 픽셀에 대해서는 회선을 수행하지 않고 출력 픽셀의 값을 입력 픽셀의 값과 동일하게 하는 것이 있다.

3.2 영상 흐리게 하기

영상을 흐리게 하기 위해서는 일반적으로 그림 3-2와 같은 회선 마스크를 사용한다. 5×5 크기의 회선 마스크의 경우에는 1/9 대신에 1/25이 사용된다. 이와 같은 회선 마스크는 각 입력 픽셀값을 주위 픽셀값들과의 평균값으로 변환한다는 것을 알 수 있다. 평균값으로 대치하는 것은 입력 영상에서 두드러지게 밝거나 어두운 값들이 주위 픽셀들의 영향으로 평준화됨으로써 영상을 전체적으로 흐리게 한다.

$\frac{1}{9}$	$\frac{1}{9}$	$\frac{1}{9}$
$\frac{1}{9}$	$\frac{1}{9}$	$\frac{1}{9}$
$\frac{1}{9}$	$\frac{1}{9}$	$\frac{1}{9}$

[그림 3-2] 흐린 영상 생성을 위한 회선 마스크

그림 3-3(b)에는 Lenna 영상에 그림 3-2의 회선 마스크를 적용한 결과가 나타나 있다. 그리고 그림 3-3(c)에는 5×5 크기의 회선 마스크를 적용한 결과가 나타나 있다. 이처럼 마스크의 크기가 커질수록 부드러워지는 정도가 더 커진다.

(a) 원래의 Lenna 영상　(b) 3×3 마스크 적용　(c) 5×5 마스크 적용

[그림 3-3] 흐린 영상 생성을 위한 회선 마스크 적용 예

3.3 영상의 선명화

영상이 흐려서 판독이 잘 안되는 경우에는 영상을 선명하게 함으로써 판독력을 높일 수 있다. 영상을 선명하게 해주는 마스크에는 그림 3-4와 같은 마스크들이 있다. 흐린 영상 생성을 위한 회선 마스크와 그림 3-4의 마스크들에서 마스크 내의 값들을 모두 합하면 1이 되는 것에 주목할 필요가 있다. 마스크 내의 값을 합하면 1이 되도록 함으로써 회선 마스크를 적용하기 전과 적용한 후의 영상에서 전체적인 영상의 밝기가 비슷하게 조절된다는 특성이 있다. 그리고 그림 3-4의 회선 마스크들을 적용하면 결과값이 0보다 작거나 255보다 커질 수 있으므로 그런 경우에는 0과 255의 값을 갖도록 수정해야 한다.

0	-1	0
-1	5	-1
0	-1	0

(a) 마스크 1

-1	-1	-1
-1	9	-1
-1	-1	-1

(b) 마스크 2

[그림 3-4] 선명한 영상 생성을 위한 회선 마스크들

그림 3-5에는 Lenna 영상에 대하여 그림 3-4의 회선 마스크를 적용한 결과가 나타나 있다. 마스크에 따라 약간씩 선명해지는 정도가 다름을 알 수 있다.

(a) 입력 영상 (b) 마스크 1 적용 (c) 마스크 2 적용

[그림 3-5] 선명한 영상 생성을 위한 마스크 적용 예

선명한 영상 생성을 위한 회선 마스크가 어떻게 작용하는지 살펴보기 위해 간단한 예를 살펴보기로 하자. 영상의 일부분의 픽셀값이 그림 3-6(a)와 같다고 하자. 이 영상의 가운데 7×7 영역의 픽셀들에 그림 3-4(a)의 마스크를 적용하면 그림 3-6(b)와 같은 결과를 얻게 된다. 결과 영상을 살펴보면 주위 픽셀보다 밝은 픽셀은 더 밝아지고 주위 픽셀보다 어두운 픽셀은 더 어두워져서 픽셀들 사이의 명암도 차이가 더 커짐을 알 수 있다.

10	10	10	10	10	10	10	10	10
10	10	10	10	10	10	10	10	10
10	10	10	10	20	10	10	10	10
10	10	10	20	30	20	10	10	10
10	10	20	30	40	30	20	10	10
10	10	10	20	30	20	10	10	10
10	10	10	10	20	10	10	10	10
10	10	10	10	10	10	10	10	10
10	10	10	10	10	10	10	10	10

(a) 입력 영상

10	10	10	10	10	10	10	10	10
10	10	10	10	0	10	10	10	10
10	10	10	10	40	10	10	10	10
10	10	0	20	50	20	0	10	10
10	0	40	50	80	50	40	0	10
10	10	0	20	50	20	0	10	10
10	10	10	10	40	10	10	10	10
10	10	10	10	0	10	10	10	10
10	10	10	10	10	10	10	10	10

(b) 출력 영상

[그림 3-6] 선명한 영상 생성 회선 마스크 적용 예

그림 3-7(a)에는 자동차의 영상이 나타나 있다. 영상이 흐리기 때문에 자동차의 번호가 잘 구분이 안 되는데, 이러한 영상에 그림 3-4(a)의 회선 마스크를 두 번 적용한 결과가 그림 3-7(b)에 나타나 있다. 입력 영상에 비하여 결과 영상이 훨씬 선명하고 차량 번호도 훨씬 식별하기가 용이함을 알 수 있다.

(a) 입력 영상 (b) 결과 영상

[그림 3-7] 선명한 영상 생성을 위한 회선 마스크 적용 예

3.4 경계선 검출

경계선은 상대적으로 다른 명암도를 가진 두 영역 간의 경계이다. 경계선은 물체의 위치, 형태, 크기 등 영상에 대한 많은 정보를 제공한다. 경계선 검출은 영상 분할을 비롯하여 여러 가지 분야에 응용될 수 있다. 영상 분할의 한 예로 사진 편집 소프트웨어의 마법의 지팡이가 있다. 마법의 지팡이는 영상에서 한 화소를 선택하면 그 화소와 유사한 값을 가진 화소들을 찾아서 하나의 영역으로 만드는데, 이러한 영역을 발견할 때에 경계선 정보를 이용하게 된다.

경계선을 검출하는 방법으로는 미분 개념을 이용한 방법이 널리 사용되고 있다. 그림 3-8에 나타나 있듯이 영상의 경계선 부분에서 명암값이 작은 값에서 큰 값으로 변하면 미분값은 0보다 큰 값을 갖게 된다. 반대로 명암값이 큰 값에서 작은 값으로 변하면 미분값은 0보다 작은 값을 갖게 된다. 그러나 면 내부에서와 같이 명암값의 변화가 없는 곳에서는 미분값은 0의 값을 갖게 된다. 이와 같이 경계선 부분에서 명암값이 0보다 크거나 작아진다는 성질을 이용하여 경계선을 구하는 방법이 널리 사용되고 있다.

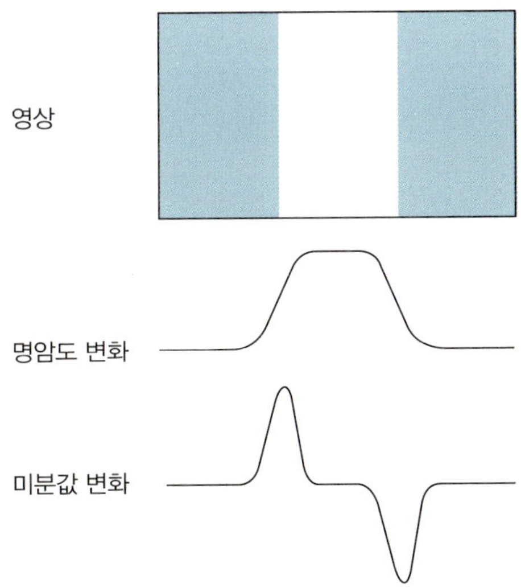

[그림 3-8] 명암도 변화와 미분값의 변화

미분 개념을 효과적으로 구현하기 위한 방법으로 회선 기법이 사용되었다. Prewitt, Roberts, Sobel 등이 표 3-1과 같이 미분을 이용한 경계선 검출용 회선 마스크를 개발하였다. 이들 방법에서는 두 개의 회선 마스크를 이용하여 회선을 수행한다. 한 회선 마스크는 수평 방향의 경계선을 구하고 다른 회선 마스크는 수직 방향의 경계선을 구하기 위해 사용된다.

<표 3-1> 경계선 검출용 회선 마스크

	수평 경계선	수직 경계선
Prewitt	-1 -1 -1 0 0 0 1 1 1	1 0 -1 1 0 -1 1 0 -1
Roberts	-1 0 0 1	0 -1 1 0
Sobel	-1 -2 -1 0 0 0 1 2 1	1 0 -1 2 0 -2 1 0 -1

Roberts 마스크는 다른 마스크보다 크기가 작아서 연산이 효율적이지만 잡음에 민감하다. Prewitt 마스크는 대각 방향의 경계선보다는 수평, 수직 경계선에 더 민감하도록 만들어졌다. Sobel 마스크는 수평, 수직 방향의 경계선보다는 대각선 방향의 경계선에 더 민감하도록 만들어졌다. Prewitt 마스크의 경우에는 마스크 중심에서의 거리와 관계없이 +1 또는 -1의 값을 가지고 있는 데 반하여, Sobel 마스크에서는 마스크의 중심에 가까운 픽셀은 +2 또는 -2의 값을 가지고, 먼 픽셀은 +1 또는 -1의 값을 가지도록 되어 있어서 보다 정확한 경계선을 검출할 수 있다. 이는 회선 연산에서는 중심 화소에 가까운 픽셀일수록 영향을 더 많이 준다는 기본 특성이 있기 때문이다.

픽셀 $I(x, y)$가 경계선에 포함될 가능성의 크기 $E(x, y)$는 수평 경계선 검출용 회선 마스크를 적용한 결과값 $E_r(x, y)$와 수직 경계선 검출용 회선 마스크를 적용한 결과값 $E_c(x, y)$를 다음 식과 같이 합하여 계산한다.

$$E(x, y) = \sqrt{E_r^2(x, y) + E_c^2(x, y)}$$

Lenna 영상에 대하여 세 가지 마스크를 이용하여 경계선을 검출한 결과가 그림 3-9에 나타나 있다.

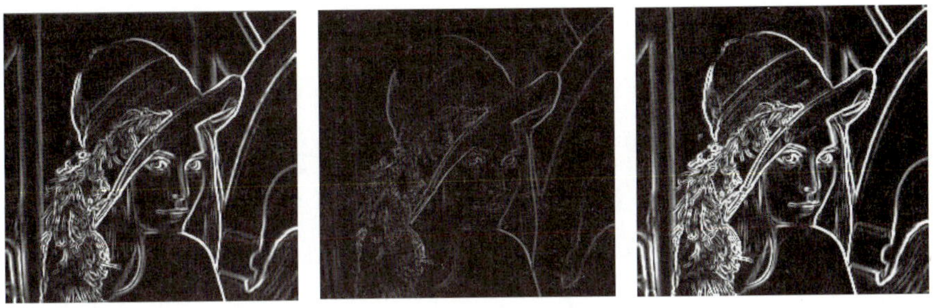

(a) Prewitt 마스크 (b) Roberts 마스크 (c) Sobel 마스크

[그림 3-9] Lenna 영상에 대한 경계선 검출 결과

3.5 잡음 제거

아날로그 영상은 오래되면 색이 바래는 등의 잡음이 발생할 수 있고 디지털 영상도 무선이나 유선으로 전송되는 도중에 잡음이 섞일 수 있다. 텔레비전 방송에서도 잡음에 의하여 화면이 깨끗하지 않은 경우를 흔하게 경험할 수 있다. 잡음은 임펄스(impulse) 잡음과 가우시안(Gaussian) 잡음으로 구분할 수 있다. 임펄스 잡음은 그림 3-10(a)에 나타나 있듯이 0 또는 255와 같이 영상의 픽셀값과는 뚜렷하게 다른 픽셀값에 의한 잡음을 말하고 가우시안 잡음은 그림 3-10(b)와 같이 영상의 픽셀값으로부터 불규칙적으로 벗어나지만 뚜렷하게 벗어나지는 않은 픽셀값에 의한 잡음을 의미한다.

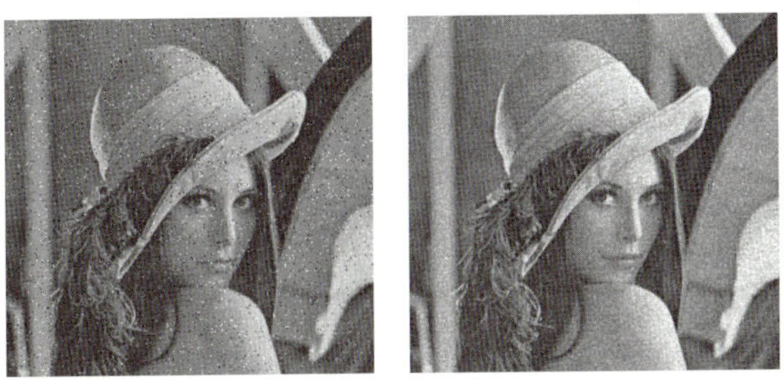

(a) 임펄스 잡음 (b) 가우시안 잡음

[그림 3-10] 잡음이 섞인 Lenna 영상

3.5.1 평균 마스크를 이용한 회선 기법

가우시안 잡음은 흐린 영상 생성을 위한 평균 마스크를 이용한 회선 기법을 사용하여 효과적으로 제거할 수 있다. 가우시안 잡음은 원래의 픽셀값에서 크게 벗어나지 않기 때문에 주위의 잡음이 아닌 픽셀값들과 평균을 구하면 영상이 흐려지면서 잡음이 보이지 않게 된다. 그림 3-11(a)에는 평균 마스크를 이용하여 가우시안 잡음을 제거한 결과 영상이 나타나 있다. 그러나 평균에 의한 잡음 제거는 임펄스 잡음 제거에는 효과적이지 못하다. 임펄스 잡음의 경우에는 잡음의 크기가 크기 때문에 평균을 해도 원래의 픽셀값에서 많이 벗어나게 된다. 그림 3-11(b)에는 평균 마스크를 이용하여 임펄스 잡음을 제거한 결과 영상이 나타나 있다.

(a) 가우시안 잡음 제거 결과

(b) 임펄스 잡음 제거 결과

[그림 3-11] 평균 마스크를 이용한 잡음 제거

3.5.2 중간값 필터

임펄스 잡음을 효과적으로 제거할 수 있는 방법으로 중간값 필터 방법이 있다. 이 방법은 회선 마스크의 값을 영상의 픽셀값과 곱하여 합을 구하는 회선 기법과는 다른 방법이다. 중간값 필터 방법은 그림 3-12와 같이 입력 픽셀과 주위 픽셀들의 값 중에서 중간값을 찾아서 이를 출력 픽셀값으로 사용하는 방법이다. 중간값을 찾는 영역은 여러 가지 형태를 취할 수 있지만 회선 기법과 같이 3×3이나 5×5 등의 정사각형 모양의 영역을 사용하는 것이 일반적이다. 그림 3-12에서는 입력 픽셀값 255가 필터 윈도우 내의 중간값인 17로 대치되었다.

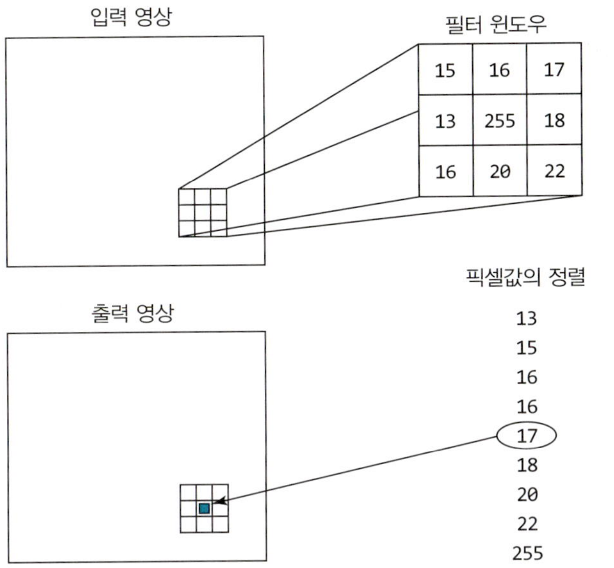

[그림 3-12] 중간값 필터 적용 방법

임펄스 잡음은 그 값이 영상의 픽셀값으로부터 크게 벗어나므로 대부분의 경우에 잡음이 중간값으로 선택되지 않고 주위의 잡음이 아닌 픽셀값 중에서 중간값이 선택된다. 그림 3-13에는 3×3 크기의 중간값 필터를 이용하여 임펄스 잡음과 가우시안 잡음을 제거한 결과가 나타나 있다. 그림 3-13에 나타나 있듯이 중간값 필터 방법이 평균 마스크를 이용한 회선 기법에 비하여 임펄스 잡음을 훨씬 더 잘 제거한다. 그리고 가우시안 잡음도 어느 정도 제거할 수 있음을 알 수 있다. 중간값 필터의 또 다른 특성은 경계선을 잘 보존한다는 것이다. 평균 마스크를 이용하면 영상이 흐려져서 경계선이 모호해지는 반면에 중간값 필터는 영상을 흐리게 하지 않는다.

(a) 임펄스 잡음 제거 결과 (b) 가우시안 잡음 제거 결과

[그림 3-13] 중간값 필터를 이용한 잡음 제거

3.6 컬러 영상에 대한 처리

3.6.1 회선 기법

보통 컬러 영상은 RGB 컬러로 제공된다. 이러한 컬러 영상에 대한 영상처리로는 RGB 컬러 모델을 그대로 사용하는 방법과 HSI 컬러 모델로 변환하여 처리하는 방법이 널리 사용된다. RGB 컬러 모델을 사용하는 경우에 영상은 개념적으로 빨강색 성분값만으로 구성된 영상, 초록색 성분값만으로 구성된 영상, 파랑색 성분값만으로 구성된 영상 등 세 영상으로 분리할 수 있다. 그리고 회선은 단순하게 빨강색, 초록색, 파랑색 각 성분에 회선 마스크를 독립적으로 적용하여 출력 영상의 세 성분값을 개별적으로 구하는 방법을 사용할 수 있다.

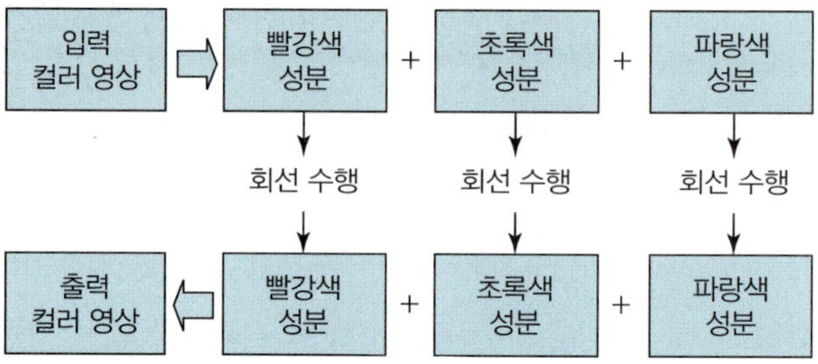

[그림 3-14] RGB 컬러 모델에서의 회선

HSI 컬러 모델을 사용하는 경우에는 먼저 RGB 컬러를 HSI 컬러로 변환한다. 그 다음에 명암값 I에 대하여 회선을 수행하고 색상(H)과 채도(S)에 대해서는 아무런 작업을 수행하지 않는다. 회선을 수행하여 명암값을 변환한 다음에 RGB 컬러 공간으로 변환하면 처리된 컬러 영상을 얻게 된다.

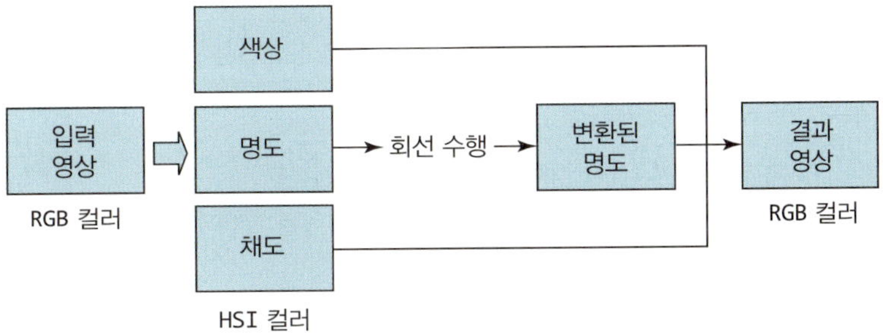

[그림 3-15] HSI 컬러 모델을 이용한 회선 수행

3.6.2 컬러 영상의 경계선 검출

컬러 영상의 경계선 검출도 회선 기법과 마찬가지로 RGB 컬러 공간에서 수행할 수도 있고 HSI 컬러 공간에서 수행할 수도 있다. RGB 컬러 공간에서 경계선을 검출하기 위해서는 RGB 각 성분에 대하여 경계선 검출을 위한 회선 마스크를 수행한 다음 그 결과 값을 다음과 같이 합하면 된다.

$$E(x, y) = \sqrt{E_{red}^2(x,y) + E_{green}^2(x,y) + E_{blue}^2(x,y)}$$

HSI 컬러 공간에서의 경계선 검출은 단지 RGB 컬러를 HSI 컬러로 변환한 다음에 명도(I) 성분에 회선을 수행하기만 하면 된다.

3.7 실습

3.7.1 임의의 크기의 영상에 대한 픽셀 기반 처리

1) 산술 연산 함수 수정

```
clc;clear all;
x=imread('로켓발사.pgm');        % 영상을 읽음
x1=imadd(x,100);                 % 읽은 영상의 각 픽셀에 100을 더함
subplot(1,2,1), imshow(x);
subplot(1,2,2), imshow(x1);
```

[그림 3-16] 임의의 크기 영상에 대한 산술 덧셈 연산

2) 히스토그램 평활화 연산(흑백영상)

```
clc;clear all;
x=imread('로켓발사.pgm');        % 영상을 읽음

x1=histeq(x);                    % 히스토그램 평활화


subplot(2,2,1); imshow(x);
subplot(2,2,2); imshow(x1);
subplot(2,2,3); imhist(x);       %영상 x에 대한 히스토그램
subplot(2,2,4); imhist(x1);      %영상 x1에 대한 히스토그램
```

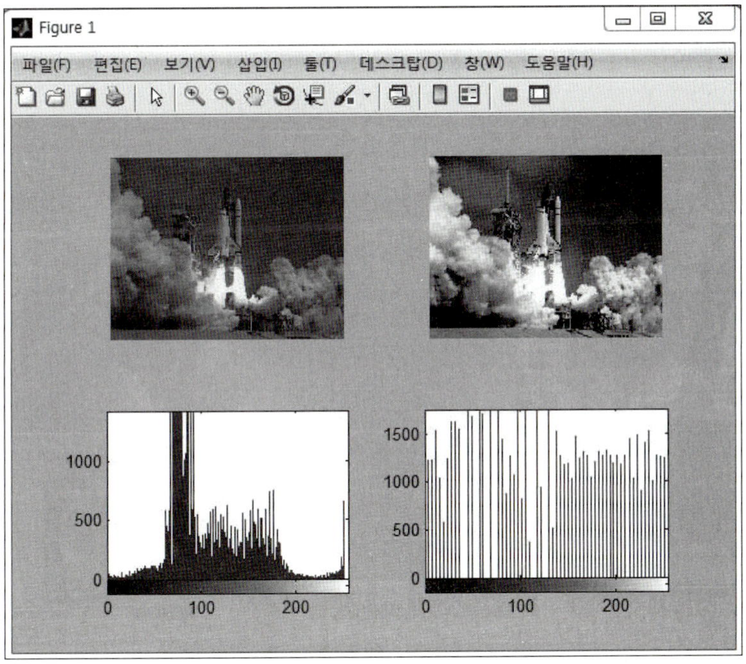

[그림 3-17] 임의의 크기 영상에 대한 히스토그램 및 평활화

3) 두 영상에 대한 덧셈 연산

```
clc;clear all;
a=imread('모나리자.pgm');                    % 영상을 읽음
b=imread('모나리자-mask.pgm');               % 마스크 영상을 읽음
ab=a+b;
ab(find(ab>=255))=255;
subplot(1,3,1); imshow(a,[]);
subplot(1,3,2); imshow(b,[]);
subplot(1,3,3); imshow(uint8(ab),[]);      % 8비트 영상으로 출력
```

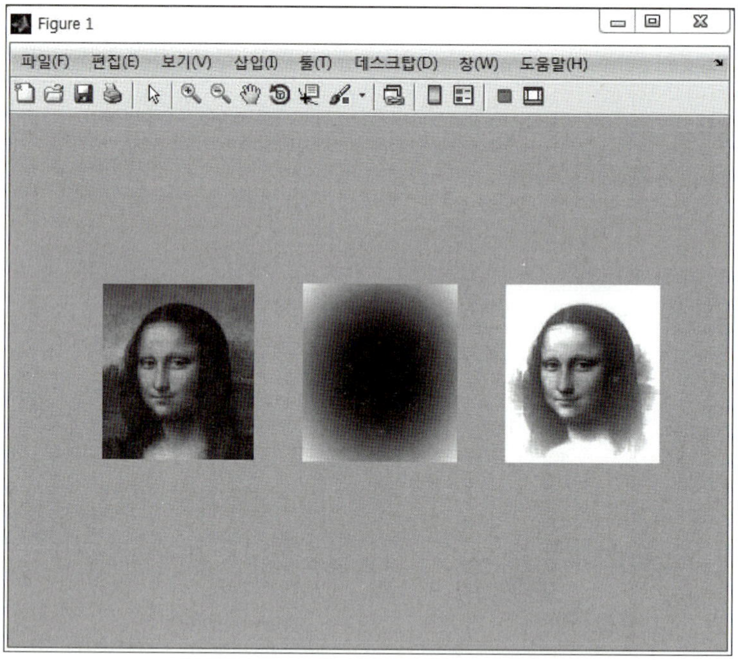

[그림 3-18] 두 영상의 산술 덧셈 연산

3.7.2 회선 기법을 이용한 영상의 선명화 구현

1) 영상의 에지 처리 방법

영상의 에지 처리 방법이라는 것은 마스크의 일부분이 바깥 부분에 있을 경우, 영상의 에지 부분에서의 처리 방법을 말한다. 영상의 에지(경계)를 처리하는 방법은 3가지가 있다.

● 에지의 무시(ignore edge)

에지를 제외한 모든 화소에 대해서만 마스크를 적용한다. 즉, 회선 마스크와 영상이 완전하게 중첩되는 위치에서부터 회선을 시작하도록 하는 방법이다. 중첩 부분에서 회선 수행이 끝나면 경계 부분을 입력 영상과 같은 화소 값을 복사해서 사용한다. 이때 출력의 영상은 원영상보다 작아진다. 이 경우 마스크의 크기가 큰 경우 영상의 정보를 잃게 될 수 있다.

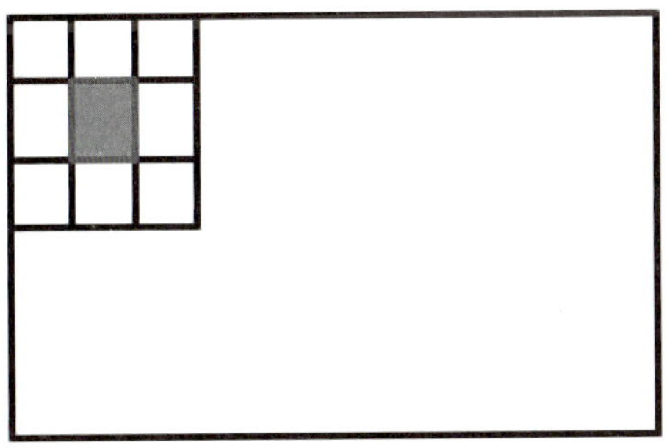

[그림 3-19] ignore edge

● 영으로 채움(pad with zeros)

영상 외부에 있는 영역에서 필요한 모든 값을 0으로 채운다. 프로그램을 단순하게 구현할 수 있다는 장점이 있으며 최외곽 바깥에 가상의 픽셀이 있다고 가정하고 계산을 한다. 이 방법은 영상의 모든 화소에 대하여 처리할 수 있어서 원영상의 크기와 같다. 0으로 채우는 방법이므로 가장자리 부분은 원하지 않는 값이 나타나기도 한다.

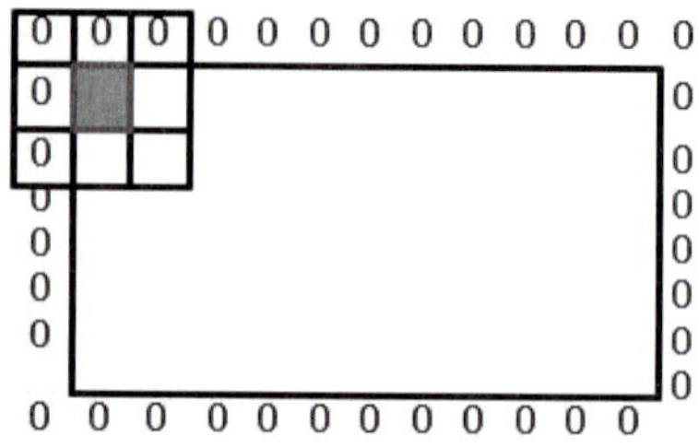

[그림 3-20] pad with zeros

● 미러링(mirroring)

영상의 외부에 있는 영역에서 필요한 값들을 에지에서 미러링하여 얻는다. 이 방법은 영상의 모든 화소에서 처리할 수 있어 원영상의 크기와 같고, 0으로 채움으로 인한 주위 부분에 원하지 않은 결과를 방지하는 효과를 가지고 있다.

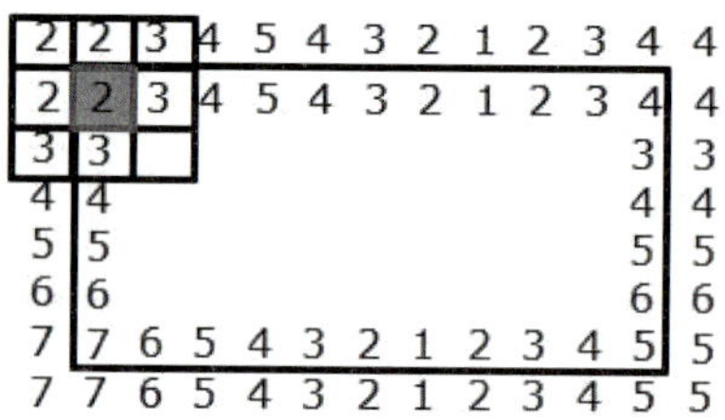

[그림 3-21] Mirroring

2) MATLAB 함수

● 명령어: filter2( )

- 설명 : filter를 원 영상 위로 이동하면서 처리
- 형식 Y =filter2(filter, image, shape)
- 옵션
  - Y : 영역단위 영상처리 결과
  - filter : 마스크 영상
  - image : 원 영상
  - shape
    - 'same' : 1) default
      2) 출력 영상은 원영상과 동일한 크기의 매트릭스
      3) 에지 처리는 pad with zeros

- 'valid' : 1) 마스크를 영상 내부의 완전히 중첩되는 화소에만 처리
  2) 에지 처리는 ignore edges
  3) 'same'으로 처리한 결과는 원영상의 외부에 미리 0으로 채운 후 'valid'로 처리하면 얻을 수 있다.
- 'full' : 1) 옵션 full일 경우 출력은 원영상보다 더 큰 크기
  2) 영상의 화소값이 없는 경우 '0'으로 채움
  3) 마스크와 영상 행렬이 서로 겹치는 부분이 있으면 영상과 주위의 모든 곳에서 필터를 적용하여 출력 매트릭스를 생성
- 함수의 결과는 double data type

● 명령어: fspecial( )

- 설명 : filter 마스크 영상을 만듦
- 형식 h = fspecial('type', parameters)
- 옵션
  - h : 마스크 영상 filter
  - parameters
    1) default (3×3) 크기
    2) [행, 열] : Mask 행렬의 크기 결정, 상수 : 정방행렬을 의미함.
  - type

값	설명
'average'	평균 필터
'disk'	원형 평균 필터
'gaussian'	가우시안 저역통과 필터
'laplacian'	라플라시안 필터
'log'	라플라시안의 가우시안 필터
'motion'	카메라의 선형 모션 근사화 필터
'prewitt'	Prewitt 수평 모서리 강조 필터
'sobel'	Sobel 수평 모서리 강조 필터
'unsharp'	unsharp 필터

3) 프로그램 코드

```
clc;clear all;
a=imread('모나리자.pgm');              % 영상을 읽음
s=size(a);                             % 영상 a와 같은 크기를 갖도록 설정
a1=zeros(size(a)+2);
a1(2:s(1)+1,2:s(2)+1)=a;
mask1=[0 -1 0; -1 5 -1 ; 0 -1 0]; % 회선기법에 적용될 마스크 영상
a1=filter2(mask1,a1,'valid');          % 마스크 영상을 이용하여 회선처리
a1=uint8(a1);
subplot(1,2,1) imshow(a)               % 영상을 화면에 디스플레이
subplot(1,2,2) imshow(a1)
```

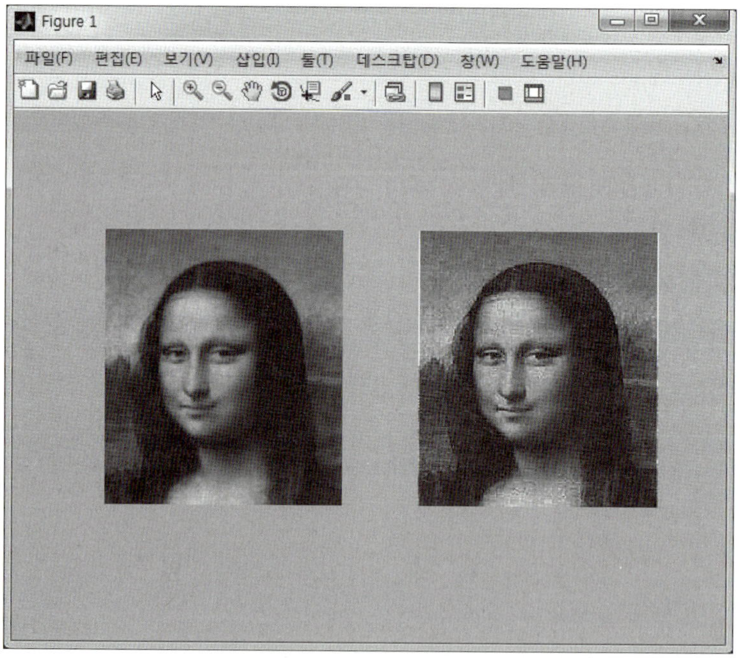

[그림 3-22] 회선 기법을 이용한 선명화 연산

4) 프로그램 코드

```
clc;clear all;
a=imread('자동차-흐림.pgm');              % 영상을 읽음
s=size(a);
a1=zeros(size(a)+2);
a1(2:s(1)+1,2:s(2)+1)=a;
mask1=[0 -1 0; -1 5 -1;0 -1 0];           % 회선기법에 적용될 마스크 영상
a1=filter2(mask1,a1,'valid');             % a1 영상에 mask1를 'valid' 옵션으로 필터링
a1=uint8(a1);
subplot(1,2,1)
imshow(a)
subplot(1,2,2)
imshow(a1)
```

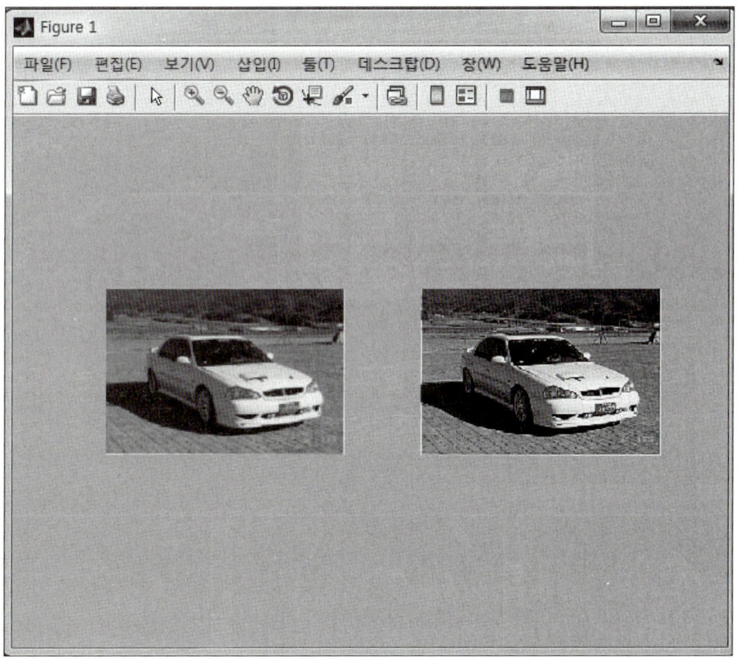

[그림 3-23] 자동차 번호 인식을 위한 선명화

3.7.3 회선 기법을 이용한 영상 흐리게 하기

```
clc; clear all;
a=imread('모나리자.pgm');                % 영상을 읽음
s=size(a);
a1=zeros(size(a)+2);
a1(2:s(1)+1,2:s(2)+1)=a;
mask1=ones(3,3)/9;                       % 평균필터
a1=filter2(mask1,a1,'valid');            %  ignore edge 처리
a1=uint8(a1);
subplot(1,2,1), imshow(a) ;              % 화면에 디스플레이
subplot(1,2,2),  imshow(a1);
```

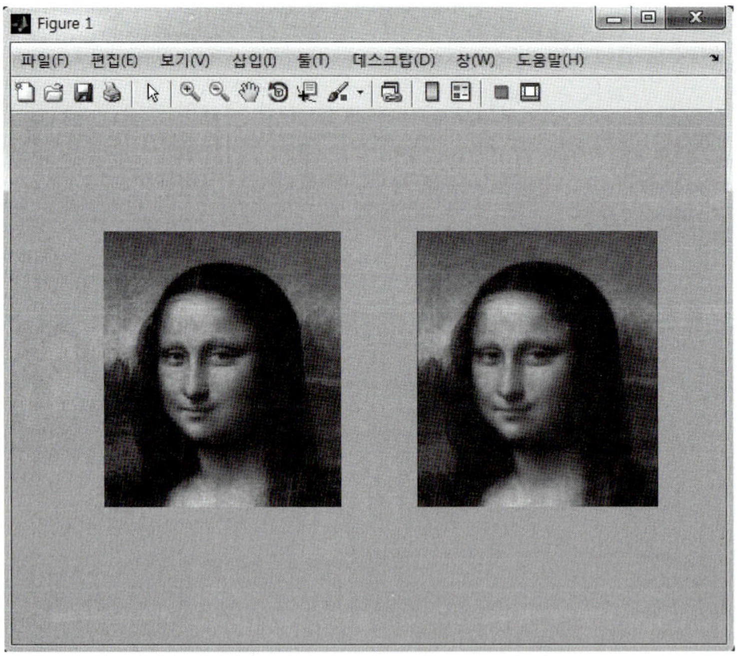

[그림 3-24] 회선 기법을 이용한 영상 흐리게 하기

3.7.4 중간값 필터

● 명령어: ordfilt2( )

- 비선형 필터에서 최댓값, 최솟값, 중간값 필터링 작업(rank-order)
- 형식: B = ordfilt2(A,order,domain)
- 옵션 : A=영상 order= 순서 domain=1 또는 0의 배열

필터링 작업의 유형	MATLAB 코드	이웃
중간값 필터	B = ordfilt2(A,5,ones(3,3))	1 1 1 1 1 1 1 1 1
최소 필터	B = ordfilt2(A,1,ones(3,3))	1 1 1 1 1 1 1 1 1
최대 필터	B = ordfilt2(A,9,ones(3,3))	1 1 1 1 1 1 1 1 1
4-이웃의 최소 필터	B = ordfilt2(A,1,[0 1 0; 1 0 1; 0 1 0])	0 1 0 1 0 1 0 1 0

1) 프로그램 코드

```
clc;clear all;
fid = fopen('Lenna-임펄스잡음.raw');          % raw 형식의 파일은 파일로 읽음
size=[256,256];
b=fread(fid,size);
status=fclose(fid);
y=ordfilt2(b,5,ones(3,3));                    % 중간값 필터 적용
y=uint8(y); subplot(1,2,1)
b1=imrotate(double(b), 270);                  % 영상을 270도 회전
imshow(b1,[])                                 % 화면에 디스플레이
subplot(1,2,2), y1=imrotate(y, 270);
imshow(y1,[])
```

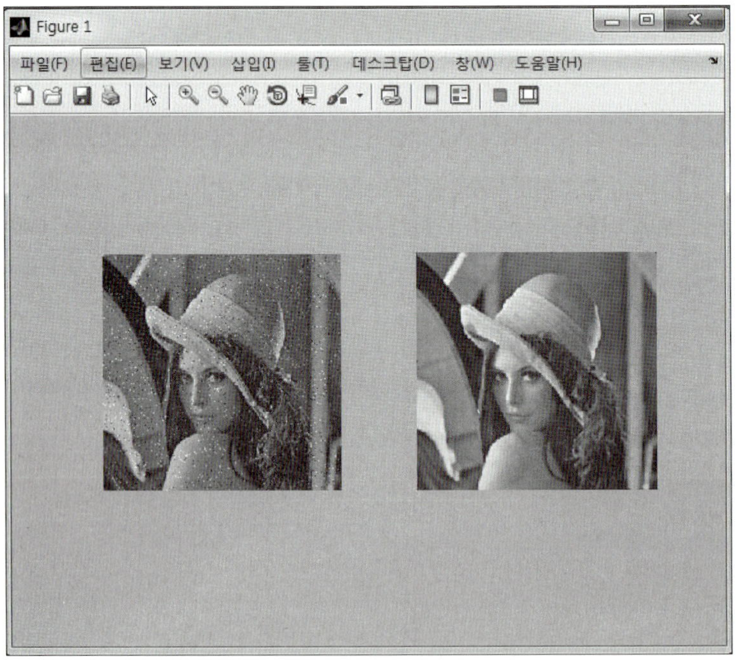

[그림 3-25] 중간값 필터 적용 화면

3.7.5 경계선 검출

1) 프로그램 코드

```
clc;clear all;
a=imread('강아지.pgm');
sobelmask1=[-1 -2 -1; 0 0 0; 1 2 1];   % sobel 필터
a1=filter2(sobelmask1,a);
a1=uint8(a1);
subplot(1,2,1)
imshow(a)
subplot(1,2,2)
imshow(a1)
```

[그림 3-26] 경계선 검출 화면

연습문제

01 Prewitt 회선 마스크와 Roberts 회선 마스크를 이용한 경계선 검출 프로그램을 작성하라.

02 5×5 크기의 회선 마스크에 대한 회선을 수행할 수 있도록 Convolve() 함수를 수정하여 "영상 흐리게 하기" 기능을 구현하라. 같은 입력 영상에 대하여 3×3 크기의 회선 마스크와 5×5 크기의 회선 마스크를 각각 사용하여 "영상 흐리게 하기" 기능을 적용하여 보고 그 결과를 비교하라.

03 컬러 영상에 대한 "영상 흐리게 하기", "영상의 선명화", "경계선 검출" 기능을 구현하는 프로그램을 작성하라.

04 다음과 같은 마스크를 적용하면 그림과 같은 처리 결과를 얻을 수 있는데, 이와 같은 처리를 엠보싱(embossing)이라 한다. 엠보싱 기능을 구현하는 프로그램을 작성하라.

$$\begin{bmatrix} -1 & 0 & 0 \\ 0 & 0 & 0 \\ 0 & 0 & 1 \end{bmatrix}$$

엠보싱
회선 마스크

(a) 입력 영상

(b) 엠보싱 적용 결과 영상

05 경계선 검출 방법으로 이 교재에서 설명한 방법 외에도 라플라시안 연산자, 가우시안-라플라시안(LOG: Laplacian Of Gaussian) 연산자, 가우시안의 차분 연산자(DOG: Difference Of Gaussian) 등이 있다. 이들에 대해 조사하고 Sobel, Prewitt, Roberts 등의 방법과 비교하라.

06 윈도우즈 환경에서 많이 사용되는 BMP 파일의 구조에 대하여 조사하라.

07 BMP 파일을 읽어 들일 수 있도록 `LoadImageFile()` 함수를 만들어라.

08 `Serialize()` 함수 이름으로 영상 파일 읽기 기능과 RAW, PGM, PPM 형식으로 저장하도록 만들어라.

CHAPTER 04

형태학적 처리

CHAPTER

04 형태학적 처리

형태학적 처리는 영상의 기본적인 특징은 유지하면서 형태에 변화를 주는 처리를 의미한다. 대표적인 형태학적 연산은 침식 연산, 팽창 연산, 열림 연산, 닫힘 연산이 있다. 이들 연산은 영상 내의 객체 형태를 변형시킬 수 있어서 영상 분석에 널리 사용된다.

4.1 침식 연산과 팽창 연산

침식 연산은 그림 4-1(b)와 같이 물체의 크기를 축소하고 배경을 확장하는 역할을 한다. 팽창 연산은 그림 4-1(c)와 같이 물체의 크기를 확장하고 배경을 축소하는 역할을 한다.

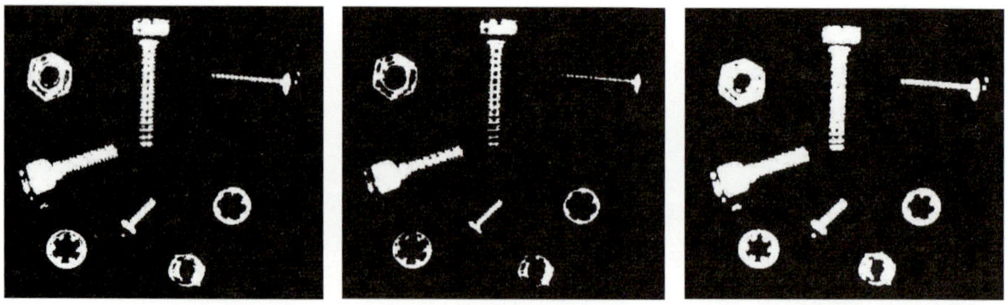

(a) 입력 영상　(b) 침식 영상　(c) 팽창 영상

[그림 4-1] 침식 연산과 팽창 연산 적용 예

배경의 명암값이 0인 영상에서의 침식 연산은 최솟값 필터를 이용하여 구현된다. 최솟값 필터는 그림 4-2에 있는 바와 같이 입력 픽셀의 값이 필터 영역 내부의 값 중에서 최솟값으로 변환된다. 최솟값 필터를 적용하면 입력 픽셀 주위의 3×3 영역 안에 한 픽셀이라도 0의 값을 가진 픽셀이 있으면 입력 픽셀의 값이 0으로 변환된다.

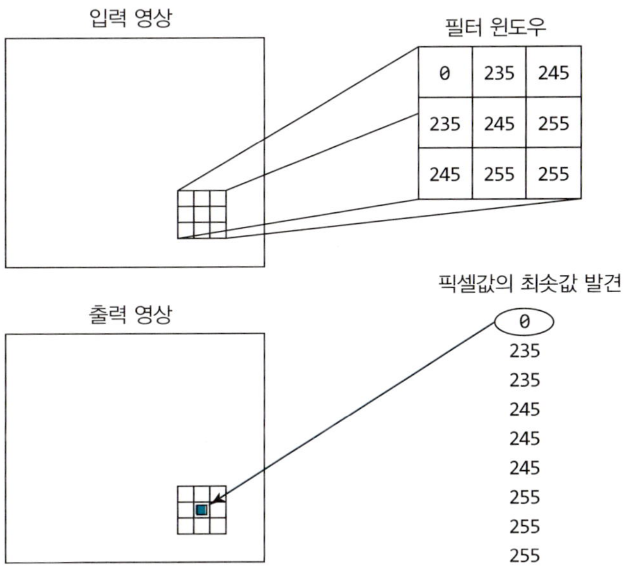

[그림 4-2] 최솟값 필터 적용 방법

그림 4-3에는 침식 연산의 적용 예가 나타나 있다. 그림 4-3(a)의 입력 영상에는 두께가 세 픽셀인 선이 나타나 있고 그림 4-3(b)에는 두께가 다섯 픽셀인 선이 나타나 있다. 그림 4-3의 출력 영상에 나타나 있듯이 침식 연산을 적용하면 물체의 두께가 두 픽셀씩 감소하는 것을 알 수 있다. 따라서 두께가 두 픽셀 이하인 물체는 침식 연산을 적용하면 영상에서 사라지게 된다. 필터 윈도우의 크기는 3×3 대신에 5×5와 같이 더 크게 만들 수도 있는데, 필터 윈도우가 커질수록 침식되는 픽셀 수도 커지게 된다. 5×5 필터 윈도우를 사용하여 침식 연산을 적용하면 네 픽셀 이하의 두께를 가진 물체들이 사라지게 된다.

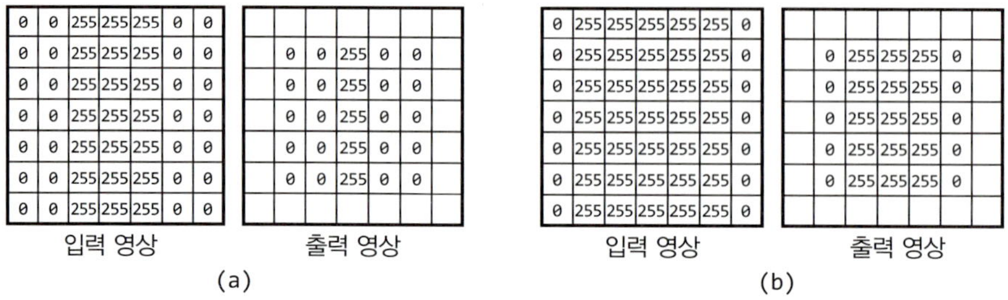

[그림 4-3] 침식 연산 적용 예

배경의 명암값이 0인 영상에서의 팽창 연산은 최댓값 필터를 이용하여 구현된다. 최댓값 필터는 그림 4-4에 있는 바와 같이 입력 픽셀의 값이 필터 영역 내부의 값 중에서 최댓값으로 변환된다. 최댓값 필터를 적용하면 입력 픽셀 주위의 3×3 영역 안에 한 픽셀이라도 255의 값을 가진 픽셀이 있으면 입력 픽셀의 값이 255로 변환된다.

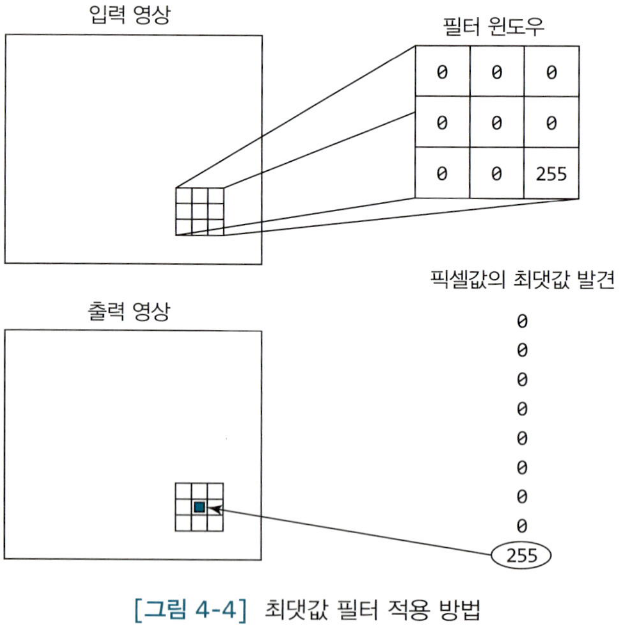

[그림 4-4] 최댓값 필터 적용 방법

그림 4-5에는 팽창 연산의 적용 예가 나타나 있다. 그림 4-5(a)의 입력 영상에는 두께가 한 픽셀인 선이 나타나 있고 그림 4-5(b)에는 두 픽셀의 거리만큼 떨어져 있는 두 개의 선이 나타나 있다. 그림 4-5(a)의 출력 영상에 나타나 있듯

이 팽창 연산을 적용하면 물체의 두께가 두 픽셀 증가하는 것을 알 수 있다. 그림 4-5(b)는 팽창 연산에 의하여 떨어져 있던 두 선이 하나의 선으로 합쳐지는 것을 나타내고 있다. 거리가 두 픽셀 이하로 떨어져 있는 물체는 팽창 연산을 적용하면 합쳐져서 하나의 물체로 되는 것이다. 필터 윈도우의 크기는 3×3 대신에 5×5와 같이 더 크게 만들 수도 있는데, 필터 윈도우가 커질수록 팽창되는 픽셀 수도 커지게 된다. 5×5 필터 윈도우를 사용하여 팽창 연산을 적용하면 네 픽셀 이하의 거리를 두고 떨어진 물체들이 하나의 물체로 합쳐지게 된다.

0	0	0	255	0	0	0
0	0	0	255	0	0	0
0	0	0	255	0	0	0
0	0	0	255	0	0	0
0	0	0	255	0	0	0
0	0	0	255	0	0	0
0	0	0	255	0	0	0

입력 영상

	0	255	255	255	0	
	0	255	255	255	0	
	0	255	255	255	0	
	0	255	255	255	0	
	0	255	255	255	0	

출력 영상

(a)

0	255	0	0	255	0	0
0	255	0	0	255	0	0
0	255	0	0	255	0	0
0	255	0	0	255	0	0
0	255	0	0	255	0	0
0	255	0	0	255	0	0
0	255	0	0	255	0	0

입력 영상

	255	255	255	255	255	
	255	255	255	255	255	
	255	255	255	255	255	
	255	255	255	255	255	
	255	255	255	255	255	

출력 영상

(b)

[그림 4-5] 팽창 연산 적용 예

배경의 명암값이 255인 영상에서는 침식 연산이 최댓값 필터에 의해 구현되고 팽창연산이 최솟값 필터에 의하여 구현됨에 유의하자. 다시 말해서 침식과 팽창은 물체의 관점에서 사용된 용어이다.

4.2 열림 연산과 닫힘 연산

열림 연산은 침식 연산을 적용한 다음에 팽창 연산을 적용하는 연산인데, 영상에서 약한 부분을 잘라내는 역할을 한다. 그림 4-6(a)에서 서로 다른 두 원이 가는 선으로 연결되어 있는데, 열림 연산을 적용하면 그림 4-6(b)와 같이 두 원을 연결하는 가느다란 선이 제거되고 두 원은 분리된다. 이와 같은 연산은 영상 분석에서 물체를 구분하기 위해 유용하게 사용될 수 있다.

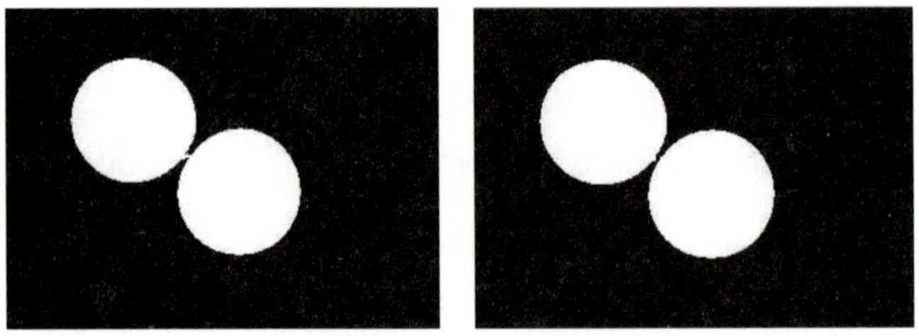

(a) 입력 영상 (b) 결과 영상

[그림 4-6] 열림 연산 적용 예

닫힘 연산은 열림 연산과 반대로 먼저 팽창 연산을 적용한 다음에 침식연산을 적용하는 연산인데, 분리된 물체를 결합하는 역할을 한다. 그림 4-7(a)의 볼트는 여러 부분으로 나뉘어져 있는데, 이 영상에 닫힘 연산을 적용하면 그림 4-7(b)와 같이 하나의 물체로 변환된다. 여기에서의 닫힘 연산은 팽창 연산을 세 번 연속해서 적용한 다음에 축소 연산을 세 번 연속해서 적용한 것이다.

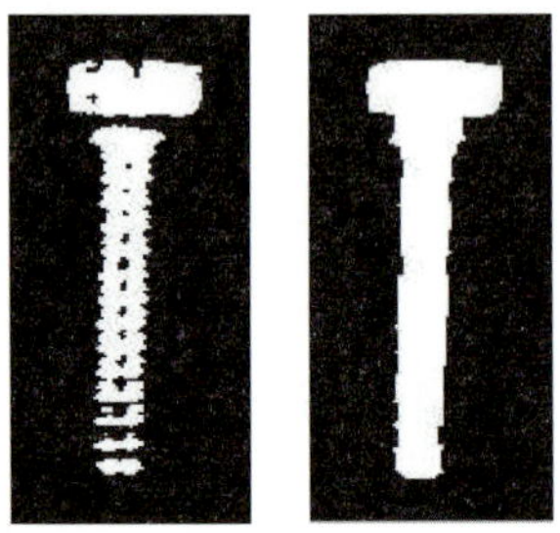

(a) 입력 영상 (b) 결과 영상

[그림 4-7] 닫힘 연산 적용 예

영상 분석에서 열림 연산을 이용하는 예를 살펴보기로 하자. 그림 4-8에는 현미경을 통해서 촬영된 생체 조직의 모습이 나타나 있다. 여기에서 크고 검은 영역이 세포를 나타내는데, 특정 크기 이상의 세포가 몇 개인지 자동으로 검사해야 한다고 하자.

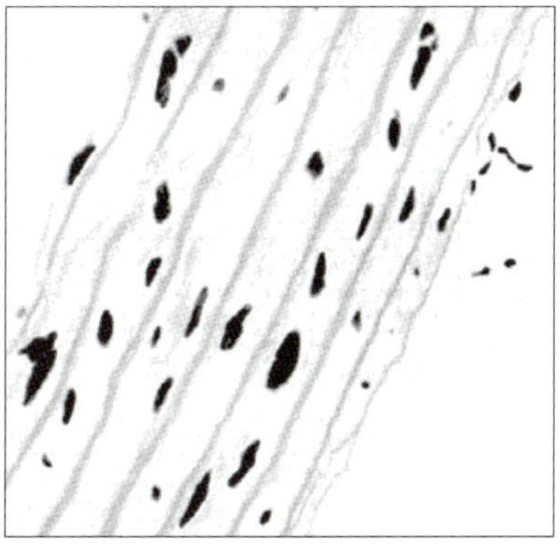

[그림 4-8] 생체 조직 영상 예

분석을 용이하게 하기 위해서 먼저 입력 영상을 그림 4-9와 같이 이진 영상으로 변환할 수 있을 것이다.

[그림 4-9] 이진화된 생체 조직 영상

그 다음에는 크기가 작은 점들을 제거하기 위하여 열림 연산을 사용할 수 있다. 먼저 작은 점들이 제거될 수 있도록 침식 연산을 수행한 다음에 팽창 연산을 수행하면 크기가 큰 셀들은 원래의 크기로 복원되고 크기가 작은 점들은 제거되는 것이다. 그림 4-10에는 크기가 3×3인 필터 마스크를 이용하여 침식 연산을 3회 연속 수행하고 그 다음에 팽창 연산을 3회 연속 수행한 결과가 나타나 있다.

[그림 4-10] 열림 연산을 적용한 결과

열림 연산을 적용한 다음에는 그림 4-11과 같이 배경이 아닌 한 픽셀에서 시작하여 8 방향으로 연결된 물체 픽셀을 재귀적으로 탐색함으로써 서로 연결된 물체 픽셀을 모두 찾는다. 이렇게 함으로써 셀의 개수를 알 수 있게 된다.

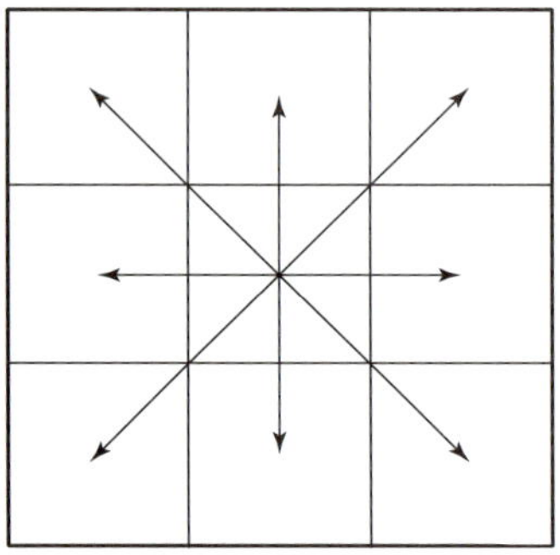

[그림 4-11] 연결된 물체 픽셀의 탐색 방향

4.3 실습

1) MATLAB의 형태학적 처리 명령어

이름	설명
imdilate	Kernel을 이용하여 팽창 연산을 실행한다. (A⊕B)
imerode	Kernel을 이용하여 침식 연산을 실행한다. (A⊖B)
imopen	Kernel을 이용하여 2차적 열림 연산을 실행한다. A∘B=(A⊖B)⊕B
imclose	Kernel을 이용하여 2차적 닫힘 연산을 실행한다. A·B=(A⊕B)⊖B

● 명령어 : imdilate(image, kernel)

Z = imadd (X, Y)

- 예제 : k=ones(3,3);

  i1=imdilate(i,k);
- 설명 : 커널 k를 이용하여 이미지 I를 팽창 연산.

● 명령어 : imerode(image, kernel)

Z = imsubtract (X, Y)

- 예제 : k=ones(3,3);

  i1=imerode(i,k);
- 설명 : 커널 k를 이용하여 이미지 I를 침식 연산.

● 명령어 : imopen(image, kernel)

Z = immultiply (X, Y)는

- 예제 : k=ones(3,3);

  i1=imopen(i,k);
- 설명 : 커널 k를 이용하여 이미지 I를 열림 연산.

● 명령어 : imclose(image, kernel)

Z = immultiply (X, Y)는

• 예제 : k=ones(3,3);

i1=imclose(i,k);

• 설명 : 커널 k를 이용하여 이미지 I를 닫힘 연산.

4.3.1 침식 연산

```
clc; clear all;

i=imread('bolts(이진).pgm');
k=ones(3,3); % 3x3 의 kernel
ie=imerode(i,k); % 침식
subplot(1,2,1); imshow(i),title('< 원본 >','Fontweight','bold')
subplot(1,2,2); imshow(ie),title('< 침식(Erosion) >','Fontweight','bold')
```

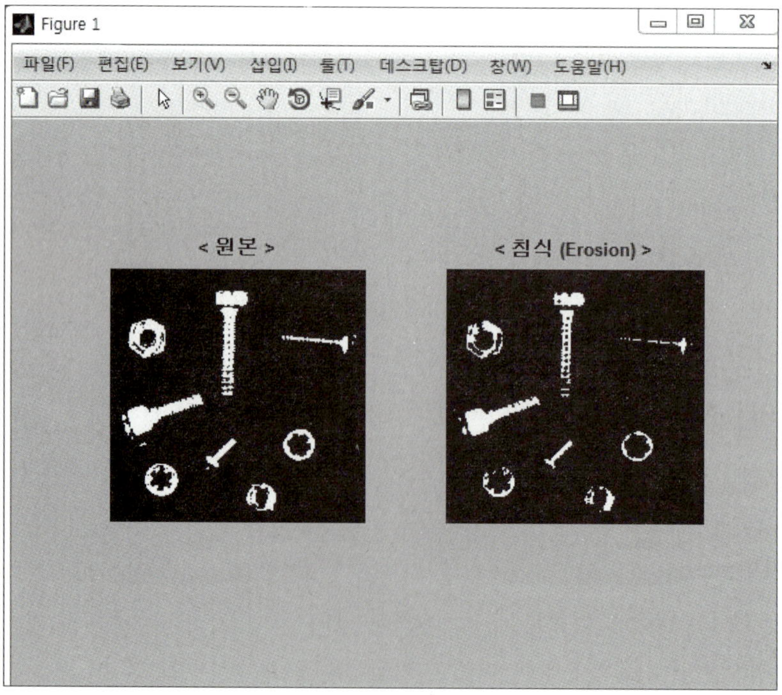

[그림 4-12] 침식 연산 실행 화면

4.3.2 팽창 연산

```
clc; clear all;

i=imread('bolts(이진).pgm');
k=ones(3,3); % 3x3 의 kernel

id=imdilate(i,k); % 팽창연산

subplot(1,2,1); imshow(i),title('< 원본 >','Fontweight','bold')
subplot(1,2,2);
imshow(id),title('< 팽창(Dilation) >','Fontweight','bold')
```

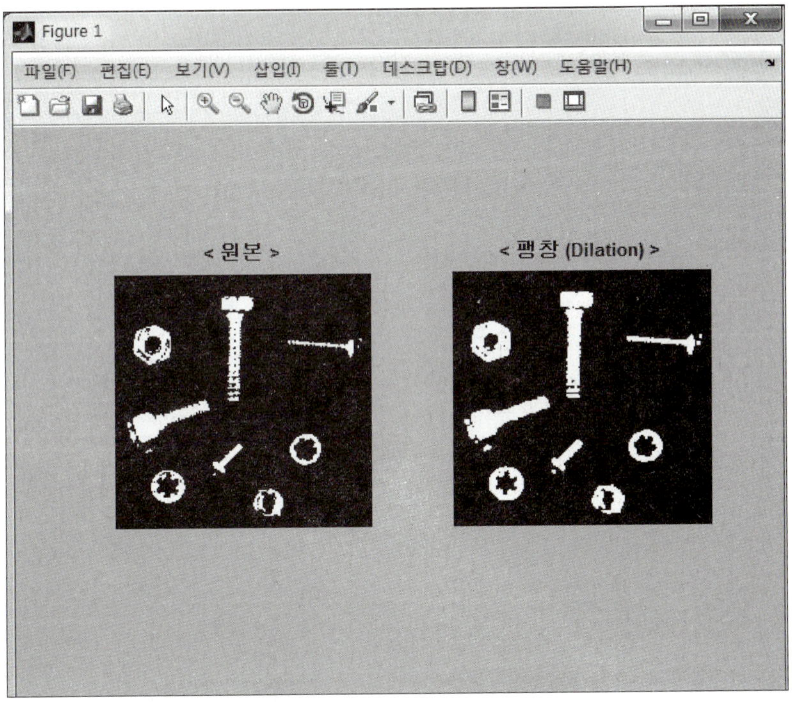

[그림 4-13] 팽창 연산 실행 화면

4.3.3 열림 연산

```
clc; clear all;
i=imread('twopills.pgm');
s=imread('세포(역상-이진).pgm');
k=ones(3,3); % 3x3의 kernel
o=imopen(i,k);  % 열림 연산
c=imclose(s,k); % 닫힘 연산
subplot(2,2,1); imshow(i),title('< 원본 >','Fontweight','bold')
subplot(2,2,2);
imshow(o),title('< 열림 연산(Opening) >','Fontweight','bold')
subplot(2,2,3); imshow(s),title('< 원본 >','Fontweight','bold')
subplot(2,2,4);
imshow(c),title('< 열림 연산(Opening) >','Fontweight','bold')
```

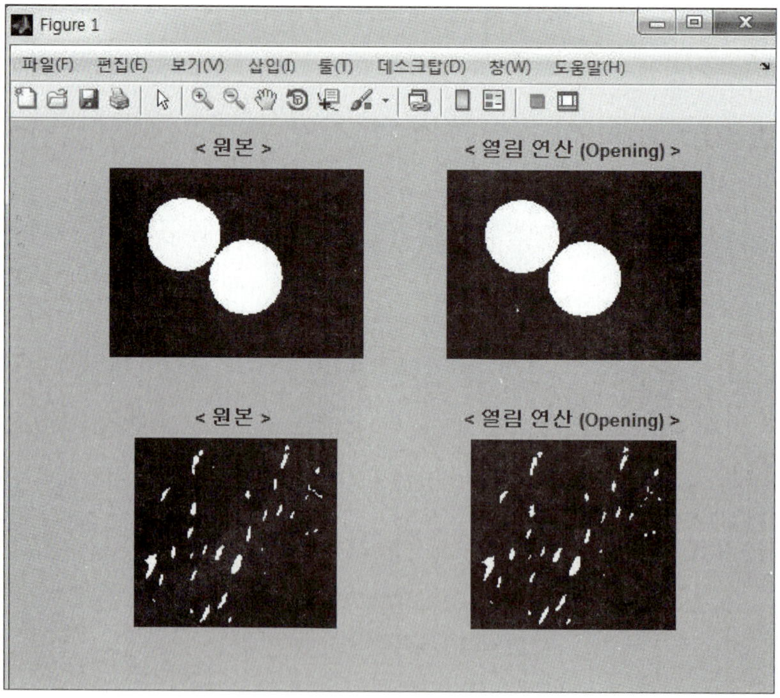

[그림 4-14] 열림 연산 실행 화면

4.3.4 닫힘 연산

```
clc; clear all;
i2=imread('bolts(이진).pgm');
k=ones(3,3); % 3x3의 kernel
c=imclose(i2,k); % 닫힘 연산

subplot(1,2,1); imshow(i2),title('< 원본 >','Fontweight','bold')
subplot(1,2,2);
imshow(c),title('< 닫힘 연산(closing) >','Fontweight','bold')
```

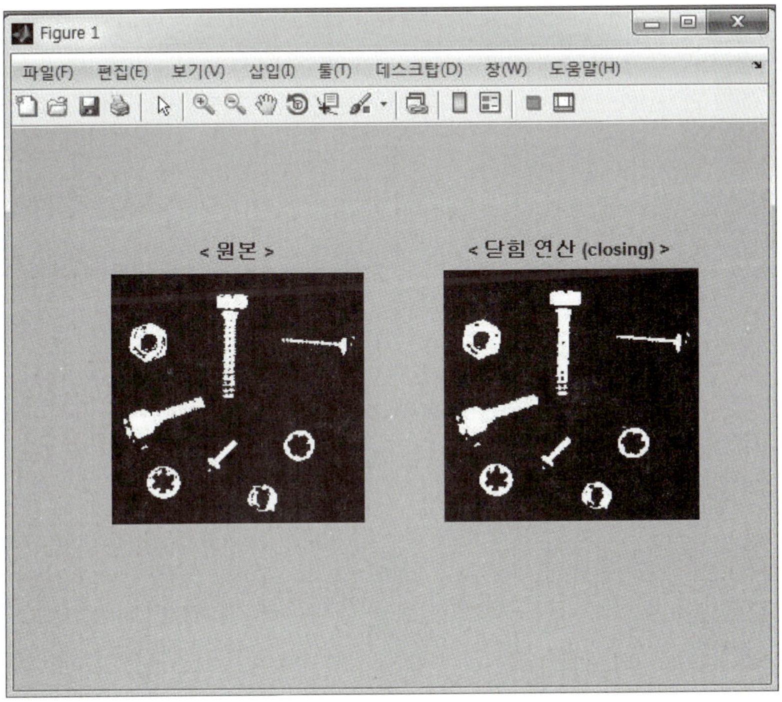

[그림 4-15] 닫힘 연산 실행 화면

연 습 문 제

01 픽셀 기반 처리, 영역 기반 처리, 형태학적 처리를 비교하여 설명하라.

02 배경이 255인 영상에 대하여 침식 연산, 팽창 연산, 열림 연산, 닫힘 연산을 구현하는 방법을 설명하라.

03 배경이 255인 영상에 대한 침식 연산, 팽창 연산, 열림 연산, 닫힘 연산을 구현하는 프로그램을 작성한 다음에 "세포(이진).pgm" 파일을 불러 각 연산을 적용하여 보라.

04 이 교재에서는 이진 영상을 가정하고 형태학적 처리를 설명하고 구현하였다. 이진 영상이 아닌 영상에 대하여 형태학적 처리 연산을 적용하면 어떤 결과가 나타나는지 살펴보고 왜 그런 결과가 나타나는지 설명하라. 입력 영상으로는 "bolts.pgm"을 사용하라.

05 배경이 0인 영상이 resultImg에 저장되어 있을 때에 이 영상에서 객체의 개수를 세는 명령을 구현하라. 객체의 개수를 세기 위해서는 영상을 좌측 상단에서 우측 하단 방향으로 스캔하면서 객체 색상을 가진 픽셀을 찾는다. 객체 픽셀을 찾으면 그 픽셀에서 시작하여 연결되어 있는 모든 객체 픽셀을 찾아서 같은 객체 번호를 할당한다. 객체 번호는 1번으로 시작하여 새로운 객체에 대한 탐색을 시작할 때마다 객체 번호를 증가시켜 나가면 된다. 이 과정을 거치면 맨 마지막 객체 번호가 객체수와 같게 된다. 실험을 위해서는 "세포(이진-역상).pgm" 파일을 사용하라. 이 영상은 배경이 0이고 세포들은 큰 흰점으로 표시되어 있다. 따라서 먼저 영상을 읽어 들인 다음에 열림 연산을 수행하여 작은 흰점들을 제거한다. 그러면 resultImg에 큰 점들만 남게 되는데, 여러분이 구현한 객체 개수 세기 명령을 수행하여 resutImg에 저장되어 있는 영상의 세포의 개수를 세어서 AfxMessageBox() 함수를 이용하여 개수를 출력하도록 한다.

CHAPTER 05

기하학적 처리

CHAPTER

05 기하학적 처리

이 장에서는 영상의 확대, 축소, 회전, 대칭 등의 기하학적 처리에 대하여 살펴본다. 기하학적 처리는 대부분의 그래픽 프로그램이나 영상 편집 프로그램에서 기본적으로 제공되고 있듯이 여러 가지 용도로 널리 사용되는 처리 기법이다. 입력 영상이 작아서 형체를 구분하기 어려울 경우에는 영상을 확대해야 할 것이고, 영상의 크기가 너무 커서 문서에 삽입하기 곤란할 경우에는 축소를 해야 할 것이며, 크기가 서로 다른 영상들을 다룰 경우에는 크기를 동일하게 하기 위해 확대와 축소를 적절하게 활용할 수 있을 것이다. 비스듬하게 쓰인 글자를 인식하기 위해서는 회전시켜 수평으로 만들어 줄 수 있을 것이다.

5.1 확대

5.1.1 픽셀 복제 방법

영상을 확대하는 가장 단순한 방법은 배율만큼 픽셀을 반복적으로 복사하는 방법이다. 이 방법은 확대 배율이 정수일 경우에만 사용될 수 있다. 예를 들어 가로 세로 방향으로 두 배씩 확대하는 경우에는 그림 5-1과 같이 픽셀을 각 방향으로 두 번씩 복사하면 된다.

100	110
120	130

(a) 입력 영상

100	100	110	110
100	100	110	110
120	120	130	130
120	120	130	130

(b) 확대된 영상

[그림 5-1] 가로 세로 방향으로 두 배씩 확대하는 예

픽셀을 복제해서 확대하는 방법은 그래픽 편집 프로그램에서 픽셀 단위로 아주 세밀하게 편집하는 경우에 유용하게 사용된다. Paint Shop Pro 소프트웨어에서 그림 5-2(a)의 영상을 8배 확대해서 픽셀 단위로 편집하는 화면 예가 그림 5-2(b)에 나타나 있다. 작은 영상을 세밀하게 편집할 경우에는 원래 영상에서 편집하는 것보다 확대해서 편집하는 것이 훨씬 편리하다.

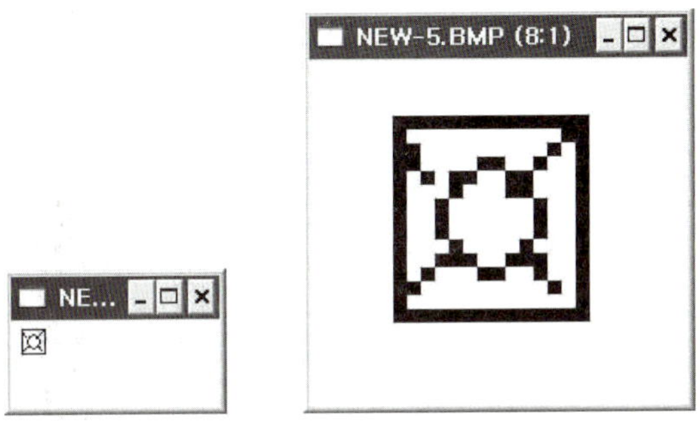

(a) 원래 영상 (b) 8배 확대한 화면

[그림 5-2] Paint Shop Pro 소프트웨어에서 영상을 확대해서 사용하는 예

5.1.2 역방향 사상과 양선형 보간법

그림 5-3에 나타나 있는 바와 같이 픽셀 복제 방법으로 사진 영상을 확대해서 볼 경우에는 결과 영상에서 계단 현상이 발생하는 것이 문제가 될 수 있다. 또한 확대 배율이 정수가 아닌 경우에는 픽셀을 복제하는 데에 문제가 발생한다. 이러한 문제는 역방향 사상과 양선형 보간법을 이용한 확대 방법을 이용하여 해결 가능하다.

(a) 원영상

(b) 네 배 확대된 영상

[그림 5-3] 픽셀 복제 방법을 이용한 확대

역방향 사상은 각각의 출력 영상의 픽셀에 대하여 그 픽셀에 대응되는 입력 영상의 픽셀 위치를 계산하게 된다. 영상을 가로 세로 방향으로 2배씩 확대하는 경우, 역방향 사상을 식으로 표현하면 다음과 같다.

$$x_{source} = \frac{x_{dest}}{2} \qquad y_{source} = \frac{y_{dest}}{2}$$

입력 영상의 화소를 I(i,j)라 나타내고 출력 영상의 픽셀을 O(i,j)라 나타내기로 하자. 위의 식에 의하여 O(0,0)의 값은 I(0,0)의 값을 복사해 오고 O(1,1)의 값은 I(0.5, 0.5)의 값을 복사해 와야 한다. I(0,0)의 값을 O(0,0)에 복사하는 것은 문제가 없지만 I(0.5, 0.5)의 값을 가져오는 데에 문제가 발생한다. 이와 같이 픽셀 좌표가 정수가 아닌 경우에 그 값을 계산하는 방법으로 양선형 보간법이 널리 사용된다. 양선형 보간법에서는 주어진 위치의 주위에 있는 네 개의 픽셀값을 보간한다. 먼저 x축 방향에 따라 픽셀값을 보간한 다음에 y축 방향에 따라 픽셀값을 보간한다. 각각의 방향으로 보간하는 것은 선형 보간이고 양방향으로 보간하기 때문에 양선형 보간법이라 한다. 그림 5-1(a)의 입력 영상에서 I(0.5, 0.5)의 값은 양선형 보간법에 의하여 115가 되는데 계산 과정은 다음과 같다.

I(0.5, 0.5)의 주위 네 픽셀 :

I(0,0)=100, I(0,1)=110, I(1,0)=120, I(1,1)=130

x방향 보간 :

T(0, 0.5) = I(0,0)*0.5 + I(0,1)*0.5 = 100*0.5 +110*0.5 = 105

T(1, 0.5) = I(1,0)*0.5 + I(1,1)*0.5 = 120*0.5 +130*0.5 = 125

y방향 보간 :

O(0.5, 0.5) = T(0, 0.5)*0.5 + T(1, 0.5)*0.5

= 105*0.5 + 125*0.5 = 115

그림 5-4에는 역방향 사상에 의하여 계산된 픽셀 위치와 주위의 네 픽셀의 관계와 함께 그에 대한 양선형 보간법에 의한 픽셀값 계산식이 나타나 있다.

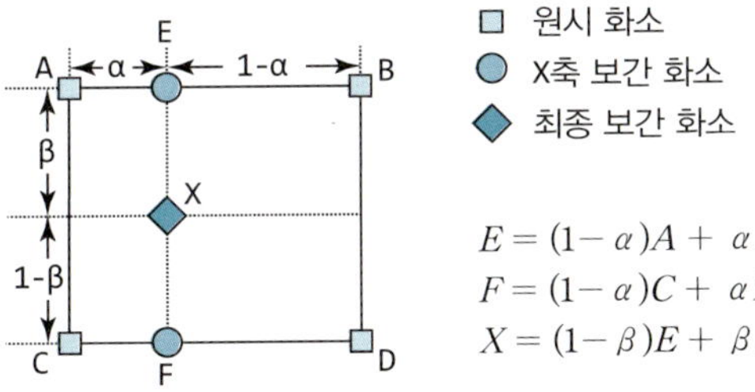

$$E = (1-\alpha)A + \alpha B = A + \alpha(B-A)$$
$$F = (1-\alpha)C + \alpha D = C + \alpha(D-C)$$
$$X = (1-\beta)E + \beta F = E + \beta(F-E)$$

[그림 5-4] 양선형 보간법의 계산 방법

그림 5-5에는 양선형 보간법을 이용하여 영상을 확대한 예가 나타나 있다. 그림 5-3에 나타나 있는 픽셀 복제 방법에 의한 확대와 비교하면 계단 현상이 현저히 제거되어 훨씬 부드러운 결과를 얻을 수 있음을 알 수 있다.

(a) 원영상　(b) 네 배 확대된 영상

[그림 5-5] 양선형 보간법을 이용한 확대

5.2 축소

축소 방법으로는 서브샘플링 방법, 평균값 필터를 이용한 방법, 중간값 필터를 이용한 방법들이 있다.

5.2.1 서브샘플링(subsampling)

서브샘플링 방법은 축소 배율만큼 건너뛰면서 픽셀값을 취하는 방법이다. 예를 들어, 가로 세로 각 방향으로 두 배씩 축소하는 경우에 모든 짝수 번째 줄에서 짝수 번째 열의 픽셀값만 출력 영상에 복사한다. 서브샘플링을 이용하여 영상을 축소한 예가 그림 5-6에 나타나 있다.

(a) 입력 영상　　(b) 출력 영상

[그림 5-6] 서브샘플링을 이용한 축소 예

이 방법은 구현하기는 간단하지만 영상의 세밀한 정보를 잃어버릴 수 있다는 단점이 있다. 그림 5-7(a)의 영상을 서브샘플링 방법을 이용하여 가로 세로 방향으로 세 배씩 축소한 결과가 그림 5-7(b)에 나타나 있다. 여기에서는 세 번째 줄이나 열에 있지 않은 픽셀들이 제거되기 때문에 영상의 많은 정보가 손실되었다.

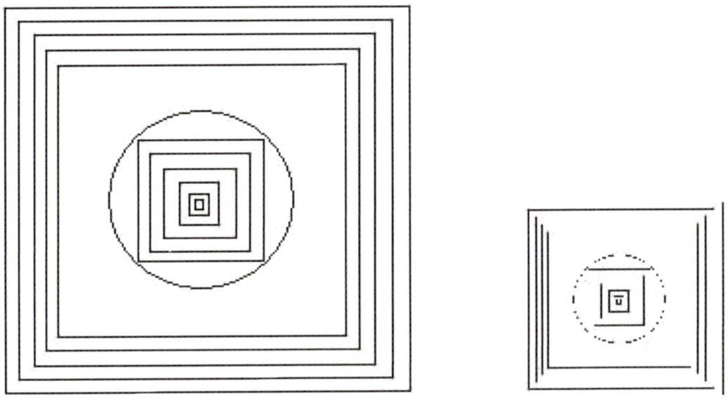

(a) 입력 영상 (b) 출력 영상

[그림 5-7] 서브샘플링을 이용하여 가로 세로 방향으로 세 배씩 축소한 예

그림 5-7(b)와 같이 영상의 세밀한 부분이 손실되는 것을 방지하기 위해서는 먼저 영상을 흐리게 한 다음에 축소하면 된다. 그림 5-8(a)에는 그림 5-7(a)의 영상을 흐리게 한 결과가 나타나 있고 이 영상을 축소한 결과가 그림 5-8(b)에 나타나 있다.

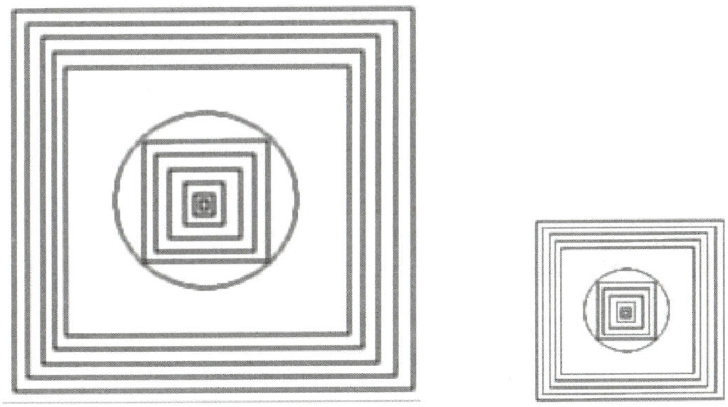

(a) 흐리게 변환한 결과 (b) 축소 결과

[그림 5-8] 영상을 흐리게 한 다음에 서브샘플링을 이용하여 축소한 예

5.2.2 평균값 필터링

평균값 필터를 이용해서도 영상을 축소할 수 있다. 영역 기반 처리에서 흐린 영상 생성을 위해 사용했던 평균값을 출력 영상에 복사한다는 것은 비슷한데, 다른 점은 축소 연산에서는 필터 윈도우 전체를 평균값으로 대치한다는 것이다. 그

림 5-9에는 3×3 필터 윈도우를 사용하면 영상을 가로 세로 방향으로 세 배씩 축소하는 예가 나타나 있다. 그림 5-9(a)에서 필터 윈도우가 1, 2, 3, 4번과 같이 적용되고 그 결과는 그림 5-9(b)와 같이 네 개의 픽셀값으로 출력된다.

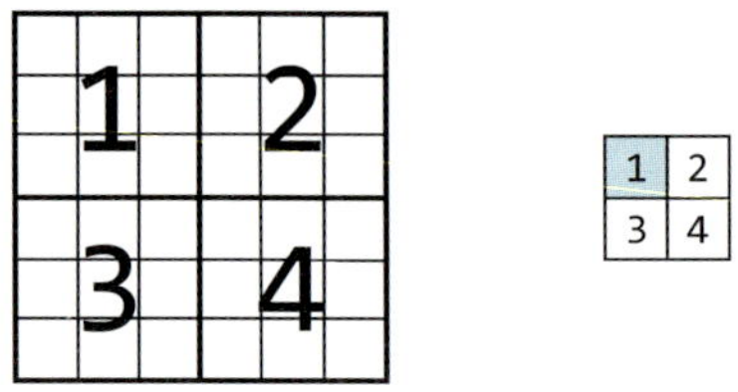

(a) 입력 영상 (b) 출력 영상

[그림 5-9] 평균값 필터 적용 방법

평균값 필터를 사용해서 그림 5-6(a) 영상과 그림 5-7(a) 영상을 축소한 결과가 그림 5-10에 나타나 있다. 평균값 필터를 이용한 방법이 서브샘플링 방법에 비하여 영상의 세밀한 부분을 잘 보존할 수 있음을 그림 5-10(b)의 축소 결과로부터 알 수 있다.

(a) 그림 5-6(a) 영상의 축소 (b) 그림 5-7(a) 영상의 축소

[그림 5-10] 평균값 필터를 이용한 축소 결과

5.3 회전

영상의 회전 변환은 기울어진 영상을 회전을 통하여 바르게 위치시키거나 영상을 회전시켜 복제하기 위하여 주로 사용된다. 그림 5-11과 같이 이차원 좌표계에서 원점을 중심으로 점 (x_{source}, y_{source})를 반시계 방향으로 각도 θ만큼 회전한 점

(x_{source}, y_{source})는 다음 식과 같이 구할 수 있다.

$$x_{dest} = x_{source} \cos\theta - y_{source} \sin\theta$$
$$y_{dest} = x_{source} \sin\theta + y_{source} \cos\theta$$

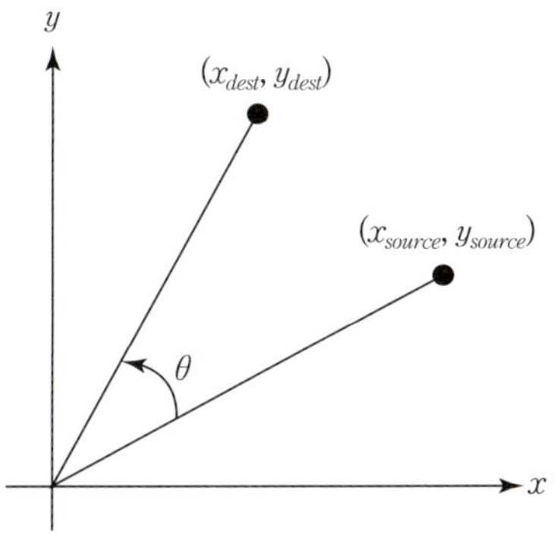

[그림 5-11] 원점을 중심으로 한 회전

영상에 회전을 적용할 때에는 고려해야할 사항이 있다. 첫째, 회전 변환은 역방향 사상을 이용하는 것이 좋다. 전방향 사상을 이용하면 그림 5-12와 같이 출력 영상에서 픽셀값을 할당받지 못하는 빈 곳이 생길 수 있다. 역변환 사상을 위한 식은 다음과 같다.

$$x_{source} = y_{dest} \sin\theta + x_{dest} \cos\theta$$
$$y_{source} = y_{dest} \cos\theta - x_{dest} \sin\theta$$

[그림 5-12] 전방향 사상을 이용한 회전

둘째, 앞의 회전 변환 식들은 원점을 중심으로 하는 회전에 대한 식이라는 것에 주의해야 한다. 그림 5-13(b)는 그림 5-13(a) 영상을 좌측 하단의 원점을 중심으로 반시계 방향으로 45도 회전한 예를 보이고 있다. 그림 5-13(b)에 나타나 있는 바와 같이 원점을 중심으로 하는 회전은 결과 영상에서 잘리는 부분이 많이 발생할 수 있다. 이와 같이 회전된 결과가 잘리는 것을 방지하기 위해서는 입력 영상의 중심점을 기준으로 회전하도록 하는 것이 좋다. 그림 5-13(c)에는 영상의 중심점을 기준으로 회전한 결과가 나타나 있다. 중심점 (C_x, C_y)를 기준으로 하는 회전에 대한 식은 다음과 같다.

$$x_{source} = (y_{dest} - C_y)\sin\theta + (x_{dest} - C_x)\cos\theta + C_x$$
$$y_{source} = (y_{dest} - C_y)\cos\theta - (x_{dest} - C_x)\sin\theta + C_y$$

(a) 입력 영상 (b) 원점 기준 회전 (c) 영상의 중심 기준 회전

[그림 5-13] 회전 기준점의 역할

셋째, 화면 좌표계와 수학적 좌표계가 다르다는 것을 고려해야 한다. 화면에 영상이 출력될 때에 윈도우의 좌측 상단이 원점이 되는 반면에 수학적 좌표계로 보면 좌측 하단이 원점이 되어야 한다. 따라서 위의 식에 의하여 회전을 구현해 보면 영상이 반시계 방향으로 회전되지 않고 시계 방향으로 회전되는 결과를 얻게 된다. 이 문제를 해결하기 위해서는 화면 좌표를 수학적 좌표로 변환한 다음에 회전을 시키고 다시 화면 좌표로 변환해 주어야 한다. 이를 식으로 나타내면 다음과 같다.

$$x_{source} = ((H_y - y_{dest}) - C_y)\sin\theta + (x_{dest} - C_x)\cos\theta + C_x$$
$$y_{source} = H_y - (((H_y - y_{dest}) - C_y)\cos\theta - (x_{dest} - C_x)\sin\theta + C_y)$$
$$H_y = imageHeight - 1$$

그림 5-14에는 화면 좌표를 수학적 좌표로 변환한 경우와 그렇지 않은 경우에 영상을 반시계 방향으로 30도 회전한 결과가 나타나 있다.

(a) 좌표 변환을 하지 않은 경우 (b) 좌표 변환을 한 경우

[그림 5-14] 화면 좌표로부터 수학적 좌표로의 변환

마지막으로 고려해야 할 사항은 회전의 경우에 출력 영상의 크기가 입력 영상의 크기와 달라질 수 있다는 것이다. 앞에서는 이를 고려하지 않고 입력 영상과 출력 영상의 크기를 같게 했기 때문에 출력 영상에서 잘려나간 부분이 있었다. 원래 영상이 모두 보존되도록 하기 위해서는 회전에 의하여 영상의 크기가 어떻게 변할지 미리 계산해서 출력 영상의 크기를 조절해 주어야 한다. 그림 5-15에는 출력 영상의 크기를 계산하는 방법이 나타나 있다.

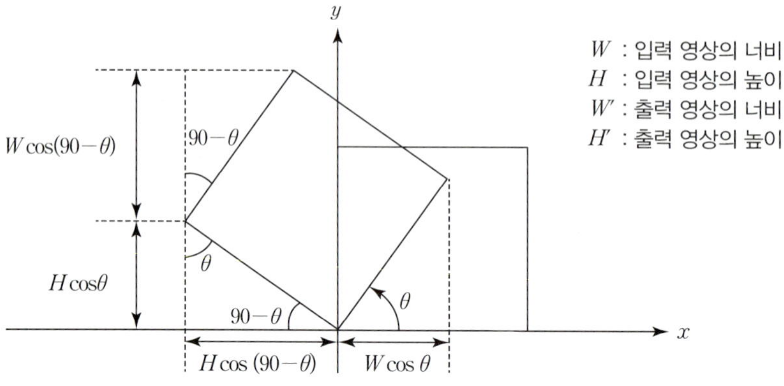

$$W' = H\cos(90-\theta) + W\cos\theta$$
$$H' = H\cos\theta + W\cos(90-\theta)$$

[그림 5-15] 출력 영상의 크기 계산 방법

그림 5-16에는 출력 영상의 크기를 계산하여 회전시킨 결과가 나타나 있다.

[그림 5-16] 출력 영상의 크기를 고려한 회전 결과

5.4 대칭

영상의 대칭 변환은 좌우대칭과 상하대칭 두 가지가 있다. 그림 5-17(b)에는 좌우대칭의 예가 나타나 있고 그림 5-17(c)에는 상하대칭의 예가 나타나 있다.

(a) 입력 영상 (b) 좌우대칭 (c) 상하대칭

[그림 5-17] 대칭 변환 예

5.5 실습

5.5.1 MATLAB의 기하학적 처리 명령어

이름	설명
imresize	영상의 크기를 스케일링해주는 함수
imrotate	영상을 회전시켜주는 함수
fliplr	영상을 좌우대칭하는 함수
flipud	영상을 상하대칭하는 함수
imtranslate	영상을 벡터값에 의하여 이동시켜 준다. 이미지의 경우 두 개 이상의 변수를 가지는 2요소 벡터이며 한 평면에 이동시킴.
impyramid	한 축을 기준으로 영상을 피라미드식으로 줄이거나 확장하게 하는 함수
imwarp	영상의 기하학적 변환을 적용해주는 함수

5.5.2 영상의 확대

● 명령어 : imresize

- 설명 : 영상의 크기를 스케일링해 주는 함수
- 형식 : imre = imresize(image, scale or [m, n], 'method');
- 옵션
  - imre : 작업영상
  - image : 원본영상
  - scale : 배수

- method : 보간 방법
- [m,n] : 스케일링될 출력 크기
- method : nearest(근접), bilinear(양선형), bicubic(default)

```
clc;clear all;close all
x=imread('Lenna-64x64.pgm');
x1=imresize(x,3,'nearest'); % 픽셀 복제
imshowpair(x,x1,'montage'); % 한 화면에 두 영상의 실제 크기로 출력
```

[그림 5-18] 픽셀 복제를 이용한 확대 화면

```
clc;clear all;close all
x=imread('Lenna-64x64.pgm');
x1=imresize(x,3,'nearest'); % 픽셀 양선형 보간
imshowpair(x,x1,'montage'); % 한 화면에 두 영상의 실제 크기로 출력
```

[그림 5-19] 양선형 보간을 이용한 확대 화면

5.5.3 서브샘플링을 이용한 축소

```
clc;clear all
x=imread('lines.pgm');
s=size(x);
k=x(3:3:s(1),3:3:s(2));
imshowpair(x,k,'montage');
```

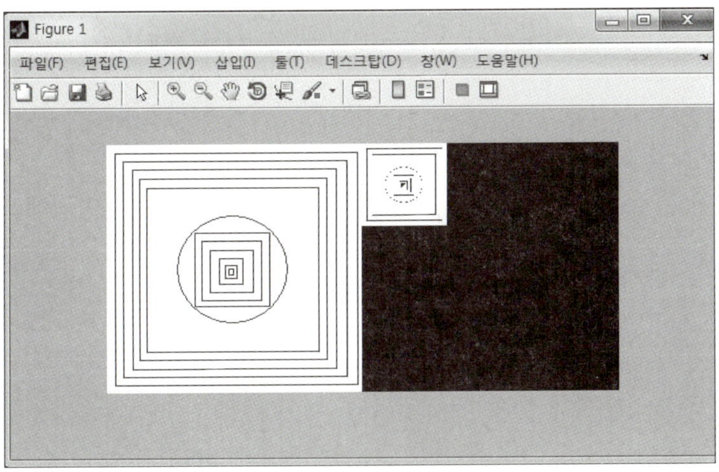

[그림 5-20] 서브샘플링을 이용한 축소

5.5.4 평균값 필터링을 이용한 축소

```
clc;clear all;close all
x=imread('lines.pgm');
a=fspecial('average',[3 3]);
k=filter2(a,x);
k=uint8(k);
s=size(k);
k1=k(3:3:s(1),3:3:s(2));
imshowpair(x,k1,'montage');
```

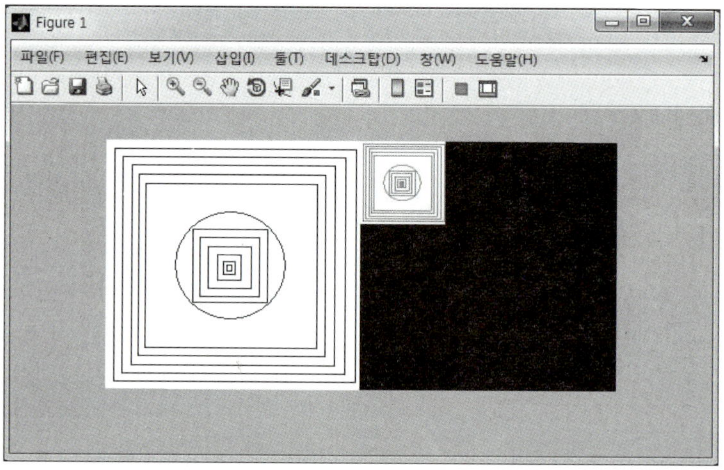

[그림 5-21] 평균값 필터링을 이용한 축소

5.5.5 회전

● 명령어 : imrotate

- 설명: 영상을 회전시켜주는 함수
- 형식: rote = imrotate(image, angle, 'method', 'crop');
- 옵션
  - rote : 작업 영상
  - image : 원본 영상
  - angle : 회전 각도
  - method : nearest(근접), bilinear(양선형), bicubic(default)
  - 'crop' : 기존의 영상의 크기범위에서 영상을 회전시킨다. 회전을 시키면 기존영상 외의 출력범위는 잘린다. 'crop'을 입력하지 않는다면 기존의 영상보다 커진 출력화면이 나오게 된다.

```
clc;clear all;close all
x=imread('화성탐사선.pgm');
x1=imrotate(x,30);
imshowpair(x,x1,'montage');
```

[그림 5-22] 반시계 방향으로 30도 회전한 결과

5.5.6 좌우대칭

● 명령어 : fliplr

- 설명 : 영상을 좌우대칭하는 함수
- 형식 : lr=fliplr(image);
- 옵션 :
  - lr : 좌우대칭 영상
  - image : 원본 영상

```
clc;clear all;close all
x=imread('화성탐사선.pgm');
x1=fliplr(x);        % 영상을 좌우대칭
imshowpair(x,x1,'montage');
```

[그림 5-23] 영상의 좌우대칭

5.5.7 상하대칭

● 명령어 : flipud

- 설명: 영상을 상하대칭하는 함수
- 형식: ud=flipud(image);
- 옵션
  - ud : 상하대칭 영상
  - image : 원본 영상

```
clc;clear all;close all
x=imread('화성탐사선.pgm');
x1=flipud(x);        % 영상을 상하대칭
imshowpair(x,x1,'montage');
```

[그림 5-24] 영상의 상하대칭

5.5.8 기타 기하학적 처리 함수

● 명령어 : imtranslate

- 설명
  - 영상을 벡터값에 의하여 이동시켜 준다. 이미지의 경우 두 개 이상의 변수를 가지는 2요소 벡터이며 한 평면에 이동시킨다.
- 형식: B = imtranslate(A,translation)

  B = imtranslate(A,translation,method)

  B = imtranslate(A,translation,name,value)
- 옵션:
  - B : 이동시킨 영상
  - A : 원본 영상
  - translation=[m , n] : x축으로 m만큼, y축으로 n만큼 이동시키기 위한 벡터
  - method : 보간방법('cubic','linear'{default},'nearest')
  - name : 'FillValues' 바깥쪽 공간을 처리하는 방법 0, 255 선택
  - Value : 0(검정색), 255(흰색)

```
I = imread('pout.tif'); % 영상을 읽음
J = imtranslate(I,[5.3, -10.1],'FillValues',255); % 영상을 이동시키는 함수
figure, imshow(I); % 원본 영상
figure, imshow(J); % translate시킨 영상
```

[그림 5-25] translate시킨 영상 결과

● 명령어 : impyramid

- 설명: 한축을 기준으로 영상을 피라미드식으로 줄이거나 확장하게 하는 함수
- 형식: B = impyramid(A, direction)
- 옵션
  - B : 처리 후 영상
  - A : 원본 영상
  - direction: 'expand' 영상을 확대, 'reduce' 축소

```
I0 = imread('cameraman.tif');
I1 = impyramid(I0, 'reduce');
I2 = impyramid(I1, 'reduce');
I3 = impyramid(I2, 'reduce');

imshow(I0)
figure, imshow(I1)
figure, imshow(I2)
figure, imshow(I3)
```

[그림 5-26] impyramid를 사용했을 때의 영상

● 명령어 : imwarp

- 설명
  - 영상의 기하학적 변환을 적용해 주는 함수
  - 기하학변환의 물체의 변환에 의해 정의된 tform에 의해 기하학적 변환이 시작된다.
- 형식: B = imwarp(A,tform)
- 옵션
  - B : 처리 후 영상
  - A : 원본 영상
  - tform : 기하학적인 변환 객체

```
I = imread('cameraman.tif');
imshow(I)
tform = affine2d([1 0 0; .5 1 0; 0 0 1])
J = imwarp(I,tform);
figure
imshow(J)
```

[그림 5-27] imwarp함수를 이용하여 tform으로 처리한 영상

연 습 문 제

01 역방향 사상의 반대는 전방향 사상이다. 전방향 사상에서는 입력 영상의 각 픽셀의 위치에 사상 함수를 적용하여 출력 영상에서의 픽셀 위치를 구하고 해당 위치로 픽셀값을 복사한다. 예를 들어, 가로 세로 방향으로 2배 확대하는 경우에는 입력 영상의 픽셀 (x, y)는 출력 영상에서 (2x, 2y)의 위치로 복사된다. 전방향 사상은 역방향 사상에 비하여 변환 결과에 문제점을 가지고 있는데, 어떤 문제인지 설명하라.

02 픽셀 복제를 이용한 확대 방법이 양선형 보간법을 이용한 확대 방법에 비하여 어떤 문제를 가지고 있는지 설명하라.

03 본문에서 설명한 서브샘플링 방법, 평균값 필터를 이용한 방법, 중간값 필터를 이용한 방법은 정수 배수의 축소 연산만 수행할 수 있다. 실수 배수의 축소 연산을 수행하기 위한 방법을 고안하라.

04 실습에서 작성한 양선형 보간법을 이용한 확대 연산은 정수 배수의 확대를 구현하고 있다. 이를 수정하여 실수 배수의 확대가 가능하도록 하고 가로 세로 1.3배와 같은 배율로 확대를 해보라.

05 실수 배수의 비율로 축소 연산을 수행하는 프로그램을 작성하라.

06 중간값 필터를 이용한 축소 연산을 구현하는 프로그램을 작성하라.

07 실습에서 작성한 확대, 축소, 회전, 대칭 연산 프로그램을 수정하여 컬러 영상에 대해서도 동작할 수 있도록 하라.

CHAPTER

06

영상 워핑과 모핑

CHAPTER

06 영상 워핑과 모핑

영상 워핑(warping)과 모핑(morphing)은 TV 광고나 영화 등을 통하여 대중화됨으로써 일반인들에게도 널리 알려진 영상처리 기법 중의 하나가 되었다. 이들은 앞에서 다룬 영상처리와는 달리 영상의 형태를 크게 변화시킴으로써 아주 흥미로운 결과 영상을 만들어 낼 수 있다. 이 장에서는 영상 워핑과 모핑의 개념을 살펴보고 구현 과정을 실습해 보도록 하자.

6.1 영상 워핑

영상 워핑은 픽셀의 위치를 이동하는 기하학적 처리 중의 한 기법이다. 영상의 확대나 축소와 같은 기하학적 처리는 모든 픽셀에 대하여 일정한 규칙을 적용함으로써 균일한 변환 결과를 얻는다. 반면에 영상 워핑은 픽셀별로 이동 정도를 달리할 수 있어서, 고무판 위에 그려진 영상을 임의대로 구부리는 것과 같은 효과를 낼 수 있다. 그림 6-1에는 모나리자의 얼굴을 워핑한 예가 나타나 있다.

(a) 원영상

(b) 워핑 예

[그림 6-1] 모나리자 영상 워핑 예

영상 워핑은 인공위성이나 다른 우주계획의 일원으로부터 보내져 온 일그러진 영상을 올바르게 만드는 데 처음 사용하였다. 인공위성이나 우주선으로부터 전송된 영상은 렌즈의 변형, 신호의 왜곡 등의 이유로 인해 일그러지는 경우가 많았는데, 영상 워핑은 이러한 일그러짐을 복구하는 데 사용되었다.

영상 워핑은 TV나 영화에서 물체, 동물, 배우 등의 모습을 변환하는 데 사용될 수 있다. 예를 들어, 배우의 키를 크게 하거나, 작게 하거나 아니면 배우의 몸집을 홀쭉하게 하거나, 뚱뚱하게 만들거나, 신체의 일부만 길게 만들거나 하는 등의 효과를 주기 위해 사용된다. 또는 TV 광고에서 소가 노래를 부른다든지 냉장고의 모양이 변형된다든지 등의 특수 효과를 낼 수 있다. 그림 6-2에는 영상 워핑을 사용하여 개의 표정을 변화시킨 예가 나타나 있다.

(a) 입력 영상　　(b) 출력 영상

[그림 6-2] 영상 워핑을 사용한 개의 표정 변화

영상 워핑은 행방불명된 아이를 찾는 데도 사용된다. 미아와 유괴된 아동들을 위한 기구인 NCMEC(The National Center for Missing and Exploited Children)는 아이들이 사라진 이후에 아이들의 연령에 맞는 사진을 만들어 주는 소프트웨어를 사용한다. 행방불명된 아이의 사진에 그 아이보다 나이가 많은 형제나 친척의 사진을 합성하고, 현재 나이에 맞는 머리카락과 옷을 입혀 합성시키면 아이의 나이에 맞는 사진을 만들어 낼 수 있다. 이러한 기술은 유괴된 후 몇 년이 지나도 그 아이의 현재 모습을 닮은 사진을 제공할 수 있게 해준다.

6.1.1 입력 영상과 출력 영상의 대응 관계 기술

영상 워핑을 위해서는 먼저 입력 영상을 어떻게 변형할 것인지 기술해야 한다.

그림 6-3에는 그림 6-1의 워핑 결과를 얻기 위해 제어선을 사용하여 대응되는 위치를 기술한 모습이 나타나 있다.

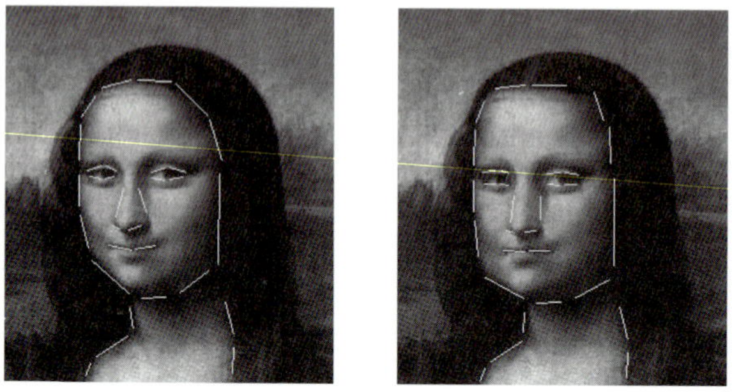

[그림 6-3] 제어선을 이용한 대응 위치 기술 예

그림 6-4에는 그림 6-2의 워핑 결과를 얻기 위하여 입력 영상과 출력 영상 사이에 서로 대응되어야 할 위치를 제어점으로 기술한 예가 나타나 있다.

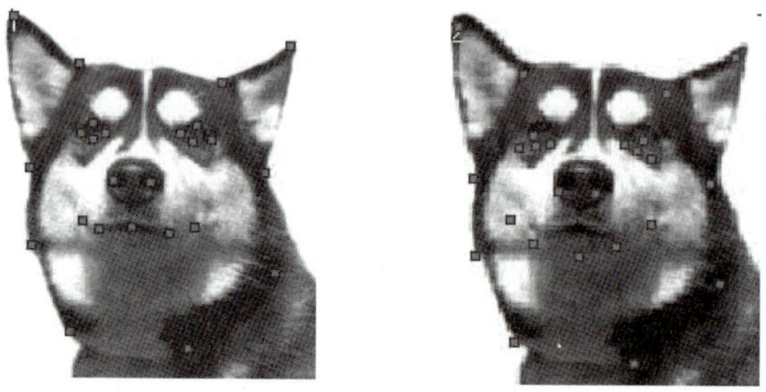

(a) 입력 영상 제어점 (b) 출력 영상 제어점

[그림 6-4] 제어점을 이용한 대응 위치 기술 예

제어선과 제어점 이외에도 그물망, 다각형 등 여러 가지 방법을 사용하여 입력 영상과 출력 영상의 대응 관계를 나타낼 수 있다.

6.1.2 제어선을 이용한 워핑 기법

제어선을 이용하여 입력 영상과 출력 영상의 대응 관계를 기술한 경우에 워핑을 수행하는 방법에 대하여 살펴보자. 이 방법에서는 그림 6-5와 같이 화소와 제어선 사이의 수직 교차점을 구한다. 그리고 화소와 수직 교차점 사이의 변위 정보와 제어선 내에서 수직 교차점의 위치 정보 두 가지를 활용하고 역방향 사상을 이용하여 워핑을 수행한다. 그림 6-5에서는 출력 영상에서 제어선 PQ가 입력 영상에서 제어선 P′Q′에 대응되고, 출력 영상의 픽셀 V가 입력 영상의 픽셀 V′로부터 복사된다. 역방향 사상에 의하여 픽셀 V에 대응되는 픽셀 V′의 위치를 계산하기 위해서는 먼저 PQ 내에서의 C의 상대적 위치와 동일하게 P′Q′ 내에서 C′의 위치를 찾는다. 그 다음에는 C와 V 사이의 변위만큼 C′로부터 떨어진 점 V′를 찾는다.

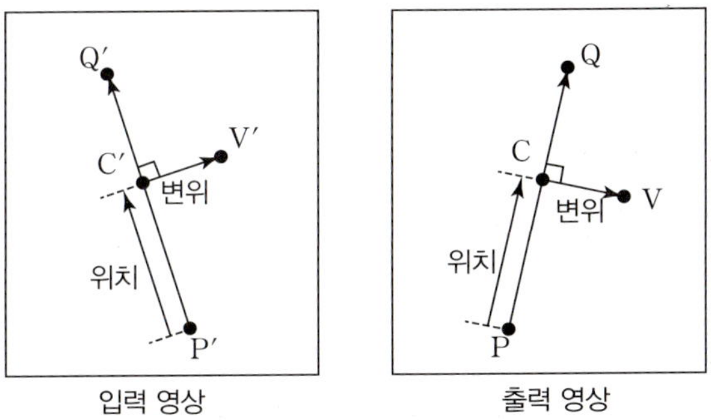

[그림 6-5] 제어선을 이용한 워핑에 사용되는 정보

픽셀과 제어선의 수직 교차점이 그림 6-6과 같이 제어선 내부에 존재하지 않을 수 있다. 이 경우에도 수직 교차점이 제어선 내부에 있는 경우와 동일한 방법에 의하여 원시 영상의 픽셀 위치를 찾는다.

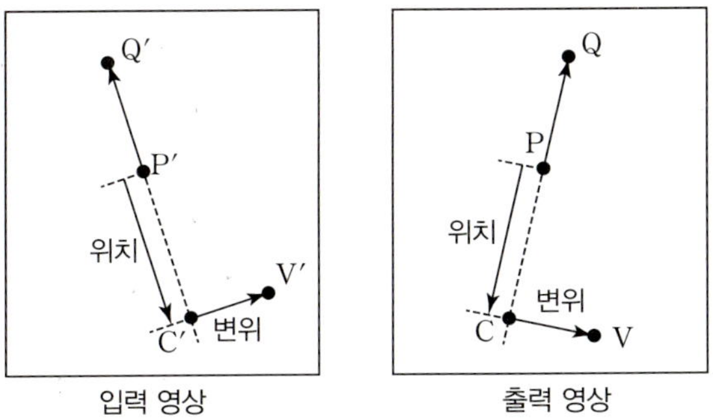

[그림 6-6] 수직 교차점이 제어선 외부에 존재하는 경우의 예

하나의 제어선에 대해서는 앞에서 설명한 바와 같이 단순하게 픽셀의 이동 위치를 계산할 수 있지만 실제의 워핑에서는 여러 개의 제어선이 사용된다. 제어선이 여러 개일 때 각 제어선은 영상의 모든 픽셀에 영향을 미치게 된다. 한 픽셀이 여러 개의 제어선으로부터 영향 받는 것을 반영하기 위한 방법으로 다음 식과 같은 가중치를 사용할 수 있다. 식에 나타나 있는 바와 같이 제어선의 길이가 길수록 가중치가 커지고 픽셀과 제어선 사이의 거리가 가까울수록 가중치가 커진다.

$$\text{가중치} = \left(\frac{\text{제어선의 길이}^{p}}{(a + \text{픽셀과 제어선의 거리})}\right)^{b}$$

위 식에서 p값은 제어선의 길이가 가중치에 영향을 주는 정도를 결정하는 값으로 0에서 1 사이의 값을 가진다. a는 0으로 나누는 것을 방지하기 위해 사용되는 값으로 매우 작은 값을 갖는다. b는 제어선의 길이와 거리의 변화에 따라 가중치의 변화 정도를 조절하는 값인데 보통 0.5에서 2.0 사이의 값을 사용한다. 이 값이 커지면 픽셀들은 먼 거리에 있는 제어선들로부터 영향을 적게 받게 된다. 픽셀과 제어선의 거리는 그림 6-7과 같이 수직 교차점의 위치에 따라 다르게 정의된다. 수직 교차점이 제어선 내부에 있는 경우에는 픽셀과 수직 교차점 사이의 거리가 사용되고 제어선 외부에 있는 경우에는 제어선의 양 끝점 중에서 픽셀과 가까운 점과 픽셀 사이의 거리가 사용된다.

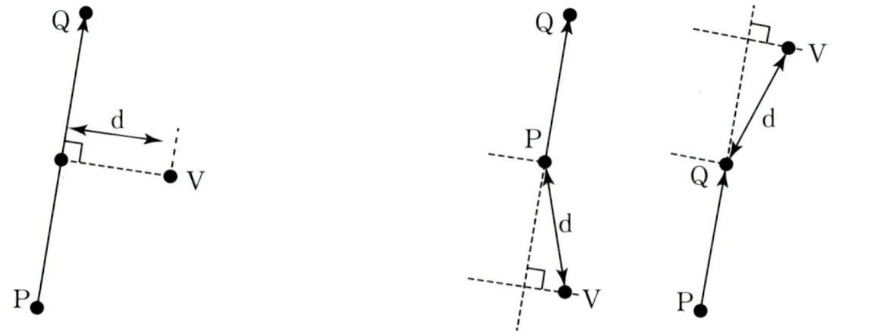

(a) 수직 교차점이 제어선 내부에 있는 경우 (b) 수직 교차점이 제어선 외부에 있는 경우

[그림 6-7] 픽셀과 제어선의 거리

제어선이 여러 개인 경우에 출력 영상의 각 픽셀에 대하여 입력 영상의 대응

픽셀을 구하는 `warping()` 함수의 알고리즘은 다음과 같다.

warping()
{
　출력 영상의 각 픽셀 $V(x, y)$에 대하여
　{
　　$t_x = 0$ // x 방향 변위의 합을 나타내는 변수를 초기화한다.
　　$t_y = 0$ // y 방향 변위의 합을 나타내는 변수를 초기화한다.
　　$totalWeight = 0$ // 가중치의 합을 나타내는 변수를 초기화한다.
　　각 제어선 L_i에 대하여
　　{
　　　V와 L_i의 수직 교차점의 위치 u를 계산한다.
　　　V와 L_i의 수직 변위 h를 계산한다.
　　　u와 h를 이용하여 입력 영상에서의 대응 위치 $V'(x', y')$을 구한다.
　　　V와 L_i 사이의 거리를 d를 계산한다.
　　　$weight = \left(\frac{\text{제어선길이}^{p}}{(a+d)}\right)^{b}$
　　　$t_x = t_x + (x' - x) \times weight$
　　　$t_y = t_y + (y' - y) \times weight$
　　　$totalWeight = totalWeight + weight$
　　}
　　　$X = x + \frac{t_x}{totalWeight}$

　　　$Y = y + \frac{t_y}{totalWeight}$

　　입력 영상의 $V'(X, Y)$ 픽셀의 값을 출력 영상의 $V(x, y)$ 픽셀에 복사한다.
　}
}

● 수직 교차점의 위치 계산

`Warping()` 함수에서는 첫 번째 작업으로 출력 영상의 각 픽셀 $V(x, y)$에 대하여 각각의 제어선 L_i와의 수직 교차점의 위치를 구한다. 픽셀 $V(x, y)$가 그림 6-8과 같이 제어선 L_i에 내린 수선이 점 $C(x_c, y_c)$에서 만난다고 하자. 그리고 제어선 L_i의 끝점 $P(x_i, y_i)$에서 수직 교차점 $C(x_c, y_c)$까지의 거리를 u로 나타내기로 하자.

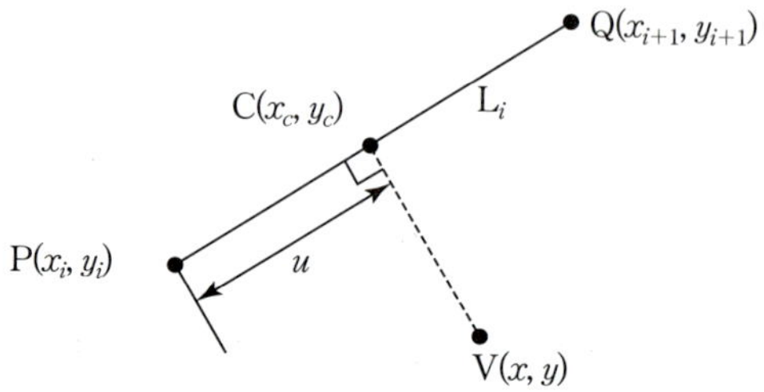

[그림 6-8] 점과 제어선 사이의 수직 교차점

u의 값은 수직 교차점의 위치에 따라 다음과 같은 범위의 값을 가지게 된다.

$u < 0$	: P 바깥에 수직 교차점이 위치
$0 \leq u \leq 1$	: 제어선 내부에 수직 교차점이 위치
$u > 1$	: Q 바깥에 수직 교차점이 위치

u의 값은 다음 식과 같이 제어선의 양 끝점 P, Q와 픽셀의 위치 V로부터 구할 수 있다. 이 식에서 $x = x_i$이고 $y = y_i$인 경우에 분자가 0이 되어 u의 값이 0이 되고 $x = x_{i+1}$이고 $y = y_{i+1}$인 경우에 분모와 분자가 같게 되어 u의 값이 1이 된다.

$$u = \frac{(x - x_i)(x_{i+1} - x_i) + (y - y_i)(y_{i+1} - y_i)}{(x_{i+1} - x_i)^2 + (y_{i+1} - y_i)^2}$$

● 제어선으로부터의 수직 변위 계산

Warping() 함수에서는 두 번째 작업으로 출력 영상의 픽셀 $V(x, y)$에 대하여 각각의 제어선 L_i으로부터의 수직 변위를 구한다. 제어선으로부터 픽셀의 수직 변위는 그림 6-9와 같이 픽셀을 지나면서 제어선과 수직 교차하는 직선상에서의 픽셀의 위치를 나타내는 값으로, 다음과 같은 범위의 값을 갖는다.

$$\text{변위 } h = \begin{cases} <0 & \text{픽셀이 제어선 아래쪽에 있는 경우} \\ 0 & \text{픽셀이 제어선에 있는 경우} \\ >0 & \text{픽셀이 제어선 위쪽에 있는 경우} \end{cases}$$

그림 6-9(a)에서는 픽셀 V가 제어선 위쪽에 있으므로 h값이 0보다 크고 6-9(b)에서는 픽셀 V가 제어선 아래쪽에 있으므로 h값이 0보다 작게 된다. 변위의 절댓값이 수직 교차점과 픽셀 사이의 거리가 된다.

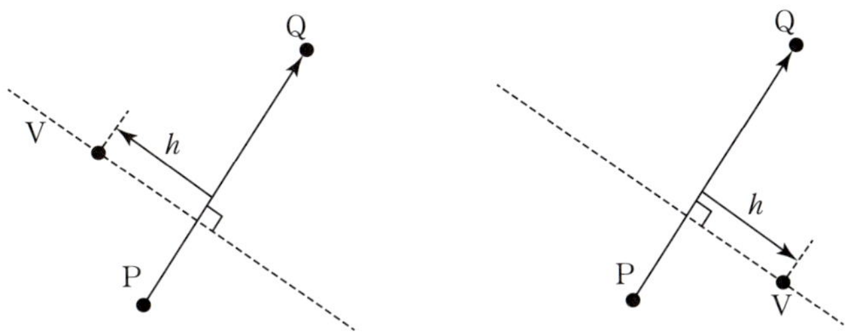

(a) h > 0인 경우 (b) h < 0인 경우

[그림 6-9] 픽셀의 수직 변위

변위 h를 구하는 공식은 다음과 같다.

$$u = \frac{(y - y_i)(x_{i+1} - x_i) - (x - x_i)(y_{i+1} - y_i)}{\sqrt{(x_{i+1} - x_i)^2 + (y_{i+1} - y_i)^2}}$$

● 입력 영상에서의 대응 픽셀 위치 계산

Warping() 함수에서는 출력 영상의 각 픽셀 $V(x, y)$에 대하여 각각의 제어선 L_i와의 수직 교차점의 위치 u와 수직 변위 h를 구한 다음, u와 h값을 이용하여 출력 영상의 $V(x, y)$에 대응되는 입력 영상의 픽셀 $V'(x', y')$을 찾는다. 출력 영상의 제어선 L_i에 대응되는 입력 영상에서의 제어선 L_i'의 양 끝점 좌표를 (x_i', y_i')과 (x_{i+1}', y_{i+1}')이라 하자. 그러면 $V'(x', y')$은 다음식과 같이 찾을 수 있다.

$$x' = x_i' + u \times (x_{i+1}' - x_i') - \frac{h \times (y_{i+1}' - y_i')}{\sqrt{(x_{i+1}' - x_i')^2 + (y_{i+1}' - y_i')^2}}$$

$$y' = y_i' + u \times (y_{i+1}' - y_i') - \frac{h \times (x_{i+1}' - x_i')}{\sqrt{(x_{i+1}' - x_i')^2 + (y_{i+1}' - y_i')^2}}$$

● 픽셀과 제어선 사이의 거리

픽셀과 제어선 사이의 거리 d는 앞에서 설명한 방법에 의하여 다음과 같이 구한다. 즉, u 값이 0보다 작을 때는 픽셀 $V(x, y)$와 $P(x_i, y_i)$ 사이의 거리, u 값이 1보다 큰 경우에는 픽셀 $V(x, y)$와 $Q(x_{i+1}, y_{i+1})$ 사이의 거리, u 값이 0에서 1 사이인 경우에는 수직 변위 h의 절댓값이 된다.

$$d = \begin{cases} \sqrt{(x - x_i)^2 + (y - y_i)^2} & u < 0 \\ \sqrt{(x - x_{i+1})^2 + (y - y_{i+1})^2} & u > 1 \\ |h| & 0 \leqq u \leqq 1 \end{cases}$$

● 제어선의 가중치 계산

`Warping()` 함수에서 픽셀과 제어선 사이의 거리 d를 구한 다음에는 제어선의 가중치 weight를 구한다. 여기에서 a, b, p 상수값으로는 일반적으로 많이 사용되는 값을 사용하였다(a=0.001, b=2.0, p=0.75).

$$weight = \left(\frac{\text{제어선길이}^p}{(a + d)}\right)^b = \left(\frac{\left(\sqrt{((x_{i+1} - x_i)^2 + (y_{i+1} - y_i)^2)}\right)^{0.75}}{(0.001 + d)}\right)^2$$

● 입력 영상의 대응 픽셀과의 변위 누적

각 제어선 L_i에 대하여 출력 영상의 픽셀 $V(x, y)$에 대응되는 입력 영상의 픽셀 $V'(x', y')$을 구하고, 가중치 weight를 구한 다음에는 다음 식과 같이 V와 V' 사이의 변위와 가중치의 곱을 계산하여 t_x, t_y 변수에 누적한다.

$$t_x = t_x + (x' - x) \times weight$$
$$t_y = t_y + (y' - y) \times weight$$
$$totalWeight = totalWeight + weight$$

● 입력 영상에서의 대응 픽셀 위치 계산

각 제어선에 대해 출력 영상의 픽셀 $V(x, y)$에 대응되는 입력 영상의 픽셀의 변위값을 구하여 이들의 합(t_x, t_y)를 계산한 다음에는 다음 식에 의하여 $V(x, y)$에 대응되는 입력 영상의 픽셀 $V(X, Y)$의 위치를 계산한다.

$$X = x + \frac{t_x}{totalWeight}$$

$$Y = y + \frac{t_y}{totalWeight}$$

이와 같이 최종적으로 $V(x, y)$에 대응되는 픽셀 $V(X, Y)$을 구한 다음에는 입력 영상의 $V(X, Y)$ 픽셀의 값을 출력 영상의 $V(x, y)$ 픽셀에 복사한다.

6.2 모핑

워핑은 하나의 입력 영상에 대하여 영상의 형태만 변환하는데, 모핑은 두 개의 서로 다른 입력 영상에 대하여 한 영상을 다른 영상으로 변환하는 것을 말한다. 그림 **6-10**에는 사람을 침팬지로 변화시키기 위해 사용된 두 입력 영상 예가 나타나 있다.

[그림 6-10] 사람을 침팬지로 모핑시키기 위해 사용된 두 입력 영상

그림 **6-10**의 두 입력 영상을 이용하여 모핑한 예가 그림 **6-11**에 나타나 있다. 그림과 같이 영상이 다른 영상으로 자연스럽게 변화되도록 하기 위해서는 중간에 많은 영상들이 생성되어야 한다. 이렇게 연속된 영상들의 각각을 프레임이라 부르기로 하자.

[그림 6-11] 사람이 침팬지로 변하는 모핑 예

그림 6-11의 모핑을 위해서는 먼저 두 입력 영상 사이의 대응 관계를 기술해야 한다. 그림 6-12에는 제어선을 이용하여 사람과 침팬지 사이의 대응 관계를 표시한 예가 나타나 있다.

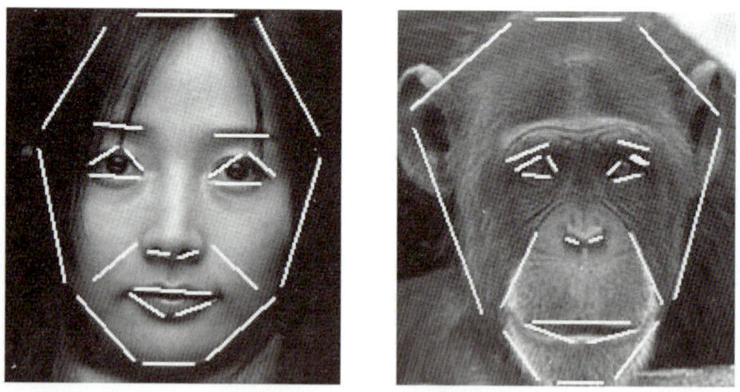

[그림 6-12] 모핑을 위한 두 입력 영상 사이의 대응 관계 기술

모핑은 워핑과 합병 두 단계로 구성된다. 워핑 단계에서는 두 입력 영상을 같은 형태가 되도록 변환한다. 그리고 합병 단계에서는 변환된 두 영상을 더하여 출력 영상을 생성한다. 그림 6-13에는 그림 6-11의 중간 프레임 중에서 4번째 프레임을 얻기 위해 수행한 워핑 과정과 합병 과정이 나타나 있다.

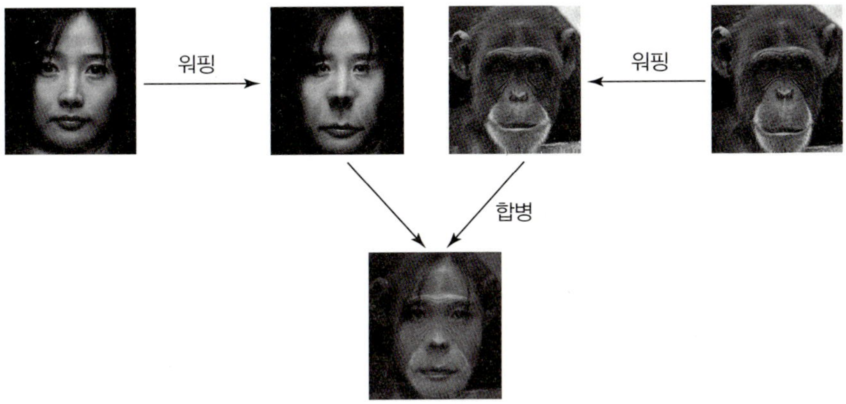

[그림 6-13] 모핑의 한 영상을 얻기 위한 과정

모핑에서는 여러 개의 중간 프레임을 생성해야 하는데, 각 프레임에 대한 제어선들은 주어지지 않고 모핑의 처음과 끝에 해당하는 두 입력 영상에 대한 제어선들이 주어진다. 중간 프레임에 대한 제어선은 두 입력 영상에 대한 제어선을 보간하여 얻을 수 있다. 그림 6-14에는 그림 6-11의 4번째 프레임의 워핑을 위해 보간법으로 생성한 제어선의 예가 나타나 있다.

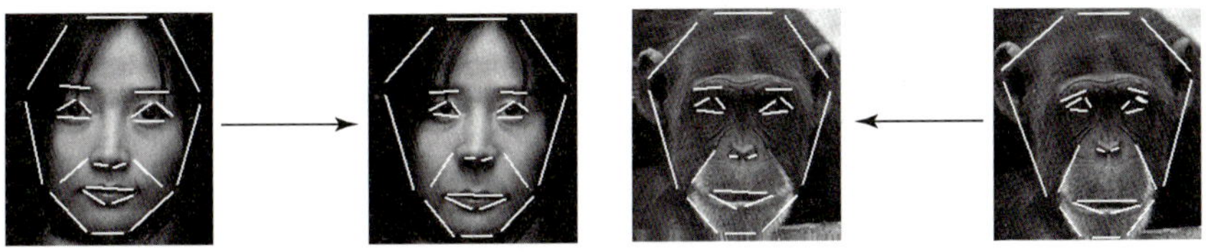

[그림 6-14] 중간 프레임에 대한 제어선 생성 예

보간법을 이용하여 중간 프레임에 대한 제어선을 생성하는 방법을 살펴보자. 입력 영상 1의 제어선과 이에 대응되는 입력 영상 2의 제어선 좌표가 그림 6-15와 같다고 하자. 그리고 생성하고자 하는 전체 프레임의 개수가 N이라 하고 현재 얻고자 하는 프레임이 k번째 프레임이라 하자. 그러면 k번째 중간 프레임의 대응되는 제어선의 양 끝점 좌표 (x_p, y_p)와 (x_q, y_q)는 다음과 같이 구할 수 있다.

$$
\begin{aligned}
u &= k/N \\
x_p &= x_1 + u(x_3 - x_1) \\
y_p &= y_1 + u(y_3 - y_1) \\
x_q &= x_2 + u(x_4 - x_2) \\
y_q &= y_2 + u(y_4 - y_2)
\end{aligned}
$$

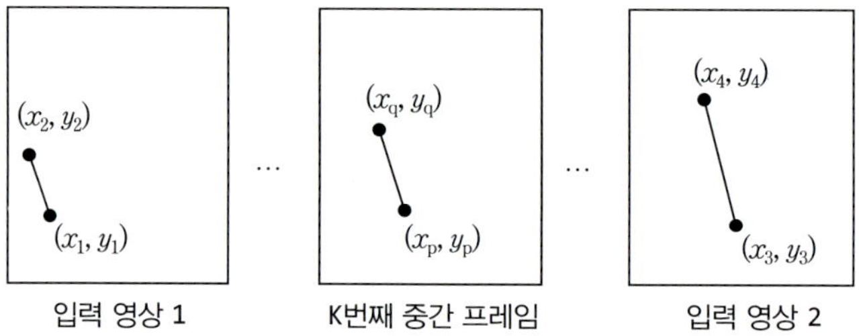

[그림 6-15] 제어선의 좌표

중간 프레임에 대한 제어선을 구한 다음에는 6.1절에서 설명한 워핑 방법을 이용하여 입력 영상 1과 입력 영상 2를 각각 중간 프레임으로 워핑한다. 워핑된 두 영상은 가중치를 이용한 픽셀 덧셈 연산을 이용하여 합병할 수 있다. 생성할 전체 프레임 수가 N개이고 k번째 중간 프레임의 영상을 합병한다고 하자. 그리고 워핑된 두 영상에서 픽셀 (x, y)의 값이 각각 $I_1(x, y)$와 $I_2(x, y)$라 하자. 합병된 영상의 픽셀 (x, y)의 값 $O(x, y)$는 다음과 같이 계산될 수 있다.

$$
\begin{aligned}
u &= k/N \\
O(x, y) &= (1 - u)I_1(x, y) + uI_2(x, y)
\end{aligned}
$$

6.3 실습

6.3.1 영상 워핑

1) 프로그램

```
clear all; clc;
I = imread('warp.pgm');
SI=[116,7,207,5;34,109,90,21;55,249,30,128;118,320,65,261;123,321,171,321;179,319,240,
264;247,251,282,135;281,114,228,8;78,106,123,109;187,115,235,114;72,142,99,128;74,150
,122,154;108,127,123,146;182,152,213,132;183,159,229,157;219,131,240,154;80,246,117,2
12;127,222,146,223;154,227,174,221;228,252,183,213;114,255,186,257;109,258,143,277;1
52,278,190,262];

DI=[120,8,200,6;12,93,96,16;74,271,16,110;126,336,96,290;142,337,181,335;192,335,232,2
80;244,259,288,108;285,92,212,13;96,135,136,118;194,119,223,125;105,145,124,134;110,1
46,138,151;131,133,139,146;188,146,198,134;189,153,218,146;204,133,221,140;91,268,122
,202;149,206,159,209;170,209,181,204;235,265,208,199;121,280,205,284; 112,286,160,301
;166,301,214,287];

 DI_x1=DI(:,1,:,:);
 DI_y1=DI(:,2,:,:);
 DI_x2=DI(:,3,:,:);
 DI_y2=DI(:,4,:,:);

 SI_x1=SI(:,1,:,:);
 SI_y1=SI(:,2,:,:);
 SI_x2=SI(:,3,:,:);
 SI_y2=SI(:,4,:,:);

 warp_I=uint8(zeros(size(I)));

for y=1:size(I,1)
for x=1:size(I,2)
```

```
tx=0;
ty=0;
totalweight=0;

for line =1:length(DI)
 x1=DI_x1(line);
 y1=DI_y1(line);
 x2=DI_x2(line);
 y2=DI_y2(line);

 dest_line_length = sqrt((x2-x1)^2+(y2-y1)^2);

 u= (((x-x1)*(x2-x1))+((y-y1)*(y2-y1)))/((x2-x1)^2+(y2-y1)^2);
 h= ((y-y1)*(x2-x1)-(x-x1)*(y2-y1))/dest_line_length ;

if (u<0) d=sqrt((x-x1)^2+(y-y1)^2);
elseif (u>1) d=sqrt((x-x2)^2+(y-y2)^2);
else  d=abs(h); end

 src_x1=SI_x1(line);
 src_y1=SI_y1(line);
 src_x2=SI_x2(line);
 src_y2=SI_y2(line);

 src_line_length = sqrt((src_x2-src_x1)^2+(src_y2-src_y1)^2);

% 입력 영상에서의 대응 픽셀 위치 계산
xp= src_x1+u*(src_x2-src_x1)-(h*(src_y2-src_y1))/src_line_length;
yp= src_y1+u*(src_y2-src_y1)+(h*(src_x2-src_x1))/src_line_length;

% 제어선에 대한 가중치 계산
a=0.001; b=2; p=0.75;
weight = (dest_line_length^p/(a+d))^b;

% 대응 픽셀과 변위 계산
tx=tx+(xp-x)*weight;
ty=ty+(yp-y)*weight;
```

```
 totalweight= totalweight+weight;
end
source_x = x+round(tx/totalweight+0.5);
source_y = y+round(ty/totalweight+0.5);

% 영상의 경제를 벗어나는지 확인
if (source_x < 1 ) source_x=1; end
if (source_x > size(I,2)) source_x = size(I,2); end
if (source_y < 1 ) source_y=1; end
if (source_y > size(I,1)) source_y=size(I,1); end

  warp_I(y,x)=uint8(I(source_y,source_x));


end
end

subplot(1,2,1), imshow(I,[ ]), xlabel('원영상','Fontweight','bold');
subplot(1,2,2),imshow( warp_I,[]),xlabel('워핑 영상','Fontweight','bold');
```

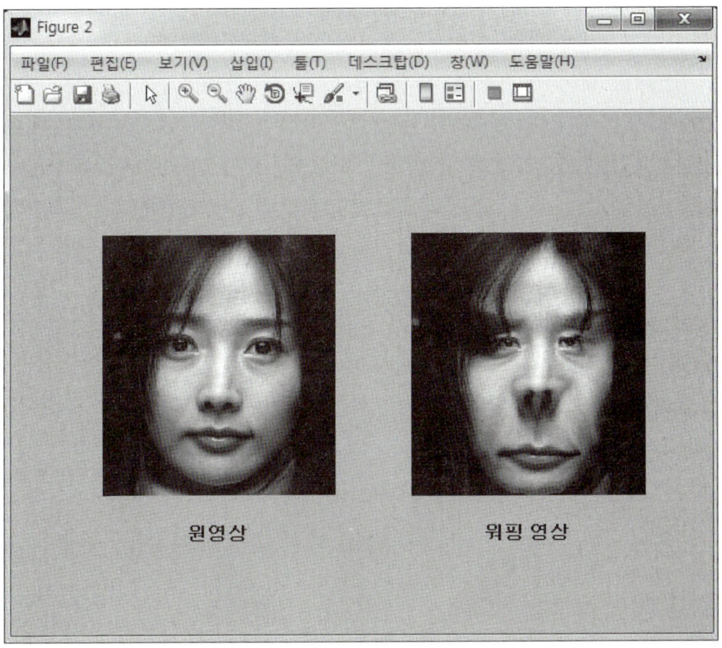

[그림 6-16] 워핑 연산 실행 화면

6.3.2 영상 모핑

1) 프로그램

```
clear all; clc;

% 두 입력 영상을 읽음
I = imread('morph_src.pgm');
J = imread('morph_dest.pgm');

subplot(1,2,1);imshow(I,[ ]);
subplot(1,2,2);imshow(J,[ ]);


% 10개의 모핑 이미지 저장, 중간의 워핑 결과를 저장할 공간 할당
NUM_FRAMES =10;
for i=1:NUM_FRAMES
   MorphedImg(:,:,i)=uint8(zeros(size(I)));
   WarpedImg(:,:,i)=uint8(zeros(size(I)));
   WarpedImg2(:,:,i)=uint8(zeros(size(I)));
end

SI=[116,7,207,5;34,109,90,21;55,249,30,128;118,320,65,261;123,321,171,321;179,319,240,
264;247,251,282,135;281,114,228,8;78,106,123,109;187,115,235,114;72,142,99,128;74,150
,122,154;108,127,123,146;182,152,213,132;     183,159,229,157;219,131,240,154;80,246,11
7,212;127,222,146,223;154,227,174,221;228,252,183,213;114,255,186,257;109,258,143,277
;152,278,190,262];

DI=[120,8,200,6;12,93,96,16;74,271,16,110;126,336,96,290;142,337,181,335;192,335,232,2
80;244,259,288,108;285,92,212,13;96,135,136,118;194,119,223,125;105,145,124,134;110,1
46,138,151;131,133,139,146;188,146,198,134;189,153,218,146;204,133,221,140;91,268,122
,202;149,206,159,209;170,209,181,204;235,265,208,199;121,280,205,284;112,286,160,301;
166,301,214,287];
 DI_x1=DI(:,1,:,:);
 DI_y1=DI(:,2,:,:);
 DI_x2=DI(:,3,:,:);
 DI_y2=DI(:,4,:,:);
```

```
SI_x1=SI(:,1,:,:);
SI_y1=SI(:,2,:,:);
SI_x2=SI(:,3,:,:);
SI_y2=SI(:,4,:,:);

for frame =1:NUM_FRAMES  % 각 중간 프레임에 대하여
    fweight = frame/NUM_FRAMES % 중간 프레임에 대한 가중치 계산
for line =1:length(DI) % 중간 프레임에 대한 제어선 계산
    warp_lines_px(line)=SI_x1(line) +(DI_x1(line)-SI_x1(line))*fweight;
    warp_lines_py(line)=SI_y1(line) +(DI_y1(line)-SI_y1(line))*fweight;
    warp_lines_qx(line)=SI_x2(line) +(DI_x2(line)-SI_x2(line))*fweight;
    warp_lines_qy(line)=SI_y2(line) +(DI_y2(line)-SI_y2(line))*fweight;
end
for y=1:size(I,1) % 출력 영상의 각 픽셀에 대하여
for x=1:size(I,2)

tx=0;
ty=0;
totalweight=0;
tx2=0;
ty2=0;

for line =1:length(DI) % 각 제어선에 대하여
    x1 = warp_lines_px(line);
    y1 = warp_lines_py(line);
    x2 = warp_lines_qx(line);
    y2 = warp_lines_qy(line);

    dest_line_length = sqrt((x2-x1)^2+(y2-y1)^2);

% 수직 교차점의 위치 및 픽셀의 수직 변위 계산
u= (((x-x1)*(x2-x1))+((y-y1)*(y2-y1)))/((x2-x1)^2+(y2-y1)^2);
h= ((y-y1)*(x2-x1)-(x-x1)*(y2-y1))/dest_line_length ;

if (u<0) d=sqrt((x-x1)^2+(y-y1)^2);
elseif (u>1) d=sqrt((x-x2)^2+(y-y2)^2);
else d=abs(h); end
```

```
src_x1=SI_x1(line);
src_y1=SI_y1(line);
src_x2=SI_x2(line);
src_y2=SI_y2(line);

src_line_length = sqrt((src_x2-src_x1)^2+(src_y2-src_y1)^2);

dest_x1=DI_x1(line);
dest_y1=DI_y1(line);
dest_x2=DI_x2(line);
dest_y2=DI_y2(line);
dest_line_length=sqrt((dest_x2-dest_x1)^2+(dest_y2-dest_y1)^2);

% 입력 영상1에 대응하는 픽셀 위치 계산
xp= src_x1+u*(src_x2-src_x1)-(h*(src_y2-src_y1))/src_line_length;
yp= src_y1+u*(src_y2-src_y1)+(h*(src_x2-src_x1))/src_line_length;

% 입력 영상2에 대응하는 픽셀 위치 계산
xp2= dest_x1+u*(dest_x2-dest_x1)-(h*(dest_y2-dest_y1))/dest_line_length;
yp2= dest_y1+u*(dest_y2-dest_y1)+(h*(dest_x2-dest_x1))/dest_line_length;
% 제어선에 대한 가중치 계산
a=0.001; b=2; p=0.75;
weight = (dest_line_length^p/(a+d))^b;
% 입력 영상 1의 대응 픽셀과 변위 계산
tx=tx+(xp-x)*weight;
ty=ty+(yp-y)*weight;
% 입력 영상 2의 대응 픽셀과 변위 계산
tx2=tx2+(xp2-x)*weight;
ty2=ty2+(yp2-y)*weight;
totalweight= totalweight+weight;
end
 % 입력 영상 1의 대응 픽셀과 변위 계산
source_x = x+round(tx/totalweight+0.5);
source_y = y+round(ty/totalweight+0.5);
 % 입력 영상 2의 대응 픽셀과 변위 계산
source_x2 = x+round(tx2/totalweight+0.5);
source_y2 = y+round(ty2/totalweight+0.5);
```

```
% 영상의 경제를 벗어나는지 확인
 if (source_x < 1 ) source_x=1; end
 if (source_x > size(I,2)) source_x = size(I,2);  end
 if (source_y < 1 ) source_y=1; end
 if (source_y > size(I,1)) source_y=size(I,1); end

 if (source_x2 < 1 )  source_x2=1; end
 if (source_x2 > size(I,2)) source_x2 = size(I,2); end
 if (source_y2 < 1 )  source_y2=1; end
 if (source_y2 > size(I,1)) source_y2=size(I,1); end

%워핑 결과 저장
WarpedImg(y,x)=uint8(I(source_y,source_x));
WarpedImg2(y,x)=uint8(J(source_y2,source_x2));
end
end
% 모핑 결과 합병
for y=1:size(I,1)
for x=1:size(I,2)
   val=round((1-fweight)* WarpedImg(y,x) + fweight*WarpedImg2(y,x));
    if(val < 1 ) val=1; end
    if(val >255) val=255; end
  MorphedImg(y,x,frame) = val;
end
end
end

%시뮬레이션 결과
subplot(2,5,1),
imshow(MorphedImg(:,:,1),[]),xlabel('모핑영상1','Fontweight','bold');
subplot(2,5,2),
imshow(MorphedImg(:,:,2),[ ]),xlabel('모핑영상2','Fontweight','bold');
subplot(2,5,3),
imshow(MorphedImg(:,:,3),[ ]),xlabel('모핑영상3','Fontweight','bold');
subplot(2,5,4),
imshow(MorphedImg(:,:,4),[ ]),xlabel('모핑영상4','Fontweight','bold');
subplot(2,5,5),
```

```
imshow(MorphedImg(:,:,5),[ ]),xlabel('모핑영상5','Fontweight','bold');
subplot(2,5,6),
imshow(MorphedImg(:,:,6),[ ]),xlabel('모핑영상6','Fontweight','bold');
subplot(2,5,7),
imshow(MorphedImg(:,:,7),[ ]),xlabel('모핑영상7','Fontweight','bold');
subplot(2,5,8),
imshow(MorphedImg(:,:,8),[ ]),xlabel('모핑영상8','Fontweight','bold');
subplot(2,5,9),
imshow(MorphedImg(:,:,9),[ ]),xlabel('모핑영상9','Fontweight','bold');
subplot(2,5,10),
imshow(MorphedImg(:,:,10),[ ]),xlabel('모핑영상10','Fontweight','bold');
```

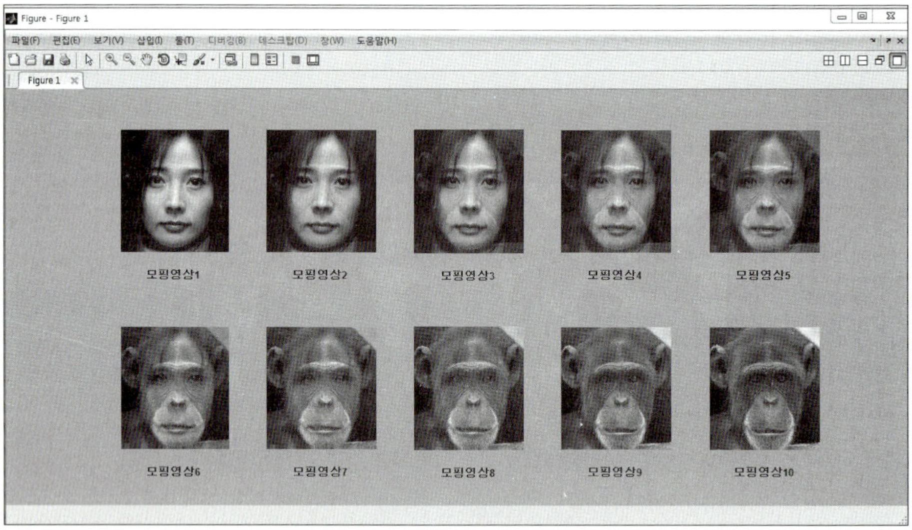

[그림 6-17] 모핑 연산 실행 화면

연 습 문 제

01 영상 워핑과 모핑의 개념을 설명하라.

02 영상 워핑과 모핑의 실질적인 사용 예를 조사하여 요약하라.

03 실습에서 구현한 영상 워핑과 영상 모핑 프로그램에서는 다음 그림과 같이 사람과 침팬지 사이에 대응되는 제어선을 사용하였다. 주의할 점은 제어선의 순서가 맞아야 하고 제어선의 시작점과 끝점의 순서도 맞아야 한다는 것이다. 그림에서 처음 세 개의 제어선에 대하여 시작점은 's'로 끝점은 'e'로 표시하였다. 자신의 얼굴 사진을 사용하여 침팬지와 워핑과 모핑을 수행해 보라. 사진은 되도록 얼굴이 전체 영역에 다 차도록 하는 것이 좋다. 본인의 사진을 이용한 워핑과 모핑을 수행하기 위해서는 먼저 사진의 크기를 침팬지 영상과 동일한 크기인 300×340으로 변환한 다음에 포토샵이나 페인트샵과 같은 프로그램을 이용하여 침팬지의 제어선에 대응되는 제어선의 위치를 파악하여 프로그램의 좌표를 수정하면 된다. 영상의 좌측 상단의 좌표가 (0,0)이고 우측 하단의 좌표가 (299,339)이다.

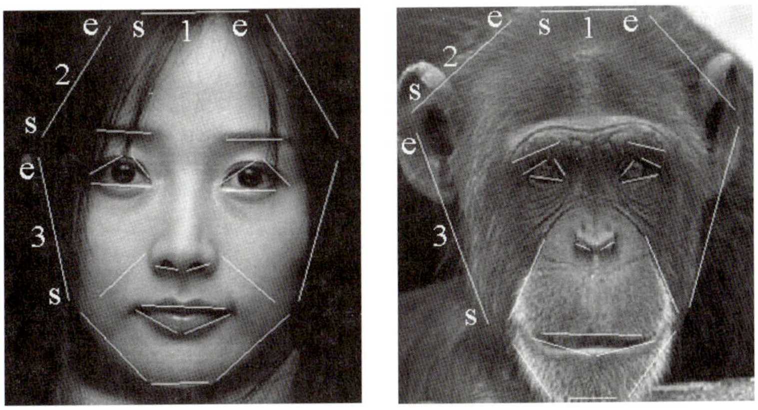

04 사람과 침팬지가 아닌 새로운 두 영상을 선정하여 영상 워핑과 모핑을 수행하도록 제어선을 설정하고 프로그램을 수정하라.

CHAPTER 07

동영상 처리 및 영상 압축

CHAPTER

07 동영상 처리 및 영상 압축

이 장에서는 동영상의 영상 처리에 대해 살펴본다. 동영상에는 여러 가지 형식이 있는데, 그중에서 AVI 형식의 파일을 읽어서 처리하는 방법을 살펴본다. 그리고 PC 카메라로부터 직접 영상을 캡처하여 처리하는 방법도 살펴본다.

또 영상 압축에 대해서도 살펴본다. 압축하지 않은 영상은 저장 매체에 저장하거나 통신 매체를 통하여 전달되기에는 용량이 너무 크므로 반드시 압축되어야 한다. 영상 압축 방법에는 여러 가지가 있는데, 이 장에서는 영상 압축에 대한 기본적인 개념을 살펴본 다음에, 정지 영상 압축에 널리 사용되는 JPEG에 대해 자세히 살펴보기로 한다.

7.1 AVI 파일 출력

MATLAB에서 동영상 파일을 읽을 때는 VideoReader함수를 사용한다. 그리고 에러를 없애기 위해서는 NumberOfFrames를 결정해야 한다.

● 명령어 :VideoReader ( )

- 설명 : 동영상 파일 읽기
- 형식 : F = VideoReader ('filename')
- 옵션
  - F : 동영상을 읽은 값
  - filename : 동영상 파일의 이름

읽어들은 동영상의 값들을 확인 및 설정을 위해서는 다음과 같은 method를 이용한다.

- method
  - get : 비디오 리더기 개체의 속성 값을 가져옴.
  - getFileFormats : 파일 형식이 VideoReader 지원
  - hasFrame : 사용 가능한 프레임을 읽을 수 있는지 확인
  - read : 파일에서 비디오 프레임 데이터 읽기
  - readFrame : 비디오 파일로부터 비디오 프레임 읽기
  - set : 비디오 리더기 개체의 속성 값을 설정.

```
예제)
xyloObj = VideoReader('xylophone.mp4');
get(xyloObj)

 General Settings:
   Duration = 4.7000
   Name = xylophone.mp4
   Path = C:\Program Files\MATLAB\R2014a\toolbox\matlab\audiovideo
   Tag =
   Type = VideoReader
   UserData = []

 Video Settings:
   BitsPerPixel = 24
   FrameRate = 30
   Height = 240
   NumberOfFrames = 141
   VideoFormat = RGB24
   Width = 320

clear all, clc;
vidObj = VideoReader('컵움직임추적.avi');
nFrames = vidObj.NumberOfFrames;
for iFrame=1:2:nFrames
I = read(vidObj,iFrame); % get one RGB image
imshow(I,[]); % Display image
pause(0.1);
end
```

[그림 7-1] 동영상 출력 화면

7.2 PC 카메라 영상 출력

MATLAB에서 webcam의 영상을 화면에 출력할 때는 다음과 같은 함수를 사용하면 된다.

명령어	설명	비고
webcamlist	시스템에 연결된 웹캠의 목록	
webcam	웹캠에서 이미지를 획득하여 웹캠 객체를 생성	
preview	웹캠에서 라이브 비디오 데이터 보기	
snapshot	웹캠에서 이미지 프레임을 획득	
closepreview	웹캠 미리보기 창 닫기	

● 명령어 : webcamlist

- 설명 : 시스템에 연결된 웹캠의 목록을 보여준다.
- 예제 : webcamlist

```
'Logitech Webcam 250'
```

● 명령어 : webcam

- 설명 : 시스템에 연결된 웹캠에서 이미지를 획득하여 웹캠 객체를 생성한다.
- 예제 : `webcam`

```
cam =

webcam with properties:

                name: 'Dell Camera C250'
          Resolution: '320x240'
AvailableResolutions: ('320x240' '160x120' '80x60')
          Brightness: 128
            Contrast: 32
                Gain: 0
```

● 명령어 : preview

- 설명 : 웹캠에서 라이브 비디오 데이터를 미리보기한다.
- 예제 : `preview(cam)`

● 명령어 : snapshot

- 설명 : 웹캠에서 이미지 프레임을 획득한다.
- 예제 : `img = snapshot(cam); imshow(img);`

● 명령어 : closepreview

- 설명 : 웹캠 미리보기 창 닫기
- 예제 : preview(cam); closePreview(cam);

```
clear all, clc;
cam = webcam('Dell Camera C250');
preview(cam);
img = snapshot(cam);
imshow(img);
closePreview(cam);
```

7.3 동영상 처리

동영상에서 물체를 추적할 경우에는 동영상을 시간에 따른 여러 프레임으로 나누고, 각 프레임을 읽어드려서 영상을 처리를 하면 된다. 다음은 MATLAB을 이용하여 동영상을 읽고, 동영상의 빨간 부분을 찾아내는 프로그램이다. 동영상을 프레임으로 나누는 것은 7.1에서 사용한 방법을 적용하였다.

```
clear all; clc; close all;
vidObj = VideoReader('컵움직임추적.avi');
nFrames = vidObj.NumberOfFrames;

for iFrame=1:2:nFrames
data = read(vidObj,iFrame); % 영상 읽음 (rgb영상)

  r =data(:,:,1); % r의 영상을 찾음
  g = data(:,:,2);
  b = data(:,:,3);

  diff_im=r-g/2-b/2;
```

```
diff_im = medfilt2(diff_im, [3 3]);
diff_im = im2bw(diff_im,0.18);
diff_im = bwareaopen(diff_im,30);

bw = bwlabel(diff_im, 8);

b1 = bw(1:round(240/3),1:round(320/3));
b2 = bw(1:round(240/3),round(320/3)+1:round(320/3)*2);
b3 = bw(1:round(240/3),round(320/3)*2+1:320);

b4 = bw(round(240/3)+1:round(240/3)*2 ,1:round(320/3));
b5 = bw(round(240/3)+1:round(240/3)*2,round(320/3)+1:round(320/3)*2);
b6 = bw(round(240/3)+1:round(240/3)*2,round(320/3)*2+1:320);

b7 = bw(round(240/3)*2+1:240,1:round(320/3));
b8 = bw(round(240/3)*2+1:240,round(320/3)+1:round(320/3)*2);
b9 = bw(round(240/3)*2+1:240,round(320/3)*2+1:320);

c1 = zeros(size(b1)); [r1,cm1]=size(c1);
c1(1:r1, cm1-2:cm1)=1; c1(r1-2:r1,1:cm1)=1;

c2 = zeros(size(b2)); [r2,cm2]=size(c2);
c2(1:r2, cm2-2:cm2)=1; c2(r2-2:r2,1:cm2)=1;

c3 = zeros(size(b3)); [r3,cm3]=size(c3);
c3(1:r3, cm3-2:cm3)=1; c3(r3-2:r3,1:cm3)=1;

c4 = zeros(size(b4)); [r4,cm4]=size(c4);
c4(1:r4, cm4-2:cm4)=1; c4(r4-2:r4,1:cm4)=1;

c5 = zeros(size(b5)); [r5,cm5]=size(c5);
c5(1:r5, cm5-2:cm5)=1; c5(r5-2:r5,1:cm5)=1;

c6 = zeros(size(b6)); [r6,cm6]=size(c6);
c6(1:r6, cm6-2:cm6)=1; c6(r6-2:r6,1:cm6)=1;
```

```
    c7 = zeros(size(b7)); [r7,cm7]=size(c7);
    c7(1:r7, cm7-2:cm7)=1; c7(r7-2:r7,1:cm7)=1;

    c8 = zeros(size(b8)); [r8,cm8]=size(c8);
    c8(1:r8, cm8-2:cm8)=1; c8(r8-2:r8,1:cm8)=1;

    c9 = zeros(size(b9)); [r9,cm9]=size(c9);
    c9(1:r9, cm9-2:cm9)=1; c9(r9-2:r9,1:cm9)=1;

    d= [b1+c1, b2+c2,b3+c3; b4+c4, b5+c5, b6+c6; b7+c7, b8+c8, b9+c9];

    e1=sum(b1(:)); e2=sum(b2(:)); e3=sum(b3(:));
    e4=sum(b4(:)); e5=sum(b5(:)); e6=sum(b6(:));
    e7=sum(b7(:)); e8=sum(b8(:)); e9=sum(b9(:));

    e= [e1, e2, e3, e4, e5, e6, e7, e8, e9];

    ch1= find(e==max(e));
    if(sum(ch1)==45)
      ch=0;
    end
    if(ch1==7)
      ch1=7;
    end
    if(ch1==9)
      ch1=9;
    end

   imshowpair(data,d,'montage');
  end
```

[그림 7-2] 동영상 화면과 빨간색 물체 Tracking 과정 출력

7.4 영상 압축 개요

정지 영상이나 동영상은 많은 저장 공간을 필요로 한다. 예를 들어, 동영상의 해상도가 640×480이고 초당 30프레임이며 화소별로 3바이트의 저장 공간이 필요하다고 할 경우에, 압축을 하지 않으면 1초짜리 동영상을 저장하기 위해서는 26.4M 바이트의 기억 공간이 필요하고 한 시간의 동영상을 저장하는 데에는 95G 바이트의 기억 공간을 필요로 한다. 이러한 기억 공간을 제공하는 것은 현실적으로 불가능하고 또한 동영상을 유선이나 무선으로 전송하는 것도 문제가 되므로 영상을 압축하는 방법이 요구된다.

영상 압축의 기본적인 두 가지 유형에는 무손실 압축과 손실 압축이 있다. 무손실 압축 방법은 입력 영상의 모든 정보를 암호화하므로 나중에 압축된 자료로부터 원영상을 완벽하게 복원할 수 있다. 이 방법은 영상 정보의 손실이 없으므로 영상의 질이 저하되지 않는 장점을 가지는 반면에, 압축률이 낮다는 단점이 있다.

손실 압축 방법은 중복되고 중요하지 않은 정보가 손실되는 것을 허용한다. 손실 압축 방법은 되도록이면 사람의 시각이 잘 감지하지 못하는 영상 정보를 제거

함으로써, 복원된 영상에서 사람이 시각적으로 감지할 수 있는 정보가 손실되지 않도록 한다. 사람의 시각은 영상에서 영역 사이의 경계선에서의 영상 정보에 대해서는 높은 인지력을 갖지만 비슷한 색을 가지는 영역 내부의 세세한 영상 정보에 대해서는 인지력이 낮다.

손실 압축은 무손실 압축에 비하여 높은 압축률을 제공할 수 있지만 압축률이 높아질수록 영상의 질이 떨어질 수 있으므로 사용하고자 하는 용도에 따라 적당한 압축률과 영상의 화질을 선택해야 한다. 예를 들어, 의학적인 진단 목적으로 사용되는 영상에 대해서는 화질이 저하되지 않도록 하는 것이 가장 중요한 문제가 될 것이다. 또한 건축이나 기계 설계 도면 등도 영상 정보가 손실되어서는 곤란하다. 반면에, 인터넷을 통하여 영화를 볼 때에는 영상의 화질이 저하되더라도 영상이 끊기지 않고 실시간으로 전송되는 것이 더 중요한 문제가 된다.

압축 기법을 선택할 때에는 압축률과 영상의 화질이 가장 중요한 요소이지만 이외에도 압축과 복원에 소요되는 시간, 필요한 자원의 비용, 표준화 등에 대해서도 고려해야 한다.

7.5 런 길이 부호화

런 길이 부호화(Run Length Encoding)는 데이터의 반복성을 이용하는 간단한 압축 방법이다. 런(run)이란 같은 데이터값이 계속해서 반복되는 하나의 단위를 의미하고 런 길이란 같은 데이터값이 반복되는 횟수를 의미한다. 컴퓨터 그래픽스에 의해 생성된 애니메이션과 같은 영상은 일정한 색상으로 구성되는 영역을 가지는데, 이런 경우에 런 길이 부호화는 아주 효과적인 결과를 생성한다. 예를 들어, 입력 데이터의 값이 다음과 같다고 하자.

CCCCCCCCCCDDDDDDDDDDDDAAAAAAAAAAAAAAAAAAAAAA

여기에서 런은 CCCCCCCCCC, DDDDDDDDDDDD, AAAAAAAAAAAAAAAAAAAAAA를 말하고 런 길이는 각각 10, 12, 22이다. 이 자료는 C의 개수가 10개이므로 10C, D의

개수가 12개이므로 12D, A의 개수가 22개이므로 22A로 나타내고 전체적으로 다음과 같이 표현된다.

10C12D22A

위의 압축 예에서 44바이트의 데이터가 9바이트로 부호화되므로 압축률은 44바이트 / 9바이트 = 4.8이 된다. 런 길이 부호화는 같은 값이 많이 반복될수록 압축률이 높아진다. 그러나 다음 예처럼 같은 값이 반복되는 횟수가 아주 작은 경우에는 오히려 압축이 되지 않고 원래 데이터 양보다 더 커질 수도 있다.

ABCDEFGHIJKLMNOPQRSTUVWXYZ

위의 데이터는 런 길이 부호화에 의해 다음과 같이 부호화된다.

1A1B1C1D1E1F1G1H1I1J1K1L1M1N1O1P1Q1R1S1T1U1V1W1X1Y1Z

위의 경우에 압축률은 26 바이트 / 52 바이트 = 0.5로, 압축이 되는 것이 아니라 오히려 확장되었다. 이와 같은 문제를 해결하기 위해 런 길이 부호화 방법을 약간 수정한 방법이 있다. 수정된 런 길이 부호화에서는 반복되지 않는 데이터는 그대로 표현하고 반복되는 경우에만 런 길이를 사용한다. 그리고 두 가지 경우를 구분하기 위하여 런 길이를 사용하는 경우에 특수 부호를 사용하여 이를 표시한다. 예를 들어, 다음과 같은 데이터는

XYZCCCCCCCCCCDDDDDDDDDDDDAAAAAAAAAAAAAAAAAAAAAA

아래와 같이 부호화될 수 있다.

XYZ*10C*12D*22A

앞의 경우에 압축률은 47바이트 / 15바이트 = 3.13이다. 반복되는 데이터를

런 길이로 부호화하기 위해서는 3바이트가 필요하기 때문에 반복 횟수가 3회 이상인 경우만 런 길이로 부호화하는 것이 효과적이다. 그렇지 않으면 원시 데이터보다 부호화된 데이터의 양이 더 커져서 부호화의 의미가 없어진다.

런 길이 부호화를 이용한 정지 영상 형식으로는 PCX, RLE, GEM 등이 있다. 여기에서는 PCX 파일의 압축 및 복원에 대해 살펴보기로 하자. PCX 형식에서는 런 길이에 관련된 특수 부호를 런 길이와 같은 바이트 내에 저장한다.

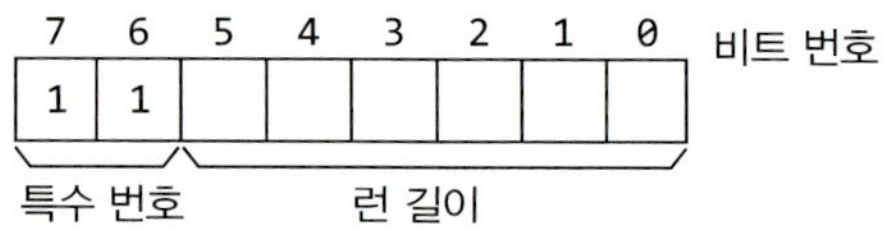

[그림 7-3] PCX 형식에서 런 길이를 포함한 바이트 형식

특수 부호 두 비트가 모두 1이면 그 바이트는 런 길이를 포함하는 바이트를 나타내고 그 바이트 다음에 오는 바이트값이 데이터값이 된다. 특수 부호가 1이 아니면 데이터가 반복되지 않고 1번만 나타났다는 것을 의미하고 그 바이트 자체가 데이터값이 된다. 런 길이는 하위 6비트에만 저장될 수 있으므로 최고 63까지의 런 길이를 사용할 수 있다. 만약에, 같은 데이터가 63번보다 많이 반복되는 경우에는 여러 번 나누어서 런 길이를 표시해 주어야 한다.

PCX 형식에서는 바이트의 상위 두 비트를 특수 부호로 사용하므로 원래 데이터에서 상위 두 비트가 1인 데이터의 경우에는 1번만 나타나더라도 이를 두 바이트로 부호화해야 한다. 그렇지 않으면 런 길이를 포함한 바이트로 해석되기 때문에 문제가 발생한다. 그림 7-4에는 PCX 형식을 이용한 세 가지 부호화 예가 나타나 있다. 여기에서는, 이해를 돕기 위하여 데이터값과 부호화값으로 16진수를 사용했다. 그림 7-4(a)에서는 FF(=255) 값이 5번 반복되었다. 이 데이터를 부호화한 결과에서 첫 번째 바이트 C5를 이진수로 나타내면 11000101인데, 상위 두 비트가 1이므로 이 바이트는 런 길이를 포함하고 있다는 것을 나타내고 하위 6비트의 값 5(=000101)가 런 길이가 된다. 그 다음 바이트값 FF가 데이터값이 된다. 그림 7-4(b)에서는 데이터들이 한 번씩만 나타나므로 런 길이를 지정하는 바이트가 사용되지 않고 입력 데이터 그대로 부호화되었다. 그림 7-4(c)에서도 데이터들이 한 번씩만 나타났는데, 이들 데이터값에서는 상위 두 비트가 모두 1이다.

이 경우에는 런 길이를 나타내는 바이트 C1이 앞에 추가되고 그 다음에 데이터 값이 뒤따랐다. C1은 런 길이가 1이라는 것을 의미한다. 한 가지 더 언급할 것은 PCX 형식에서는 줄 단위로 부호화한다는 것이다. 같은 값이 여러 줄에 걸쳐서 있더라도 각각 독립적으로 부호화된다.

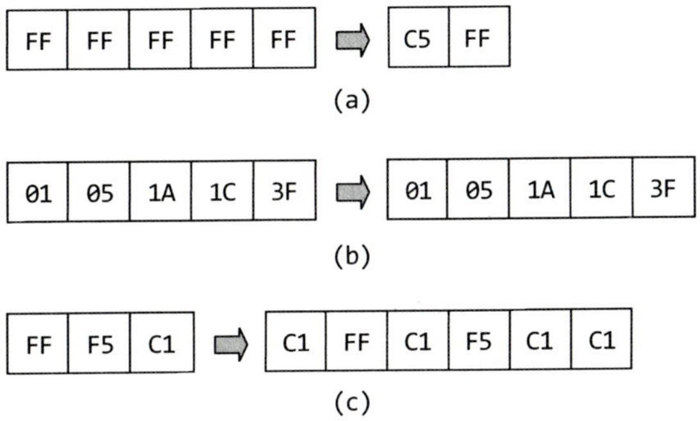

[그림 7-4] PCX 형식을 이용한 부호화 예

7.5.1 런 길이 부호 구현

```
clear all, clc; close all;
c=im2bw(imread('bolts(이진).pgm'),0.5); % 영상을 읽은 후 2진 영상으로 만듦.
L=prod(size(c));
im=reshape(c',1,L);
x=1;
out=[];
while L~=0,
   temp=min(find(im ==x)); % 초기의 0의 개수를 구함.
   if isempty(temp),
      out=[out L];
      break;
   end;
   out=[out temp-1]; % 출력벡터에서 구한 값보다 1 적은 수를 추가함.
   x=1-x;
   im=im(temp:L);
   L=L-temp+1;
end
whos c out
```

7.6 허프만 코딩

허프만(Huffman) 코딩은 데이터의 발생 빈도수에 따라 코드 길이를 다르게 하는 코딩 방법이다. 발생 빈도가 높은 데이터에는 길이가 짧은 코드값을 부여하고 발생 빈도가 낮은 데이터에는 길이가 긴 코드값을 부여한다.

허프만 코드는 비전치 특성을 갖는다. 비전치 특성이란 한 코드가 다른 코드 앞에 올 수 없다는 것을 의미한다. 예를 들어, "001"이 영문자 A를 나타낸다면, "0010" 또는 "0011"과 같이 "001"을 맨 앞에 가지는 다른 코드값이 존재해서는 안 된다는 것이다. 만약에 "0010"이 문자 X를 나타낸다고 할 경우에, 이 코드값은 X로 복원되지 못하고 처음 세 비트값에 의해 A로 복원되고 네 번째 비트 0부터 다음 코드값으로 해석될 것이다.

영상에서 픽셀값에 대한 허프만 코드를 생성하는 과정을 예로 들어 설명하기로 하자. 허프만 코드를 생성하는 첫 번째 단계는 픽셀값의 빈도수를 세는 것이다. 그 다음에는 다음과 같은 과정으로 이진 트리를 생성한 다음에 코드를 할당한다.

1. 영상에 나타나는 모든 픽셀값 각각에 대하여 하나의 자유 노드를 생성한다.
2. 가장 낮은 빈도수를 가진 두 개의 자유 노드들을 자식 노드로 하는 부모 노드를 생성한다. 부모 노드의 빈도수는 자식 노드들의 빈도수의 합으로 설정한다.
3. 단계 2에서 부모 노드로 연결된 두 개의 자식 노드를 자유 노드 목록에서 제거한다. 새롭게 생성된 부모 노드를 자유 노드 목록에 추가한다.
4. 단계 2와 단계 3을 하나의 자유 노드만 남을 때까지 반복한다. 마지막으로 남는 자유 노드가 구성되는 트리의 루트 노드가 된다.

이진 트리를 생성할 때, 빈도수가 낮은 노드를 오른쪽에 오도록 위치시킨다. 그런데 빈도수가 동일한 경우에는 어떤 노드를 오른쪽에 위치시킬지는 문제가 되지 않지만 부호화기와 복원기 사이에서 같은 순서를 사용해야 한다. 그림 7-5와 같은 영상에 대해 허프만 코드를 생성해 보자.

20	20	0	30	60	60	70	0
20	30	30	60	60	70	0	0
30	30	60	60	70	80	0	0
30	60	60	70	70	80	0	0
60	60	70	80	100	100	100	0
60	70	80	80	100	100	100	0
70	0	0	0	100	100	100	100
0	0	0	0	0	100	100	120

[그림 7-5] 입력 영상 예

허프만 코드 생성을 위해 각 픽셀의 빈도수를 조사한 결과가 표 **7-1**과 같다.

<표 7-1> 그림 7-5에 대한 픽셀값의 빈도수

픽셀값	빈도수
0	18
100	12
60	11
70	8
30	6
80	5
20	3
120	1

이진 트리의 생성 과정은 그림 **7-6**과 같다. 첫 번째 단계에서는 모든 픽셀값에 대한 자유 노드들이 표시된다. 두 번째 단계에서는 픽셀값 **120**과 **20**에 대한 빈도수가 가장 작으므로 두 노드가 결합되고 부모 노드가 생성된다. 세 번째 단계에서는 부모 노드 **P1**과 **80**에 대한 빈도수가 가장 작으므로 두 노드가 결합되고 부모 노드가 생성된다. 네 번째 단계에서는 **70**과 **30**에 대한 빈도수가 가장 작으므로 두 노드가 결합되고 부모 노드가 생성된다. 다섯 번째 단계에서는 부모 노드 **P2**와 **60**에 대한 빈도수가 가장 작으므로 두 노드가 결합되고 부모 노드가 생성된다. 여섯 번째 단계에서는 부모 노드 **P3**와 **100**에 대한 빈도수가 가장 작으므로

두 노드가 결합되고 부모 노드가 생성된다. 일곱 번째 단계에서는 부모 노드 P4와 0에 대한 빈도수가 가장 작으므로 두 노드가 결합되고 부모 노드가 생성된다. 여덟 번째 단계에서는 부모 노드 P5와 P6가 결합된다.

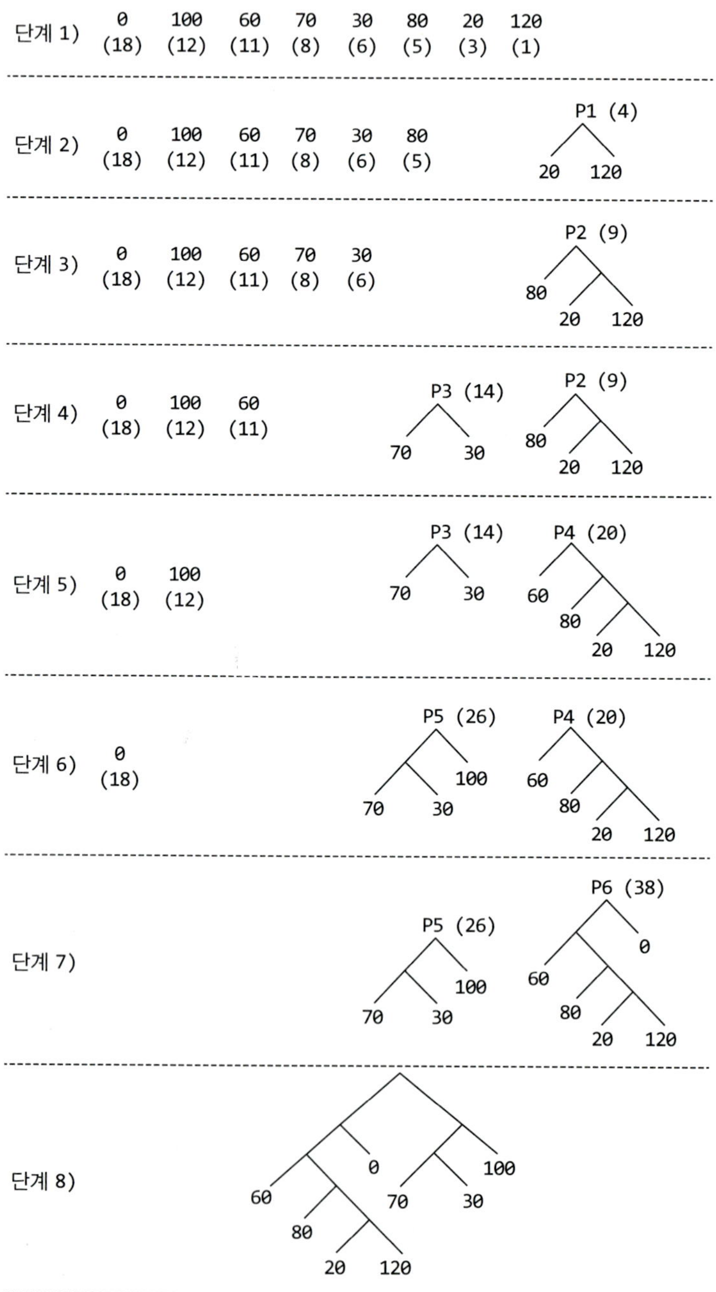

[그림 7-6] 허프만 코드 생성을 위한 이진 트리 생성 과정

이진 트리를 생성한 다음에는 루트 노드에서 트리를 따라가면서 코드를 할당한다. 왼쪽 자식으로 이동할 때에는 0을 할당하고 오른쪽 자식으로 이동할 때에는 1을 할당하는 방법을 사용한다. 앞의 예에서 생성된 이진 트리에서는 노드 60의 경우에 루트에서 왼쪽으로 세 번 내려가야 되므로 코드값이 "000"이 된다. 노드 0의 경우에는 왼쪽으로 내려갔다가 오른쪽으로 내려가야 하므로 "01"이 된다. 이와 같은 방법으로 할당된 허프만 코드가 표 7-2에 나타나 있다.

<표 7-2> 그림 7-5에 대한 허프만 코드

픽셀값	코드
0	01
100	11
60	000
70	100
30	101
80	0010
20	00110
120	00111

표 7-2의 허프만 코드를 이용하여 그림 7-5의 영상을 부호화하면 2비트 코드가 30개, 3비트는 25개, 4비트는 5개, 5비트는 4개이므로 총 175비트로 압축된다. 압축을 하지 않으면 각 픽셀당 8비트 코드를 사용하게 되므로 총 512비트가 필요하다. 따라서 그림 7-5의 영상의 경우에는 허프만 코드를 사용함으로써 3배 정도의 압축률을 얻을 수 있었다.

7.7 JPEG

JPEG는 국제 표준화 기구(ISO: International Standard Organization)와 국제 전신 전화 위원회(CCITT: Consultative Committee on International Telegraph and Telephone)에 의해 결성된 Joint Photographic Experts Group에 의해 만들어진 정지 영상 압축 기법이다. 이렇게 개발된 JPEG는 손실 압축 기법을 사용하여 데이터 양을 현저히 줄이면서도 원 영상과 거의 유사한 영상을 복원할 수 있도록 해주는 압축 기법으로 여러 가지 응용에 널리 사용되고 있다. 요즘에는 디지털 카메라에서 영상을 저장할 때에도 JPEG 압축을 널리 사용하고 있다.

JPEG는 사진과 같은 자연 영상을 20:1 이상 압축할 수 있는 성능을 가지고 있어서 현재 사용하고 있는 정지 영상 압축 방법 중에서는 가장 높은 압축률을 제공한다. JPEG는 영상을 압축할 때에 사람의 눈에는 잘 구별되지 않는 정보를 없애서 압축률을 높이는 손실 압축 방식을 채택하고 있기 때문에 압축 후에 복원된 영상은 원래의 영상과 미세한 차이를 갖게 된다. 그런데 대부분의 경우 이 차이는 사람 눈에 잘 띄지 않기 때문에 영상 정보의 손실을 거의 느끼지 못한다. 그러나 JPEG는 의료 영상과 같은 매우 중요한 영상을 저장하는 데에는 적합하지 않다. 이런 경우에는 GIF나 TIFF 같이 영상을 압축한 후 복원하면 원 영상과 동일한 영상으로 복원할 수 있는 무손실 압축 방법을 사용하는 것이 적합하다.

JPEG는 특정한 압축 알고리즘을 의미하는 것은 아니다. JPEG에는 네 가지의 압축 모드를 규정하고 있는데, 영상의 성질에 따라 적합한 모드를 선택하여 사용할 수 있도록 하고 있다. 네 가지 모드는 순차 모드, 점진적 모드, 계층적 모드, 무손실 모드인데, 순차 모드는 가장 기본적인 압축 방법이고, 점진적 모드는 영상 파일을 읽는 중간에도 부분적인 영상을 화면에 출력할 수 있도록 한 압축 방법이다. 계층적 모드는 하나의 영상에 대해 여러 가지 해상도로 압축할 수 있도록 한 방법이다. 무손실 모드는 말 그대로 영상 정보에 손실이 없도록 압축하는 방법이다. 다른 세 모드는 모두 손실 압축인데, JPEG는 일반적으로 손실 압축으로 사용된다. 이 교재에서는 가장 기본적인 모드인 순차 모드에 대해서 살펴보기로 한다.

JPEG의 순차 모드 압축 방법은 다음과 같은 단계로 구성된다.

1) 영상의 컬러 모델을 RGB 모델에서 YCbCr 모델로 변환
2) 색도 성분 다운 샘플링(선택 사항)
3) 영상을 8×8 크기의 블록들로 분할하고 각 블록에 대해 DCT를 수행
4) DCT 계수를 양자화
5) 양자화된 계수를 허프만 코딩 방법을 사용하여 부호화

JPEG로 압축할 때에는 결과 영상의 화질에 대한 수준을 나타내는 Q인자를 제시하도록 되어 있다. Q 값이 높게 주어질수록 영상의 질은 더욱 좋아지고 파일의 크기는 커지게 된다. Q 값이 작아질수록 영상의 질은 떨어지고 파일의 크기는 작아진다.

JPEG 압축의 기본 원리는 영상 정보를 시각적으로 중요한 성분과 덜 중요한 성분으로 분리한 다음, 시각적으로 덜 중요한 부분을 손실시킴으로써 데이터의 양을 줄이는 것이다. 시각적으로 중요한 부분과 덜 중요한 부분을 분리하기 위해 컬러 모델을 변환하고 DCT를 수행하는 것이다. 이제부터 각 과정에 대해 살펴보기로 한다. 이해를 돕기 위하여 그림 7-7과 같은 흑백 영상 예를 사용하기로 하자.

139	144	149	153	155	155	155	155
144	151	153	156	159	156	156	156
150	155	160	163	158	156	156	156
159	161	162	161	160	159	159	159
159	160	161	162	162	155	155	155
161	161	161	161	161	157	157	157
162	162	161	163	162	157	157	157
162	162	161	161	163	158	158	158

[그림 7-7] 입력 영상 예

7.7.1 컬러 모델 변환

JPEG 압축의 첫 단계에서는 영상의 RGB 컬러값을 YCbCr 컬러값으로 변환한다. YCbCr 컬러 모델에서 Y는 밝기 성분을 나타내고 CbCr은 색도 성분을 나타낸다. 이와 같이 변환하는 이유는 영상의 밝기가 시각적으로 눈에 잘 띄고 색도는 눈에 잘 띄지 않기 때문이다. 즉, 인간의 시각 시스템은 색상의 변화보다는 밝기의 변

화에 아주 민감하기 때문에 밝기 성분보다는 색도 성분을 손실시키면서 압축하는 것이 효과적이다. 반면에 RGB 컬러 모델에서는 R, G, B 세 성분이 시각적으로 서로 비슷한 정보를 포함하고 있다. 따라서 RGB 컬러 모델을 YCbCr 컬러 모델로 변환하여 밝기 성분과 색도 성분을 분리한 다음 각각에 대하여 개별적으로 압축을 하는 것이 효과적이다. RGB 컬러값을 YCbCr 컬러값으로 변환하는 식은 다음과 같다.

```
Y = 0.299R + 0.587G + 0.114B
Cb = -0.16874R - 0.33126G + 0.50B
Cr = 0.50R - 0.41869G - 0.08131B
```

256 명암도를 갖는 흑백 영상의 경우에는 밝기값만을 가지고 있으므로 컬러 모델의 변환이 필요 없고 명암값 자체에 대해 압축을 실행해야 한다. 그림 7-7의 영상은 흑백 영상이므로 컬러 변환이 필요하지 않다.

7.7.2 색도 성분 다운 샘플링

색도 성분인 Cb와 Cr 성분은 시각적으로 눈에 잘 띄지 않는 정보를 포함하기 때문에, 이 정보에 손실을 가하여도 사람의 눈에는 화질의 차이가 크지 않게 된다. 그래서 Y 성분은 그대로 두고 Cb와 Cr 성분은 다운 샘플링을 통하여 영상 정보를 1/2 또는 1/4로 줄이게 된다. 다운 샘플링은 수평과 수직 방향으로 번갈아 가면서 픽셀값을 취하거나 또는 네 개나 두 개의 화소로 이루어진 블록들의 평균값을 취함으로써 수행할 수 있다. 이 단계는 선택적인 단계인데, 수행해도 되고 안 해도 되는 단계이다. 그림 7-7은 흑백 영상이므로 이 단계에는 적용할 필요가 없다.

7.7.3 DCT 적용

세 번째 단계에서는 영상을 8×8 크기의 블록으로 분할한 다음에 각 블록에 DCT를 적용하여 주파수 영역으로 변환한다. DCT를 적용하는 이유는, 영상의 저주파 성분이 시각적으로 많은 정보를 가지고 있고, 고주파 성분은 상대적으로 적은 정보량을 포함하고 있기 때문이다. 즉, 영상을 시각적 정보가 많은 부분과 적은 부분으로 분리한 후 시각적 정보량이 적은 부분을 손실시킴으로써, 시각적 정보의 손실을 최소화하면서 데이터 양을 줄이는 것이다. 이와 같이 할 수 있는 이유는 사람의 시각 시스템이 색상의 미세한 변화를 식별할 수 없는데, 색상의 미세한 변화가 주파수 영역에서 고주파 성분에 해당하기 때문이다.

DCT를 적용하여 구한 계수값을 그림 7-8과 같이 나타내기로 하자. DC 값은 DCT 계수 중에서 (0,0)에 위치한 계수를 나타낸다고 하자. 이 값은 8×8 블록의 화소값의 평균이 된다. 나머지 DCT 계수는 AC_{01}부터 AC_{77}로 나타내기로 하자.

DC	AC_{01}	AC_{02}	AC_{03}	AC_{04}	AC_{05}	AC_{06}	AC_{07}
AC_{10}	AC_{11}	AC_{12}	AC_{13}	AC_{14}	AC_{15}	AC_{16}	AC_{17}
AC_{20}	AC_{21}	AC_{22}	AC_{23}	AC_{24}	AC_{25}	AC_{26}	AC_{27}
AC_{30}	AC_{31}	AC_{32}	AC_{33}	AC_{34}	AC_{35}	AC_{36}	AC_{37}
AC_{40}	AC_{41}	AC_{42}	AC_{43}	AC_{44}	AC_{45}	AC_{46}	AC_{47}
AC_{50}	AC_{51}	AC_{52}	AC_{53}	AC_{54}	AC_{55}	AC_{56}	AC_{57}
AC_{60}	AC_{61}	AC_{62}	AC_{63}	AC_{64}	AC_{65}	AC_{66}	AC_{67}
AC_{70}	AC_{71}	AC_{72}	AC_{73}	AC_{74}	AC_{75}	AC_{76}	AC_{77}

[그림 7-8] DCT 계수

그림 7-7의 영상에 대해 DCT를 적용한 결과는 그림 7-9와 같다.

235.6	-1.0	-12.1	-5.2	2.1	-1.7	-2.7	1.3
-22.6	-17.5	-6.2	-3.2	-2.9	-0.1	0.4	-1.2
-10.9	-9.3	-1.6	1.5	0.2	-0.9	-0.6	-0.1
-7.1	-1.9	0.2	1.5	0.9	-0.1	0.0	0.3
-0.6	-0.8	1.5	1.6	-0.1	-0.7	0.6	1.3
1.8	-0.2	1.6	-0.3	-0.8	1.5	1.0	-1.0
-1.3	-0.4	-0.3	-1.5	-0.5	1.7	1.1	-0.8
-2.6	1.6	-3.8	-1.8	1.9	1.2	-0.6	-0.4

[그림 7-9] 그림 7-7 영상에 대한 DCT 계수

7.7.4 DCT 계수의 양자화

네 번째 단계에서는 각 블록의 DCT 계수를 양자화한다. 이 단계는 정보 손실 단계로서 주로 고주파 성분값들을 제거하게 된다. 양자화 방법은 DCT 계수들을 그에 대응하는 양자화 계수로 나누어서 구한다. 이 계수들은 미리 정해진 단순한 수치인데, Q 값에 따라 양자화 계수값이 달라진다. Q 값이 커질수록 양자화 계수값을 크게 하여 DCT 계수가 0이 되는 블록의 수를 늘리고 Q 값이 작을수록 양자화 계수값을 작게 하여 DCT 계수가 0이 되는 블록의 수를 줄인다. JPEG에서는 특정한 양자화 계수값을 정하지는 않았는데, 표 7-3에는 ISO에서 실험적으로 구한 Y 성분에 대한 양자화 계수가 나타나 있다.

<표 7-3> 밝기 성분에 대한 양자화 계수값의 예

16	11	10	16	24	40	51	61
12	12	14	19	26	58	60	55
14	13	16	24	40	57	69	56
14	17	22	29	51	87	80	62
18	22	37	56	68	109	103	77
24	35	55	64	81	104	113	92
49	64	78	87	103	121	120	101
72	92	95	98	112	100	103	99

표 7-3의 양자화 계수를 이용하여 그림 7-7의 영상에 대한 DCT 계수를 양자화한 결과가 그림 7-10인데, 각 양자화값은 그림 7-9의 DCT 계수를 표 7-3의 해당 양자화 계수값으로 나눈 값이다.

15	0	-1	0	0	0	0	0
-2	-1	0	0	0	0	0	0
-1	-1	0	0	0	0	0	0
0	0	0	0	0	0	0	0
0	0	0	0	0	0	0	0
0	0	0	0	0	0	0	0
0	0	0	0	0	0	0	0
0	0	0	0	0	0	0	0

[그림 7-10] 그림 7-7 영상에 대한 DCT 계수의 양자화 결과

표 7-4에는 색도 성분에 대한 양자화 계수값의 예가 나타나 있다. 색도 성분에 대한 양자화 계수와 밝기 성분에 대한 양자화 계수를 비교해 보면, 색도 성분에 대한 양자화 계수에서는 좌측 상단의 13개만 작은 값을 가지고 나머지는 모두 99의 동일한 값을 갖는 반면에 밝기 성분의 양자화 계수에서는 좌측 상단에서 우측 하단 방향으로 값이 점진적으로 커지는 것을 알 수 있다. 이와 같은 양자화 계수값의 분포는 색도 성분에서 상대적으로 많은 DCT 계수값을 0으로 만들어 주는 결과를 가져온다. DCT 계수는 좌측 상단이 저주파 성분이고 우측 하단으로 갈수록 고주파 성분이 된다. 결과적으로 고주파 성분들이 0이 될 확률이 커지게 된다.

<표 7-4> 색도 성분에 대한 양자화 계수값의 예

17	18	24	47	99	99	99	99
18	21	26	66	99	99	99	99
24	26	56	99	99	99	99	99
47	66	99	99	99	99	99	99
99	99	99	99	99	99	99	99
99	99	99	99	99	99	99	99
99	99	99	99	99	99	99	99
99	99	99	99	99	99	99	99

7.7.5 양자화된 계수의 부호화

양자화된 DCT 계수는 그림 7-11에 나타나 있는 지그재그 순서로 모아진 다음에 허프만 코딩 기법을 응용하여 부호화된다. 즉, DC, AC_{01}, AC_{10}, AC_{20}, AC_{11}, AC_{02}, … , AC_{77} 순서로 계수값을 나열하여 부호화한다. 이와 같이 지그재그 순서를 사용하는 이유는 저주파 성분값으로부터 고주파 성분값 순으로 값을 나열하기 위해서이다. 주로 고주파 성분에서 0 값이 반복되는데, 이것이 압축률 향상에 많은 기여를 하게 된다. 또한 DC 값은 그대로 사용하는 것이 아니라 이전 블록과의 DC 값의 차이를 사용한다. 이웃한 블록 사이의 DC 값의 차이가 크지 않으므로 차이값을 사용함으로써 압축률을 약간 향상시킬 수 있다.

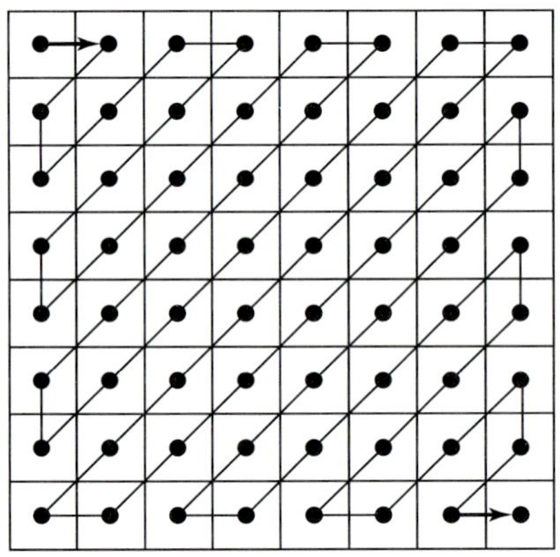

[그림 7-11] 양자화 계수값의 부호화 순서

그림 7-10에 나타나 있듯이 양자화된 DCT 계수들은 많은 0 값을 포함하게 된다. JPEG에서는 압축률을 보다 높이는데 이와 같은 특성을 이용하기 위하여 0의 런 길이를 활용한다. 부호화는 두 단계로 구성된다. 첫 번째 단계에서는 계수값들을 심볼의 집합으로 표현한다. 두 번째 단계에서는 각 심볼에 가변 길이 코드를 할당한다. 각 심볼은 다음과 같이 심볼-1과 심볼-2로 구성된다.

심볼-1	심볼-2
(RUNLENGTH, SIZE)	(AMPLITUDE)

심볼-1은 RUNLENGTH와 SIZE 두 부분으로 구성되는데, DC 값을 위한 심볼-1은 0의 런 길이가 필요 없으므로 RUNLENGTH를 제외한 SIZE로만 구성된다. RUNLENGTH는 부호화하고자 하는 0이 아닌 AC 계수의 앞에 나타나는 0의 런 길이이다. SIZE는 0이 아닌 AC 계수값 또는 DC 값을 표현하는 데 필요한 비트 수를 나타낸다. AMPLITUDE는 0이 아닌 AC 계수 또는 DC 계수값을 나타낸다. AMPLITUDE 값에 대한 SIZE 값은 표 7-5와 같이 구한다. 예를 들어, 계수값이 -3, -2, 2, 3이면 이들은 각각 00, 01, 10, 11(00 = -3, 01 = -2, 10 = 2, 11 = 3)과 같이 2비트로 부호화될 수 있고 SIZE=2가 된다. 그리고 계수값이 -7, -6, -5, -4, 4, 5, 6, 7이면 이들은 000, 001, 010, 011, 100, 101, 110, 111(000=-7, 001=-6, 010=-5, 011=-4, 100=4, 101=5, 110=6, 111=7)과 같이 부호화될 수 있고 SIZE=3이 된다. 표 7-5에서 A··B는 A에서 B 사이의 정수값들을 나타낸다.

<표 7-5> 계수값과 SIZE의 관계

SIZE	AMPLITUDE
1	-1, 1
2	-3,-2,2,3
3	-7,-6,-5,-4,4,5,6,7
4	-15··-8, 8··15
5	-31··-16, 16··31
6	-63··-32, 32··63
7	-127··-64, 64··127
8	-255··-128, 128··255
9	-511··-256, 256··511
10	-1023··-512, 512··1023

RUNLENGTH는 0부터 15까지의 값을 가지도록 제한된다. 만약에 0의 런 길이가 더 큰 경우에는 RUNLENGTH=15와 SIZE=0인 여러 개의 심볼로 부호화되고 이는 16개의 0이 연속해서 나타난 것으로 해석된다. 또한 RUNLENGTH=15와 SIZE=0인 심볼은 3개까지만 연속해서 나타날 수 있게 제한된다. 즉, 0이 48개 이상 계속되면 그 다음의 AC 계수값은 0일 확률이 높으므로 이들을 무시해버리고 부호화를 종료하게 된다. 심볼들의 맨 마지막에는 블록의 끝을 나타내는 EOB 심볼을 사용한다. EOB 심볼은 RUNLENGTH=0 SIZE=0인 심볼로 정의된다.

그림 7-7의 영상에 대해 양자화된 DCT 계수값의 심볼들을 구해보도록 하자. 먼저, 양자화된 계수를 지그재그 형태로 나열하면 다음과 같다.

15, 0, -2, -1, -1, -1, 0, 0, -1, 0, …, 0

DC 값은 15인데, 이전 블록의 DC 값이 18이라고 하자. 그러면 DC 값의 차이가 -3이 되고 이를 표현하는 데 2비트가 필요하므로 심볼-1은 (2) 심볼-2는 (-3)이 된다. 그 다음에 0의 런 길이는 1이므로 RUNLENGTH=1이고 그 다음에 오는 0이 아닌 값이 -2이므로 AMPLITUDE = -2이다. -2를 표현하는 데는 2비트를 사용해야 하므로 SIZE=2이다. 따라서 이를 위한 두 번째 심볼은 (1, 2)(-2)가 된다. 그 다음에는 0이 나타나지 않고 바로 -1이 왔으므로 RUNLENGTH=0이고 SIZE=1이 되어서, 세 번째 심볼은 (0,1)(-1), 그 다음에도 -1이 두 번 나타나므로 네 번째와 다섯 번째 심볼도 세 번째 심볼과 같다. 그 다음에 0이 두 번 나타나고 -1이 뒤따르므로 여섯 번째 심볼은 (2,1)(-1)이다. 그 다음에는 모두 0이므로 종료 심볼 (0,0)이 뒤따르게 된다. 이와 같이 구한 전체 심볼은 다음과 같다.

(2)(-3), (1,2)(-2), (0,1)(-1), (0,1)(-1), (0,1)(-1), (2,1)(-1), (0,0)

심볼을 구한 다음에는 각 심볼에 코드값을 할당하여 부호화해야 한다. JPEG에서는 심볼에 어떤 코드값을 할당하라고 정해준 것은 없다. 허프만 코딩 방법을 이용하여 영상 전체에 대해서 심볼들의 빈도수를 조사하여 코드를 할당하는 방법을 사용할 수 있다. 이 방법은 각 영상마다 심볼의 빈도수를 측정해야 하는 번거로움이 있으므로, 실험을 통하여 일반적으로 적용할 수 있는 코드값을 구한 다음에, 모든 영상에 같은 코드값을 사용할 수도 있다. 여기에서는 일반적으로 사용되는 코드값의 예를 소개하기로 한다. 먼저 DC 값의 심볼-1에 대한 코드 예가 표 7-6에 나타나 있다. 그림 7-7 영상에 대한 심볼에서는 DC 값에 대한 심볼-1이 (2)인데 이에 대한 코드는 표 7-6(a)에서 011로 되어 있다.

<표 7-6> 심볼-1에 대한 코드

심볼-1	코드
0	00
1	010
2	011
3	100
4	101
5	110
6	1110
7	11110
8	111110
9	1111110
10	11111110
11	111111110

(a) 밝기(Y) 성분에 대한 코드

심볼-1	코드
0	00
1	01
2	10
3	110
4	1110
5	11110
6	111110
7	1111110
8	11111110
9	111111110
10	1111111110
11	11111111110

(b) 색도(Cb, Cr) 성분에 대한 코드

밝기 성분에 대한 AC 값의 심볼-1에 대한 코드 예가 표 7-7에 나타나 있다. 색도 성분에 대한 AC 값의 심볼-1에 대한 코드 예는 표 7-8에 나타나 있다. 그림 7-7 영상의 AC 값에 대한 심볼-1들의 코드는 표 7-7에 의하여 다음과 같이 정해진다.

심볼-1	코드
(1,2)	11011
(0,1)	00
(2,1)	11100
(0,0)	1010

<표 7-7> 밝기(Y) 성분 AC 값의 심볼-1에 대한 코드 예

심볼-1	코드	심볼-1	코드	심볼-1	코드	심볼-1	코드
(0,0)	1010					(12,1)	1111111010
(0,1)	00	(4,1)	111011	(8,1)	111111000	(12,2)	1111111111011011
(0,2)	01	(4,2)	1111111000	(8,2)	111111111000000	(12,3)	1111111111011010
(0,3)	100	(4,3)	1111111110010110	(8,3)	1111111110110110	(12,4)	1111111111011011
(0,4)	1011	(4,4)	1111111110010111	(8,4)	1111111110110111	(12,5)	1111111111011100
(0,5)	11010	(4,5)	1111111110011000	(8,5)	1111111110111000	(12,6)	1111111111011101
(0,6)	1111000	(4,6)	1111111110011001	(8,6)	1111111110111001	(12,7)	1111111111011110
(0,7)	11111000	(4,7)	1111111110011010	(8,7)	1111111110111010	(12,8)	1111111111011111
(0,8)	1111110110	(4,8)	1111111110011011	(8,8)	1111111110111011	(12,9)	1111111111100000
(0,9)	1111111110000010	(4,9)	1111111110011100	(8,9)	1111111110111100	(12,10)	1111111111100001
(0,10)	1111111110000011	(4,10)	1111111110011101	(8,10)	1111111110111101	(13,1)	11111111000
(1,1)	1100	(5,1)	1111010	(9,1)	111111001	(13,2)	1111111111100010
(1,2)	11011	(5,2)	11111110111	(9,2)	1111111110111110	(13,3)	1111111111100011
(1,3)	1111001	(5,3)	1111111110011110	(9,3)	1111111110111111	(13,4)	1111111111100100
(1,4)	111110110	(5,4)	1111111110111111	(9,4)	1111111111000000	(13,5)	1111111111100101
(1,5)	1111110110	(5,5)	1111111110100000	(9,5)	1111111111000001	(13,6)	1111111111100110
(1,6)	1111111110000100	(5,6)	1111111110100001	(9,6)	1111111111000010	(13,7)	1111111111100111
(1,7)	1111111110000101	(5,7)	1111111110100010	(9,7)	1111111111000011	(13,8)	1111111111101000
(1,8)	1111111110000110	(5,8)	1111111110100011	(9,8)	1111111111000100	(13,9)	1111111111101001
(1,9)	1111111110000111	(5,9)	1111111110100100	(9,9)	1111111111000101	(13,10)	1111111111101010
(1,10)	1111111110001000	(5,10)	1111111110100101	(9,10)	1111111111000110	(14,1)	1111111111101011
(2,1)	11100	(6,1)	1111011	(10,1)	111111010	(14,2)	1111111111101100
(2,2)	11111001	(6,2)	111111110100	(10,2)	1111111111000111	(14,3)	1111111111101101
(2,3)	1111110111	(6,3)	1111111110100110	(10,3)	1111111111001000	(14,4)	1111111111101110
(2,4)	111111110110	(6,4)	1111111110100111	(10,4)	1111111111001001	(14,5)	1111111111101111
(2,5)	1111111110001001	(6,5)	1111111110101000	(10,5)	1111111111001010	(14,6)	1111111111110000
(2,6)	1111111110001010	(6,6)	1111111110101001	(10,6)	1111111111001011	(14,7)	1111111111110001
(2,7)	1111111110001011	(6,7)	1111111110101010	(10,7)	1111111111001100	(14,8)	1111111111110010
(2,8)	1111111110001100	(6,8)	1111111110101011	(10,8)	1111111111001101	(14,9)	1111111111110011
(2,9)	1111111110001101	(6,9)	1111111110101100	(10,9)	1111111111001110	(14,10)	1111111111110100
(2,10)	1111111110001110	(6,10)	1111111110101101	(10,10)	1111111111001111	(15,0)	11111111001
(3,1)	111010	(7,1)	11111010	(11,1)	1111111001	(15,1)	1111111111110101
(3,2)	111110111	(7,2)	111111110111	(11,2)	1111111111010000	(15,2)	1111111111110110
(3,3)	11111110101	(7,3)	1111111110101110	(11,3)	1111111111010001	(15,3)	1111111111110111
(3,4)	111111110110	(7,4)	1111111110101111	(11,4)	1111111111010010	(15,4)	1111111111111000
(3,5)	1111111110001111	(7,5)	1111111110110000	(11,5)	1111111111010011	(15,5)	1111111111111001
(3,6)	1111111110010000	(3,6)	1111111110110001	(11,6)	1111111111010100	(15,6)	1111111111111010
(3,7)	1111111110010010	(7,7)	1111111110110010	(11,7)	1111111111010101	(15,7)	1111111111111011
(3,8)	1111111110010011	(7,8)	1111111110110011	(11,8)	1111111111010110	(15,8)	1111111111111100
(3,9)	1111111110010100	(7,9)	1111111110110100	(11,9)	1111111111010111	(15,9)	1111111111111101
(3,10)	1111111110010101	(7,10)	1111111110110101	(11,10)	1111111111011000	(15,10)	1111111111111110

<표 7-8> 색도(Cb, Cr) 성분 AC 값의 심볼-1에 대한 코드 예

심볼-1	코드	심볼-1	코드	심볼-1	코드	심볼-1	코드
(0,0)	00					(12,1)	111111010
(0,1)	01	(4,1)	111010	(8,1)	11111001	(12,2)	1111111111011011
(0,2)	100	(4,2)	111110110	(8,2)	1111111110110111	(12,3)	1111111111011100
(0,3)	1010	(4,3)	1111111110010111	(8,3)	1111111110111000	(12,4)	1111111111011101
(0,4)	11000	(4,4)	1111111110011000	(8,4)	1111111110111001	(12,5)	1111111111011110
(0,5)	11001	(4,5)	1111111110011001	(8,5)	1111111110111010	(12,6)	1111111111011111
(0,6)	111000	(4,6)	1111111110011010	(8,6)	1111111110111011	(12,7)	1111111111100000
(0,7)	1111000	(4,7)	1111111110011011	(8,7)	1111111110111100	(12,8)	1111111111100001
(0,8)	111110100	(4,8)	1111111110011100	(8,8)	1111111110111101	(12,9)	1111111111100010
(0,9)	1111110110	(4,9)	1111111110011101	(8,9)	1111111110111110	(12,10)	1111111111100011
(0,10)	111111110100	(4,10)	1111111110011110	(8,10)	1111111110111111	(13,1)	11111111001
(1,1)	1011	(5,1)	111011	(9,1)	111110111	(13,2)	1111111111100100
(1,2)	11101	(5,2)	1111111001	(9,2)	1111111111000000	(13,3)	1111111111100101
(1,3)	11110110	(5,3)	1111111110011111	(9,3)	1111111111000001	(13,4)	1111111111100110
(1,4)	111110101	(5,4)	1111111110100000	(9,4)	1111111111000010	(13,5)	1111111111100111
(1,5)	1111110110	(5,5)	1111111110100001	(9,5)	1111111111000011	(13,6)	1111111111101000
(1,6)	11111110101	(5,6)	1111111110100010	(9,6)	1111111111000100	(13,7)	1111111111101001
(1,7)	111111111001000	(5,7)	1111111110100011	(9,7)	1111111111000101	(13,8)	1111111111101010
(1,8)	111111111001001	(5,8)	1111111110100100	(9,8)	1111111111000110	(13,9)	1111111111101011
(1,9)	111111111001010	(5,9)	1111111110100101	(9,9)	1111111111000111	(13,10)	1111111111101100
(1,10)	111111111001011	(5,10)	1111111110100110	(9,10)	1111111111001000	(14,1)	11111111100000
(2,1)	11010	(6,1)	1111001	(10,1)	111111000	(14,2)	1111111111101101
(2,2)	11110111	(6,2)	11111110111	(10,2)	1111111111001001	(14,3)	1111111111101110
(2,3)	1111110111	(6,3)	1111111110100111	(10,3)	1111111111001010	(14,4)	1111111111101111
(2,4)	111111110110	(6,4)	1111111110101000	(10,4)	1111111111001011	(14,5)	1111111111110000
(2,5)	111111111000010	(6,5)	1111111110101001	(10,5)	1111111111001100	(14,6)	1111111111110001
(2,6)	1111111110001100	(6,6)	1111111110101010	(10,6)	1111111111001101	(14,7)	1111111111110010
(2,7)	1111111110001101	(6,7)	1111111110101011	(10,7)	1111111111001110	(14,8)	1111111111110011
(2,8)	1111111110001110	(6,8)	1111111110101100	(10,8)	1111111111001111	(14,9)	1111111111110100
(2,9)	1111111110001111	(6,9)	1111111110101101	(10,9)	1111111111010000	(14,10)	1111111111110101
(2,10)	1111111110010000	(6,10)	1111111110101110	(10,10)	1111111111010001	(15.,0)	1111111010
(3,1)	11011	(7,1)	1111010	(11,1)	111111001	(15,1)	111111111000011
(3,2)	11111000	(7,2)	11111111000	(11,2)	1111111111010010	(15,2)	1111111111110110
(3,3)	1111111000	(7,3)	1111111110101111	(11,3)	1111111111010011	(15,3)	1111111111110111
(3,4)	111111110111	(7,4)	1111111110110000	(11,4)	1111111111010100	(15,4)	1111111111111000
(3,5)	1111111110010001	(7,5)	1111111110110001	(11,5)	1111111111010101	(15,5)	1111111111111001
(3,6)	1111111110010010	(3,6)	1111111110110010	(11,6)	1111111111010110	(15,6)	1111111111111010
(3,7)	1111111110010011	(7,7)	1111111110110011	(11,7)	1111111111010111	(15,7)	1111111111111011
(3,8)	1111111110010100	(7,8)	1111111110110100	(11,8)	1111111111011000	(15,8)	1111111111111100
(3,9)	1111111110010101	(7,9)	1111111110110101	(11,9)	1111111111011001	(15,9)	1111111111111101
(3,10)	1111111110010110	(7,10)	1111111110110110	(11,10)	1111111111011010	(15,10)	1111111111111110

DC와 AC 계수에 대한 심볼-2는 -1023에서 1023 사이의 값을 가질 수 있으며, 이들은 표 7-5에 나타나 있는 것과 같이 그룹을 지어서 코드를 부여한다. 심볼-2 중에서 -31에서 31 사이의 값에 대한 코드가 표 7-9에 나타나 있다.

<표 7-9> 심볼-2에 대한 코드 예

심볼-2	코드	심볼-2	코드
-1	0	-31	00000
1	1	-30	00001
-3	00	-29	00010
-2	01	-28	00011
2	10	-27	00100
3	11	-26	00101
-7	000	-25	00110
-6	001	-24	00111
-5	010	-23	01000
-4	011	-22	01001
4	100	-21	01010
5	101	-20	01011
6	110	-19	01100
7	111	-18	01101
-15	0000	-17	01110
-14	0001	-16	01111
-13	0010	16	10000
-12	0011	17	10001
-11	0100	18	10010
-10	0101	19	10011
-9	0110	20	10100
-8	0111	21	10101
8	1000	22	10110
9	1001	23	10111
10	1010	24	11000
11	1011	25	11001
12	1100	26	11010
13	1101	27	11011
14	1110	28	11100
15	1111	29	11101
		30	11110
		31	11111

앞에서 설명한 방법에 의하여 그림 7-7 영상의 심볼에 대한 코드값은 다음과 같이 구해진다. 전체 비트수는 31비트인데, 이 코드에 의해 64개의 DCT 계수가 부호화되므로 한 계수에 0.5비트밖에 사용되지 않았음을 알 수 있다.

심볼 : (2) (-3), (1,2) (-2), (0,1) (-1), (0,1) (-1), (0,1) (-1), (2,1) (-1), (0,0)
코드 : 011 00 11011 01 00 0 00 0 00 0 11100 0 1010

위와 같이 압축된 코드값을 이용하여 원래 영상을 복원하기 위해서는 압축 과정을 역순으로 수행하면 된다. 즉, 코드값으로부터 원래의 심볼을 구하고 심볼들로부터 원래의 양자화 계수값을 구한 다음에 그리고 역 양자화를 수행한다. 역 양자화는 단순히 양자화 계수를 곱하면 된다. 양자화 계수는 압축에 사용했던 계수와 동일한 계수를 사용한다. 그림 7-7 영상에 대한 코드값으로부터 복원되고 역 양자화된 DCT 계수값은 그림 7-12와 같다.

240	0	-10	0	0	0	0	0
-24	-12	0	0	0	0	0	0
-14	-13	0	0	0	0	0	0
0	0	0	0	0	0	0	0
0	0	0	0	0	0	0	0
0	0	0	0	0	0	0	0
0	0	0	0	0	0	0	0
0	0	0	0	0	0	0	0

[그림 7-12] 그림 7-7 영상에 대해 복원된 DCT 계수값

그 다음에는 역방향 DCT를 적용한다. 그림 7-12에 나타나 있는 DCT 계수값에 대해 역방향 DCT를 적용한 결과가 그림 7-13에 나타나 있다. 복원된 영상의 픽셀값과 그림 7-7에 나타나 있는 원래 영상의 픽셀값을 비교해 보면 두 영상이 큰 차이 없이 아주 유사하다는 것을 알 수 있다.

144	146	149	152	154	156	156	156
155	156	152	154	156	156	156	156
155	156	157	158	158	157	157	155
160	161	161	162	161	159	159	155
163	163	164	163	162	160	160	156
163	164	164	164	162	160	160	157
160	161	162	162	162	161	161	158
158	159	161	161	162	161	161	158

[그림 7-13] 복원된 영상

그림 7-14에는 흑백 영상에 대해 JPEG 압축을 수행한 예가 나타나 있다. 그림 7-14(a)에는 원래 영상이 나타나 있는데, 영상의 크기가 88K 바이트이다. 그림 7-14(b)에는 높은 Q 값을 이용하여 압축한 영상이 나타나 있는데, 영상의 크기는 15K 바이트로 압축률이 5.8이다. 그림 7-14(c)에는 낮은 Q값을 이용하여 압축한 영상이 나타나 있는데, 영상의 크기가 6K 바이트이고 압축률이 14.7이다. 영상 (a)와 (b)는 거의 차이가 없어 보이고 영상 (c)는 약간의 손실이 나타나고 있다.

(a) 원영상(88KB) (b) 높은 Q값으로 압축된 영상(15KB) (c) 낮은 Q값으로 압축된 영상(6KB)

[그림 7-14] JPEG 압축 예

7.7.6 JPEG 형식 부호화 프로그램 구현

(1) JPEG 파일 구조

앞 절에서 설명한 가장 기본적인 순차 모드의 JPEG 부호화 방법을 바탕으로 프로그램을 구현해 보도록 하자. 프로그램 구현을 위해서는 JPEG 부호화 방법과 더불어 JPEG 파일의 구조를 알아야 하는데, 그림 7-14에는 기본적인 JPEG 파일의 구조가 나타나 있다. 파일의 처음과 끝에는 이미지의 처음과 끝을 알리는 표시자가 저장된다. SOI(Start Of Image) 표시자는 파일의 맨 처음에 위치하며 JPEG 형식의 이미지라는 것을 나타낸다. 이 표시자는 크기가 2바이트이며 "FFD8"의 값을 가진다. EOI(End Of Image) 표시자는 파일의 맨 끝에 위치하며 JPEG 이미지의 끝임을 나타낸다. 크기는 2바이트이고 "FFD9"의 값을 갖는다.

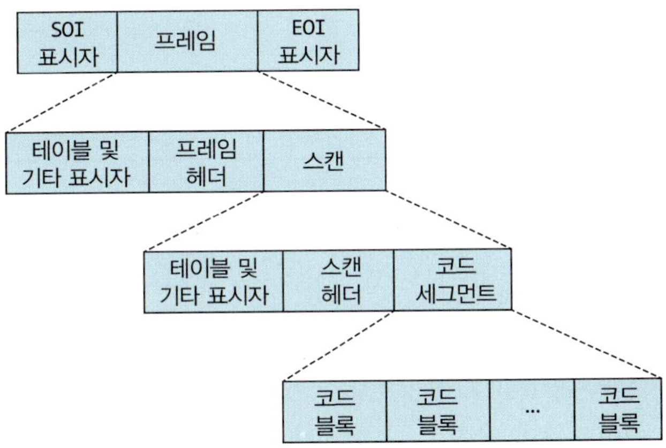

[그림 7-15] JPEG 파일의 구조

SOI 표시자와 EOI 표시자 사이에는 프레임이 위치하는데, 프레임에는 이미지 정보가 저장된다. 프레임의 시작 부분에는 양자화 테이블, 허프만 테이블 등의 테이블과 기타 정보가 저장되고 프레임 헤더가 저장된다. 프레임 헤더 다음에는 스캔 정보가 저장되는데, 스캔 정보는 테이블과 스캔 헤더 그리고 부호화된 코드로 구성된다. 테이블과 헤더의 맨 앞에는 2바이트의 표시자가 위치하여 테이블이나 헤더의 종류를 구분해준다. 테이블이나 헤더 종류를 나타내는 표시자 이외에도 많은 종류의 표시자가 존재하는데, 표 7-10에는 많이 사용되는 표시자들이 나타나 있다.

<표 7-10> JPEG 표시자 예

표시자값	표시자 코드	내용
FFD8	SOI(Start Of Image)	이미지 시작
FFD9	EOI(End Of Image)	이미지 끝
FFDA	SOS(Start Of Scan)	스캔 헤더 시작
FFDB	DQT(Define Quantization Table)	양자화 테이블 정의
FFC4	DHT(Define Huffman Table)	허프만 테이블 정의
FFC0	SOF0(Start Of Frame 0)	기본적인 JPEG 프레임 시작
FFC1	SOF1(Start Of Frame 1)	계층적 JPEG 프레임 시작
FFC2	SOF2(Start Of Frame 2)	점진적 JPEG 프레임 시작
FFC3	SOF3(Start Of Frame 3)	무손실 JPEG 프레임 시작
FFFE	COM(comment)	설명문
FFF0 - FFFD	JPG	JPEG 확장을 위해 예약된 영역

(2) 양자화 테이블

JPEG 파일에는 부호화에 사용된 양자화 테이블들을 저장하여 복원 시에 이를 읽어들어 사용하도록 하고 있다. 양자화 테이블의 구조가 그림 7-16에 나타나 있다. 양자화 테이블들의 앞에는 양자화 테이블의 시작을 나타내는 DQT 표시자 "FFDB"가 위치한다. 이 표시자 다음에 오는 두 바이트는 양자화 테이블 영역의 크기를 나타낸다. 크기를 나타내는 두 바이트 다음에 오는 한 바이트의 값은 정밀도와 테이블 번호를 나타낸다. 상위 4비트는 정밀도를 나타내고 하위 4비트는 테이블 번호를 나타낸다. 정밀도는 0이나 1의 값을 가지는데, 0은 8비트를 1은 16비트를 나타낸다. 기본적인 JPEG의 경우에 정밀도는 0의 값을 가진다. 이 바이트 다음에는 양자화값이 64바이트에 걸쳐서 나타난다. 이때 64바이트의 값은 지그재그 순서로 저장된다. 기본적인 JPEG에서는 표 7-3에 나타나 있는 밝기 성분에 대한 양자화 테이블과 표 7-4에 나타나 있는 색도 성분에 대한 양자화 테이블

두 가지가 있으므로 이들 두 테이블을 저장하면 된다.

DQT 표시자	테이블 크기	정밀도	테이브 번호	양자화 테이블	정밀도	테이브 번호	양자화 테이블

[그림 7-16] 양자화 테이블 구조

(3) 허프만 테이블

허프만 테이블의 구조가 그림 7-17에 나타나 있다. 허프만 테이블들의 앞에는 테이블의 시작을 나타내는 DHT 표시자 "FFC4"가 위치한다. 그 다음의 두 바이트는 테이블들을 포함하는 영역의 크기를 나타낸다. 그 다음의 한 바이트는 테이블 번호를 나타낸다. 테이블 번호 다음에는 허프만 코드 길이별 빈도수가 저장되고 그 다음에 심볼값들이 저장된다.

DHT 표시자	테이블 크기	테이브 번호	허프만 코드 길이별 빈도수	심볼	...	테이브 번호	허프만 코드 길이별 빈도수	심볼

[그림 7-17] 허프만 테이블 구조

기본적인 JPEG에서는 모두 4개의 테이블이 사용된다. 2개의 테이블은 DC 값의 밝기 성분에 대한 테이블과 색도 성분에 대한 테이블로서 표 7-6에 나타나 있다. 나머지 2개의 테이블은 AC 값의 밝기 성분에 대한 테이블과 색도 성분에 대한 테이블인데 표 7-7과 표 7-8에 각각 나타나 있다. 테이블 번호값은 0x0F보다 크면 AC 테이블을 나타내고 그렇지 않으면 DC 테이블을 나타낸다. 테이블 번호 다음에 나타나는 코드 정보는 표 7-6, 표 7-7, 표 7-8에 나타나 있는 코드값을 그대로 저장하는 것이 아니라 코드 길이별로 몇 개의 코드가 존재하는지를 저장한다. JPEG의 허프만 코드에서 가장 긴 코드의 길이는 16이므로 1부터 16까지의 코드 길이에 대한 코드수가 16바이트에 걸쳐서 저장된다. 표 7-6(a)에 나타나 있는 허프만 테이블에 대한 코드 길이별 코드 수는 표 7-11과 같다. 따라서 허프만 코드 정보가 16바이트에 걸쳐서 "0, 1, 5, 1, 1, 1, 1, 1, 1, 0, 0, 0, 0, 0, 0, 0"와 같이 저장된다. 각 코드별 길이 정보만 있으면 영상 복원시에 허프만 코드를 생성할 수 있다. 허프만 코드는 0으로 시작한다. 같은 길이의 코드가 있으면 다음 코드는 이전 코드에 1을 더한 값을 갖는다. 코드 길이가 다르게 되면 다음 코드는 이전 코드에 1을 더한 다음에 두 코드 길이 차이만큼 2를 곱하면 된다. 표 7-6(a)에서는 첫 번째 코드는 길이가 2이고 한 개이므로 이 코드는 0의 값을 갖는다. 그 다음 코드는 길이가 3이므로 이전 코드 0에 1을 더한 다음에 2를 곱하여 2의 값을 갖게 된다. 그 다음에는 같은 길이 코드가 4개 더 있으므로 코드는 연속해서 3, 4, 5, 6의 값을 갖게 된다. 그 다음에는 코드 길이가 달라지므로 6에 1을 더한 다음에 2를 곱하면 14가 된다. 같은 방식으로 코드를 구하면 30, 62, 126, 254, 510이 된다. 이렇게 구한 코드값은 표 7-6(a)의 허프만 코드와 일치한다.

<표 7-11> 표 7-6(a)의 허프만 테이블에 대한 코드 길이별 코드수

코드 길이	개수
1	0
2	1
3	5
4	1
5	1
6	1
7	1
8	1
9	1
10	0
11	0
12	0
13	0
14	0
15	0
16	0

허프만 코드 길이별 빈도수 다음에는 각 코드에 대한 심볼이 저장되는데, 코드 수만큼 심볼이 저장되고 이 숫자는 이전의 16바이트에 저장된 빈도수의 합과 같

게 된다. 심볼의 저장 방법은 DC 성분과 AC 성분이 서로 다른데, DC 성분의 경우에는 심볼값이 하나의 숫자로 구성되므로 심볼이 한 바이트에 그대로 저장된다. AC 성분의 경우에는 심볼이 두 값의 쌍으로 구성되고 각 값의 범위는 0에서 15까지이다. 따라서 AC 성분의 심볼은 한 바이트에 저장되는데 상위 4비트에는 심볼의 첫 번째 값을, 하위 4비트에는 두 번째 값을 저장한다.

(4) 프레임 헤더

프레임에는 양자화 테이블, 허프만 테이블과 함께 그림 7-18과 같은 구조의 프레임 헤더가 저장된다. 프레임 헤더 앞에는 프레임 헤더의 시작을 나타내는 SOF 표시자가 위치한다. 이 표시자는 JPEG 종류에 따라서 달라지는데, 기본적인 JPEG는 "FFC0", 점진적 모드의 JPEG는 "FFC2", 무손실 모드는 "FFC3"이다. 그 다음 두 바이트는 프레임 헤더의 길이를 나타내는데, 이 길이는 프레임 헤더의 길이를 나타내는 두 바이트까지 포함한 길이임에 유의하자. 그 다음 한 바이트는 샘플링 정밀도를 나타내는데, 기본적인 JPEG에서는 이 값이 보통 8이다. 그 다음의 두 바이트는 이미지의 높이를 나타내고 그 다음의 두 바이트는 이미지의 넓이를 나타낸다. 그 다음의 한 바이트는 이미지의 채널(컴포넌트) 수를 나타낸다. 기본적인 JPEG 이미지에서 컬러 이미지는 이 값이 3이고 흑백 이미지는 이 값이 1이 된다. 그 다음에는 3바이트의 데이터가 컴포넌트 수만큼 반복된다. 3바이트 중에서 첫 번째 바이트는 컴포넌트 번호를 나타내고 두 번째 바이트는 수평 방향과 수직 방향의 샘플링 비율을 나타낸다. 이 바이트의 상위 4비트는 수평 방향의 샘플링 비율을 하위 4비트는 수직 방향의 샘플링 비율을 나타낸다. 세 번째 바이트는 양자화 테이블의 번호를 나타낸다. 두 번째 바이트의 수평 방향과 수직 방향의 샘플링 비율은 이미지의 최종 크기에 영향을 미친다. 만약에 JPEG의 기본 컬러 모델인 YCbCr에서 Y 컴포넌트에 대한 수평 방향과 수직 방향 샘플링 비율을 모두 2로 설정하고 Cb와 Cr 컴포넌트에 대한 샘플링 비율은 수평 방향과 수직 방향을 각각 1로 설정하면, Y 컴포넌트가 다른 컴포넌트보다 샘플링을 2배로 하고 결과적으로 해상도가 더 높다는 것을 의미하게 된다. 그리고 부호화시에 Cb, Cr 컴포넌트를 Y 컴포넌트보다 4배 작게 축소해 저장하고 복원할 때에 4배 확대해 주어야 Y 컴포넌트와 해상도가 동일하게 된다.

SOF 표시자	헤더 길이	샘플링 정밀도	영상 높이	영상 넓이	컴포넌트 수	컴포넌트 번호	수평 샘플링 비율	수직 샘플링 비율	양자화 테이블 번호	...

[그림 7-18] 프레임 헤더의 구조

(5) 스캔 헤더

테이블과 프레임 헤더 다음에는 스캔이 저장된다. 스캔에는 스캔 헤더와 함께 이미지의 픽셀값들이 부호화되어 저장된다. 스캔 헤더의 구조가 그림 7-19에 나타나 있다. 스캔 헤더는 "FFDA" 값을 가지는 SOF 표시자로 시작한다. 그 다음의 두 바이트는 헤더의 길이를 나타낸다. 그 다음에 오는 한 바이트는 컴포넌트 수를 나타낸다. 그 다음에는 컴포넌트 수만큼 컴포넌트에 대한 DC 값과 AC 값에 대한 허프만 테이블 정보가 반복된다. 이 정보는 한 바이트의 컴포넌트 번호로 시작한다. 그 다음에 오는 한 바이트는 DC 값과 AC 값에 대한 허프만 테이블의 번호를 나타낸다. 이 바이트의 상위 4비트는 DC 값에 대한 허프만 테이블의 번호를 하위 4비트는 AC 값에 대한 허프만 테이블의 번호를 나타낸다. 그 다음에 3바이트가 더 저장되는데, 이들의 값은 기본적인 JPEG에서는 사용되지 않는다.

SOS 표시자	헤더 길이	컴포넌트 수	컴포넌트 번호	허프만 테이블 번호	...	바이트 1	바이트 2	바이트 3

[그림 7-19] 스캔 헤더 구조

(6) 코드 세그먼트

스캔 헤더 다음에는 코드 세그먼트가 저장되는데, 코드 세그먼트는 코드 블록들의 집합으로 구성된다. 하나의 코드 블록은 8×8 크기로 분할된 영상에 대해 부호화된 코드를 포함한다. 블록의 저장 순서는 영상의 좌측 상단에서 먼저 우측 방향으로 저장되고 한 행이 다 저장되면 다음 행이 저장되는 방식을 사용한다.

(7) 프로그램 구현

이제 JPEG 부호화를 수행하여 파일을 생성하는 프로그램을 구현해 보도록 하자.

1) 프로그램 순서

1. 영상을 8×8 블록으로 나누고 각 블록을 변환하며 압축은 블록단위로 이루어진다.
2. 주어진 블록에 대하여, 해당 값들은 각 값에서 128을 빼서 시프트된다.
3. DCT는 이 시프트 블록에서 적용된다.
4. DCT 값들을 정규화 매트릭스 Q로 나누어서 정규화된다. 이 정규화 값들은 해당 블록 내 대부분의 요소들이 0이 되어서 압축이 된다.
5. 이 매트릭스는 지그재그 순서로 왼쪽 위에서 모두 0이 아닌 값들을 벡터로 간주한다.
6. 각 벡터의 첫째 계수는 각 벡터에서 가장 큰 값이고, 이는 DC계수이며, 각 값과 이전 블록에서의 값의 차이를 리스트에 의해 부호화된다. 이것은 모든 값은 작은 값을 유지한다.
7. 이들 값은 런 길이 부호(RLE)를 이용하여 다시 압축한다.
8. 모든 나머지 값은 허프만 부호화를 이용하여 압축한다.

2) 영상 압축 함수 프로그램

```
function out=jpg_in(x,n)
q=[16 11 10 16 24 40 51 61;...
   12 12 14 19 26 58 60 55;...
   14 13 16 24 40 57 69 56;...
   14 17 22 29 51 87 80 62;...
   18 22 37 56 68 109 103 77;...
   24 35 55 64 81 104 113 92;...
   49 64 78 87 103 121 120 101;...
   72 92 95 98 112 100 103 999];

bd= dct2(double(x)-128);

out=round(bd./(q*n));
```

3) 영상 복원 함수 프로그램

```
function out=jpg_out(x,n)

q=[16 11 10 16 24 40 51 61;...
   12 12 14 19 26 58 60 55;...
   14 13 16 24 40 57 69 56;...
   14 17 22 29 51 87 80 62;...
   18 22 37 56 68 109 103 77;...
   24 35 55 64 81 104 113 92;...
   49 64 78 87 103 121 120 101;...
   72 92 95 98 112 100 103 999];

out = round(idct2(x.*q*n)+128);
```

4) 영상 압축 및 복원 프로그램

```
clear all, clc; close all;
c=imread('cameraman.tif');
cj1=blkproc(c,[8,8],'jpg_in',1); % 압축
c1=uint8(blkproc(cj1,[8,8],'jpg_out',1));% 복원
imshowpair(c,c1,'montage')
```

[그림 7-20] 영상 압축 결과

[그림 7-21] 영상 압축 후 복원 영상 결과

[그림 7-22] 원본 영상과 영상 압축 후 복원 영상과의 차이 영상

연 습 문 제

01 카메라 입력 영상을 컬러에서 흑백 영상으로 변환하여 출력하는 프로그램을 작성하라.

02 카메라 영상에 대한 산술 덧셈 연산과 산술 뺄셈 연산을 구현하는 프로그램을 작성하라.

03 카메라 영상에 대하여 영상 흐리게 하기 연산과 영상 선명화 연산을 구현하는 프로그램을 작성하라.

04 카메라 영상에 대하여 확대 연산과 축소 연산을 구현하는 프로그램을 작성하라.

05 카메라 영상에 대하여 중간값 필터를 적용하여 화면에 출력하는 프로그램을 작성하라. 중간값 필터를 적용하여 영상을 출력하는 경우와 입력 영상을 그대로 출력하는 경우에 영상에 어떤 차이가 있는지 살펴보라.

06 다음의 문자열 데이터를 런 길이 부호화 방법을 이용하여 압축하라.

AABBBBBB CCCCCCCD

07 다음의 16진수 값들을 PCX 형식으로 압축하라.

D1 F2 C3 F4 F4 F4 F4 A1 B2 AA AA AA AA

08 다음의 문자열 데이터에 대해서 각 문자에 대한 허프만 코드를 구하는 과정을 보이고 최종 코드값을 구하라.

```
AABBBBBB CCCCCCCD
```

09 JPEG 압축은 어떤 원리에 의해서 높은 압축률을 얻을 수 있었는지 설명하라.

10 만화와 같은 정지 영상에 널리 사용되는 GIF 형식에서는 어떤 방법으로 영상을 압축하는지 조사하라.

11 본문에서는 가장 단순한 JPEG 파일 형식에 대해서 살펴보았다. 일반적인 JPEG 파일 형식에 대하여 조사하라.

12 JPEG2000과 MJEPG 형식에 대해서 조사하고 JPEG와의 차이점에 대하여 설명하라.

13 본문의 실습에서는 JPEG 압축 알고리즘을 구현하는 프로그램을 작성하였다. JPEG 형식으로 압축된 영상 파일을 읽어서 해독하는 프로그램을 작성하라.

14 동영상 압축 방법에는 MPEG-1, MPEG-2, MPEG-4, MPEG-7이 있다. 각각의 형식에 대하여 간략하게 조사하고 비교 · 설명하라.

CHAPTER

08

주파수 영역에서의 처리

CHAPTER

08 주파수 영역에서의 처리

앞에서는 2차원 공간 영역에서의 영상처리 방법을 살펴보았는데, 공간 영역의 문제를 주파수 영역의 문제로 바꾸어 생각할 수 있다. 주파수 영역에서의 주파수는 공간 영역에서의 영상의 밝기나 색도의 변화 정도를 나타낸다. 예를 들어, 주파수가 높다는 것은 밝기나 색도의 변화가 많다는 것이고, 주파수가 낮다는 것은 밝기나 색도의 변화가 적다는 것을 의미한다. 주파수 영역에서는 저주파와 고주파 성분을 쉽게 분리하고 일정 주파수 영역을 조작함으로써 원영상의 개선에 영향을 미칠 수 있다. 예를 들어, 고주파 성분을 제거하면 영상이 부드럽게 바뀌고 저주파 성분을 제거하면 경계선이 강조된 영상을 얻을 수 있다. 이 장에서는 영상을 공간 영역과 주파수 영역 사이에서 서로 변환하는 방법을 설명하고 주파수 영역으로 변환한 다음에 영상을 조작하는 방법을 설명한다.

8.1 푸리에 변환

신호를 주파수 영역으로 변환하는 방법에는 여러 가지가 있는데, 그 중에서 가장 널리 알려진 방법이 푸리에(Fourier) 변환이다. 푸리에 변환은 시간 영역에서 주파수 영역으로 변환하는 것인데, 주기성을 가진 모든 신호는 단순한 사인 곡선의 조합으로 표현할 수 있다는 이론에 근거하고 있다.

공간 영역의 2차원 연속 함수 $f(x, y)$에 대한 푸리에 변환을 수학적으로 표현하면 다음과 같다.

$$F(u, v) = \int_{-\infty}^{\infty} \int_{-\infty}^{\infty} f(x, y) e^{-j2\pi(ux + vy)} dxdy$$

여기에서, $j = \sqrt{-1}$ 이고 $e^{\pm jx} = \cos(x) \pm j\sin(x)$ 이다. 주파수 영역에서 다시 공간 영역으로 되돌리는 푸리에 역변환은 다음과 같다.

$$f(x, y) = \int_{-\infty}^{\infty}\int_{-\infty}^{\infty} F(u, v)e^{j2\pi(ux + vy)}dudv$$

앞의 두 식은 주파수 영역에서 영상처리의 기초가 되는 아주 중요한 식이다. 앞의 두 식은 공간 영역과 주파수 영역에서의 연속 함수를 다루기 때문에 연속 푸리에 변환과 연속 푸리에 역변환이라 한다. 연속 푸리에 변환에서는 연속된 신호인 아날로그 신호를 다루고 있는데, 컴퓨터에서는 아날로그 신호를 다루지 않고 표본화된 디지털 신호를 다루기 때문에 위의 연속 푸리에 변환을 그대로 사용하기가 어렵다. 또한 앞의 두 식에서는 무한대의 범위를 영역으로 사용하고 있는데, 수학적으로는 무한대의 범위를 처리하는 데 문제가 없지만 실제로 컴퓨터에서 이를 처리하기란 불가능하고 유한한 범위에서만 처리가 가능하다. 이와 같이 컴퓨터에서는 연속 신호를 처리하기가 어려우므로 연속 신호를 이산적인 신호로 디지털화한다.

따라서 디지털 영상과 같이 이산 데이터를 다루는 푸리에 변환을 이산 푸리에 변환(DFT: Discrete Fourier Transform)이라 한다.

$M \times N$ 크기의 영상에 대한 2차원 이산 푸리에 변환식은 다음과 같다.

$$F(u, v) = \sum_{x=0}^{M-1}\sum_{y=0}^{N-1} f(x, y)e^{-j2\pi\left(\frac{ux}{M} + \frac{vy}{N}\right)}$$

공간 영역으로의 2차원 이산 푸리에 역변환(IDFT : Inverse Discrete Fourier Transform) 식은 다음과 같다.

$$f(x, y) = \frac{1}{MN}\sum_{u=0}^{M-1}\sum_{v=0}^{N-1} F(u, v)e^{j2\pi\left(\frac{ux}{M} + \frac{vy}{N}\right)}$$

8.2 고속 푸리에 변환

이산 푸리에 변환식을 영상의 모든 픽셀에 적용하는 데에는 $M^2 \times N^2$번의 연산이 필요하기 때문에 영상의 크기가 큰 경우에는 아주 많은 시간을 필요로 한다. 이러한 문제를 해결하기 위하여 여러 가지 고속 푸리에 변환(FFT: Fast Fourier Transformation) 기법이 개발되었다. 고속 푸리에 변환 중에서 가장 단순한 방법으로 2차원 푸리에 변환을 1차원 푸리에 변환으로 분할하여 적용하는 방법이 있다. 이 방법에서는 영상의 각 행에 대하여 1차원 FFT를 적용한 다음에 계산 결과의 각 열에 대하여 1차원 FFT를 한 번 더 적용한다.

각 행과 열에 적용하는 1차원 FFT 방법에도 여러 가지 방법이 있는데, 그 중에서 개의 데이터에 대한 FFT를 $N/2$개의 데이터에 대한 FFT로 분할하는 방법이 있다. 이러한 분할은 데이터의 개수가 2개가 될 때까지 계속해서 재귀적으로 적용시킬 수 있다. 이와 같이 2개의 데이터에 대한 DFT들의 집합으로 분할해 나감으로써 연산의 복잡도를 $M^2 \times N^2$에서 $\frac{MN}{2}\log_2 MN$으로 줄일 수 있다. 영상의 크기가 1024 × 1024인 경우에 DFT는 $1024^2 \times 1024^2 = (2^{10})^2 \times (2^{10})^2 = 2^{40}$번의 연산을 필요로 하지만 FFT의 경우에는 $\frac{1024 \times 1024}{2}\log_2(1024 \times 1024)$ $\frac{2^{10} \times 2^{10}}{2}\log_2(2^{10} \times 2^{10}) = \frac{2^{20}}{2}\log_2(2^{20}) = 2^{20} \times 10$이 된다. 이와 같이, 연산횟수로만 보면 1024×1024 영상의 경우에는 FFT가 DFT에 비하여 대략 10만 배 정도 빨리 수행된다. 수행 속도가 빨라지는 정도는 영상의 크기에 따라 달라지는데, 256×256 크기의 영상에 대해서는 DFT가 2^{32}번의 연산을 필요로 하고 FFT가 8×2^{16}이 되어 8000배 정도가 빨라진다.

그런데 앞에서 설명한 FFT를 적용하기 위해서는 데이터를 재귀적으로 분할해야 하므로 영상의 크기를 나타내는 M과 N이 각각 2의 지수승이어야 한다. 영상의 크기가 2의 지수승이 아닌 경우에는 먼저 영상을 확대하거나 축소하여 크기를 변경하거나 또는 0을 삽입하여 크기가 2의 지수승이 되도록 해야 한다.

2차원 FFT 알고리즘의 구현을 위하여 먼저 1차원 FFT 알고리즘을 살펴보자. N개의 입력 신호값이 $x(0), x(1), x(2), \cdots, x(N-1)$이라 하고 이에 대한 푸리에 변환 결과값은 $X(0), X(1), X(2), \cdots, X(N-1)$로 나타낸다고 할 때에, 1차원

DFT 변환식은 다음과 같다.

$$X(k) = \sum_{n=0}^{N-1} x(n) e^{-j2\pi\frac{nk}{N}} = \sum_{n=0}^{N-1} x(n)\left(\cos\left(2\pi\frac{nk}{N}\right) - j\sin\left(2\pi\frac{nk}{N}\right)\right)$$

위의 식을 간단히 표현하기 위해 다음과 같이 나타내기로 하자.

$$X(k) = \sum_{n=0}^{N-1} x(n)\, W_N^{nk}, \qquad W_N^{nk} = e^{-j2\pi\frac{nk}{N}}$$

위의 식을 n이 짝수인 항과 홀수인 항으로 분류하면 다음과 같이 나타낼 수 있다.

$$X(k) = \sum_{n=0,2,\cdots}^{N-2} x(n)\, W_N^{nk} + \sum_{n=1,3,\cdots}^{N-1} x(n)\, W_N^{nk}$$

위의 식은 n이 짝수일 때에는 $n=2r$로 하고 n이 홀수일 때는 $n=2r+1$로 나타내면 다음과 같이 변환될 수 있다.

$$\begin{aligned} X(k) &= \sum_{r=0}^{(N/2)-1} x(2r)\, W_N^{2rk} + \sum_{r=0}^{(N/2-1)} x(2r+1)\, W_N^{(2r+1)k} \\ &= \sum_{r=0}^{(N/2)-1} x(2r)(W_N^2)^{rk} + \sum_{r=0}^{(N/2-1)} x(2r+1)\, W_N^{2rk}\, W_N^k \\ &= \sum_{r=0}^{(N/2)-1} x(2r)(W_N^2)^{rk} + W_N^k \sum_{r=0}^{(N/2-1)} x(2r+1)(W_N^2)^{rk} \end{aligned}$$

그런데 $W_N^2 = e^{-j2\pi\frac{2}{N}} = e^{-j2\pi\frac{1}{(N/2)}} = W_{N/2}^1$이므로 위 식은 다음과 같이 변환될 수 있다.

$$\begin{aligned} X(k) &= \sum_{r=0}^{(N/2)-1} x(2r)\, W_{N/2}^{rk} + W_N^k \sum_{r=0}^{(N/2)-1} x(2r+1)\, W_{N/2}^{rk} \\ &= G(k) + W_N^k H(k) \end{aligned}$$

위의 식에서 $X(k)$는 N개의 데이터에 대한 DFT이고 $G(k)$와 $H(k)$는 $N/2$개의 데이터에 대한 DFT이다. 이와 같이 FFT는 N개의 데이터에 대한 DFT를 $N/2$개의 데이터에 대한 DFT로 분할해 나감으로써 계산량을 줄인다. 이해를 돕기 위하여 $N=8$인 경우에 앞의 식을 이용하여 $X(k)$를 구하는 과정의 데이터 흐름을 그림으로 나타내면 그림 8-1과 같다. 예를 들어 8개의 데이터에 대한 DFT 값 $X(0)$는 $G(0)$와 $H(0)$ 값을 이용하여 구했는데, 이들은 각각 4개 데이터에 대한 DFT 값임을 그림에서 확인할 수 있다.

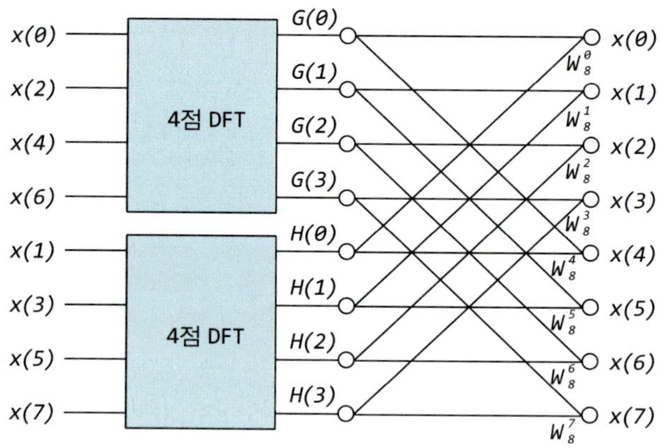

[그림 8-1] N=8인 경우에 1차 분할 후의 데이터 흐름도

그림 8-1에서 4개의 데이터에 대한 DFT는 그림 8-2와 같이 다시 2개의 데이터에 대한 DFT로 분할될 수 있다. 분할할 때에 짝수 번째 데이터와 홀수 번째 데이터를 분리하므로 데이터 순서가 $x(0)$, $x(2)$, $x(4)$, $x(6)$에서 $x(0)$, $x(4)$, $x(2)$, $x(6)$으로 변화되었고 $x(1)$, $x(3)$, $x(5)$, $x(7)$에서 $x(1)$, $x(5)$, $x(3)$, $x(7)$로 변화되었음에 유의하자.

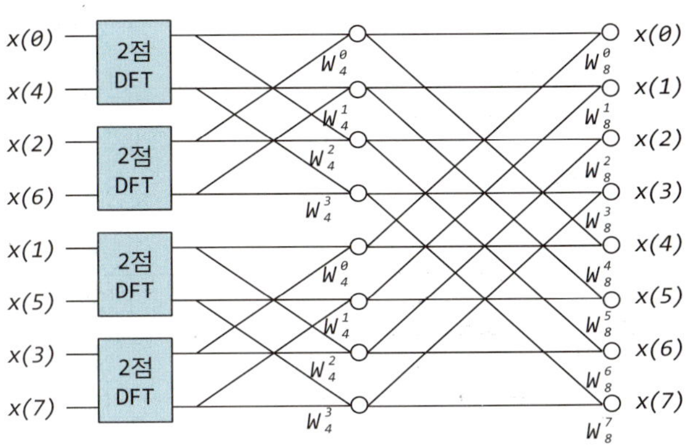

[그림 8-2] N=8인 경우에 2차 분할 후의 데이터 흐름도

2개의 데이터에 대한 DFT의 식은 다음과 같이 계산될 수 있는데, 여기에서 $W_2^0 = e^0 = \cos(0) - j\sin(0) = 1$이다.

$$X(0) = x(0)\,W_2^0 + x(1)\,W_2^0 = x(0) + x(1)$$
$$X(1) = x(0)\,W_2^0 + x(1)\,W_2^1 = x(0) + x(1)\,W_2^1$$

위의 변환 결과를 그림 8-2에 대입하면 $N=8$인 경우에 최종적인 FFT의 데이터 흐름도는 그림 8-3과 같다. 그림 8-3에서 계산량을 살펴보자. 그림과 같이 좌단의 입력에서 우단의 결과값을 생성하기까지는 3단계의 계산 과정을 거쳐야 한다. 그리고 각 단계마다 W_N^k를 곱하는 횟수는 8번이다. 이를 데이터의 개수가 N일 경우로 일반화할 수 있는데, 좌단에서 우단에 도착하는 데에 $\log_2 N$ 단계를 거쳐야 하며 각 단계마다 W_N^k를 곱하는 횟수는 N이어서, 전체적으로 $N\log_2 N$번의 곱셈이 필요하게 된다.

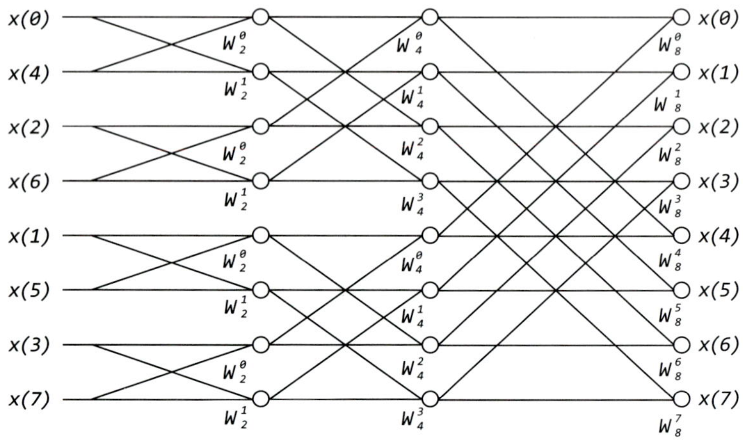

[그림 8-3] N=8인 경우의 FFT 데이터 흐름도

앞에서 설명한 FFT 알고리즘에서는 W_N^k의 곱셈 횟수가 $N\log_2 N$이었는데 이를 반절로 줄일 수 있는 방법을 살펴보자. 그림 8-3을 관찰하면 각 단계의 기본적인 계산 형태가 모두 그림 8-4와 같이 나비 흐름도 모양이라는 것을 알 수 있다.

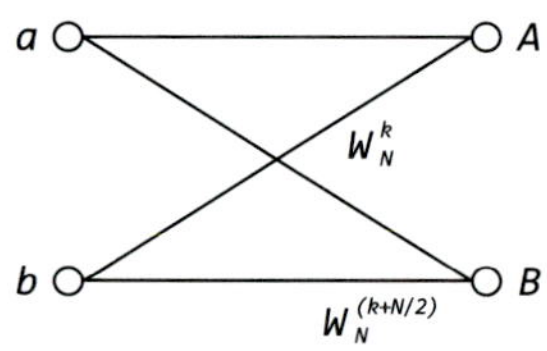

[그림 8-4] 기본적인 나비 흐름도

그림 8-4에서 b로부터 A로 향하는 승수가 W_N^k이고 a에서 B로 향하는 승수가 $W_N^{(k+N/2)}$로 되어 있음에 유의하자. 그림 8-3의 첫 번째 단계에서는 b로부터 A로 향하는 승수가 W_2^0이고 a에서 B로 향하는 승수가 W_2^1인데, $W_2^1 = W_2^{(0+1)}$이므로 그림 8-4의 관계가 만족한다. 두 번째 단계에서는 b로부터 A로 향하는 승수가 W_4^0일 때 a에서 B로 향하는 승수가 W_4^2인데, $W_4^2 = W_4^{(0+2)}$이고 b로부터 A로 향하는 승수가 W_4^1일 때 a에서 B로 향하는 승수가 W_4^3인데, $W_4^3 = W_4^{(1+2)}$이므로 그림 8-4의 관계가 만족한다. 마찬가지로 3단계에서도 b로부터 A로 향하는 승수가 각각 W_8^0, W_8^1, W_8^2, W_8^3일 때 a에서 B로 향하는 승수가 각각 W_8^4, W_8^5,

W_8^6, W_8^7 인데, $W_8^4 = W_8^{(0+4)}$, $W_8^5 = W_8^{(1+4)}$, $W_8^6 = W_8^{(2+4)}$, $W_8^7 = W_8^{(3+4)}$ 이므로 그림 8-4의 관계가 성립한다.

$W_N^{(k+N/2)}$ 의 값은 다음과 같이 계산되어 $-W_N^k$ 와 같은 값이 된다.

$$
\begin{aligned}
W_N^{(k+N/2)} &= W_N^k W_N^{N/2} = W_N^k e^{-j2\pi(N/2)/N} \\
&= W_N^k e^{-j\pi} = W_N^k(\cos(\pi) - j\sin(\pi)) \\
&= -W_N^k
\end{aligned}
$$

따라서 다음과 같이 그림 8-4의 데이터 흐름식이 간단하게 변환될 수 있다.

$$
A = a + bW_N^k
$$
$$
A = a + bW_N^{(k+N/2)} = a - bW_N^k
$$

위 식에 의하여 나비 흐름도는 그림 8-5와 같이 변환될 수 있다. 간략화된 나비 흐름도는 W_N^r 이 먼저 b에 곱해진 다음에, 그 결과 값이 A로 향할 때는 더해지고 B로 향할 때는 -1이 중간에 있어서 빠진다는 것을 나타내고 있다.

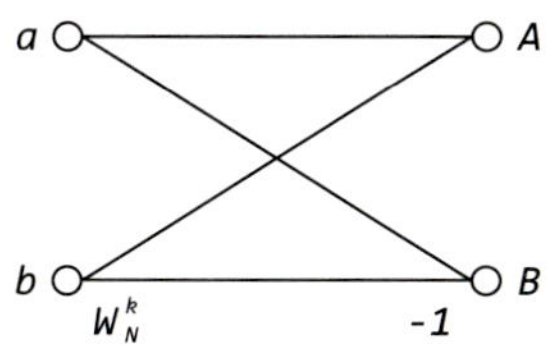

[그림 8-5] 간략화된 나비 흐름도

간략화된 나비 흐름도를 적용하여 그림 8-3의 흐름도를 다시 그리면 그림 8-6과 같이 된다. 그림 8-6에서는 각 단계별로 4번의 W_N^k 곱셈을 하게 되어 그림 8-3에 비하여 곱셈 횟수가 반절로 줄어들었음을 알 수 있다. 이와 같이 간략화된 나비 흐름도를 적용하면 N개의 데이터에 대한 FFT는 $\frac{N}{2}\log_2 N$ 번의 W_N^k 곱셈을 필요로 한다.

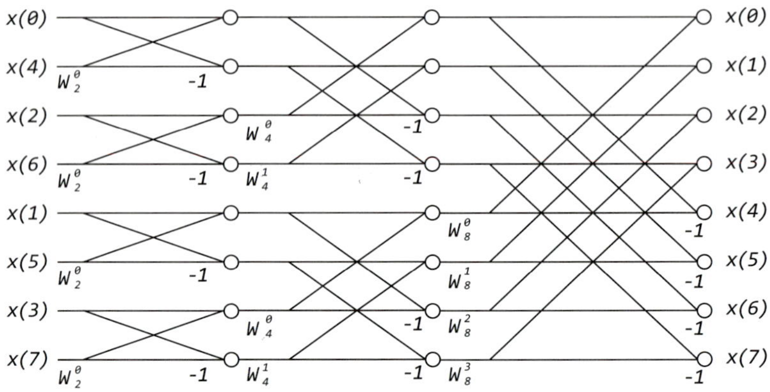

[그림 8-6] 간략화된 FFT 데이터 흐름도

8.2.1 MATLAB의 푸리에 변환 처리 명령어

실제로는 DFT(Discrete Fourier Transform)와 IDFT(Inverse Discrete Fourier Transform)는 고속 푸리에 변환(Fast Fourier Transform, FFT) 알고리즘을 이용하여 구한다. 고속 푸리에 변환과 관련된 MATLAB 함수들은 아래와 같다.

1) MATLAB의 푸리에 변환 처리 명령어

명령어	설명	비고
fft	1차원 DFT변환	
ifft	1차원 DFT 역변환	
fft2	2차원 DFT변환	
ifft2	2차원 DFT 역변환	
fftshift	2차원 DFT변환된 값을 중앙으로 이동	
dct	1차원 이산 코사인 변환	
idct	1차원 이산 코사인 역변환	
dct2	2차원 이산 코사인 변환	
idct2	2차원 이산 코사인 역변환	

8.2.2 고속 푸리에 변환 적용 예

● 명령어 : fft( )

- 설명 : 차원 DFT변환 함수
- 형식 : F = fft(f,n)
- 옵션
  - f: N 배열
  - F : 고속 푸리에 변환 값
  - n : 변환될 수

● 명령어 : ifft( )

- 설명 : 차원 IDFT변환 함수
- 형식 : f = ifft(F)
- f: N 배열 , F : 고속 푸리에 변환 값

1) 프로그램 코드

```
clear all; clc; close all;

Fs = 1000;                    % Sampling frequency
T = 1/Fs;                     % Sample time
L = 1000;                     % Length of signal
t = (0:L-1)*T;                % Time vector
% Sum of a 50 Hz sinusoid and a 120 Hz sinusoid
x = 0.7*sin(2*pi*50*t) + sin(2*pi*120*t);
y = x + 2*randn(size(t));     % Sinusoids plus noise
subplot(1,2,1)
plot(Fs*t(1:50),y(1:50))
title('Signal Corrupted with Zero-Mean Random Noise')
xlabel('time (milliseconds)')

NFFT = 2^nextpow2(L); % Next power of 2 from length of y
Y = fft(y,NFFT)/L;
```

```
f = Fs/2*linspace(0,1,NFFT/2+1);

% Plot single-sided amplitude spectrum.
subplot(1,2,2)
plot(f,2*abs(Y(1:NFFT/2+1)))
title('Single-Sided Amplitude Spectrum of y(t)')
xlabel('Frequency (Hz)')
ylabel('|Y(f)|')
```

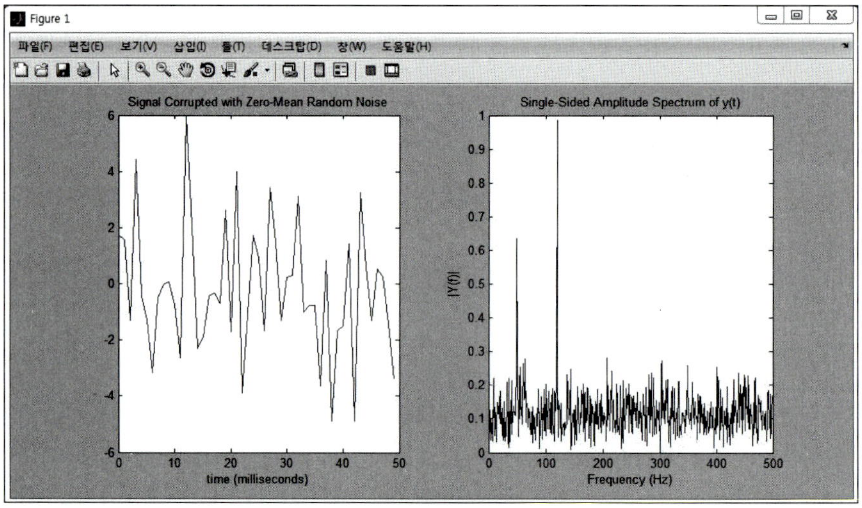

[그림 8-7] 1차원 DFT변환 예제 결과

8.2.3 영상에 대한 2차원 FFT 구현

● 명령어 : fft2( )

- 설명 : 2차원 DFT변환 함수
- 형식 : F = fft2(f)
- f: M×N 차원의 영상 , F : 고속 푸리에 변환 값

● 명령어 : abs ( )

- 설명 : 푸리에 스펙트럼을 구하는 함수

- 형식 : S = abs(F)
- S : 반환 값, F : 고속 푸리에 변환 값

● 명령어 : fftshift ( )

- 설명 : 2차원 DFT변환된 값을 중앙으로 이동시키는 함수
- 형식 : Fc = fftshift(F)
- 옵션
  - Fc: 고속 푸리에 변환 값이 중앙으로 이동된 반환 값
  - F : 고속 푸리에 변환 값

1) 프로그램 코드

```
clear all; clc; close all;

N2 = 1024;
[gx, gy] = meshgrid( gpuArray.colon( -1, 1/N2, (N2-1)/N2 ) );
aperture      = ( abs(gx) < 4/N2 ) .* ( abs(gy) < 2/N2 );
lightsource   = double( aperture );
farfieldsignal = fft2( lightsource );
farfieldintensity = real( farfieldsignal .* conj( farfieldsignal ) );

imagesc( fftshift( farfieldintensity ) );
axis( 'equal' ); axis( 'off' );
title( 'Rectangular aperture far-field diffraction pattern' );
slits         = (abs( gx ) <= 10/N2) .* (abs( gx ) >= 8/N2);
aperture      = slits .* (abs(gy) < 20/N2);
lightsource   = double( aperture );
farfieldsignal = fft2( lightsource );
farfieldintensity = real( farfieldsignal .* conj( farfieldsignal ) );
figure
imagesc( fftshift( farfieldintensity ) );
axis( 'equal' ); axis( 'off' );
title( 'Double slit far-field diffraction pattern' );
```

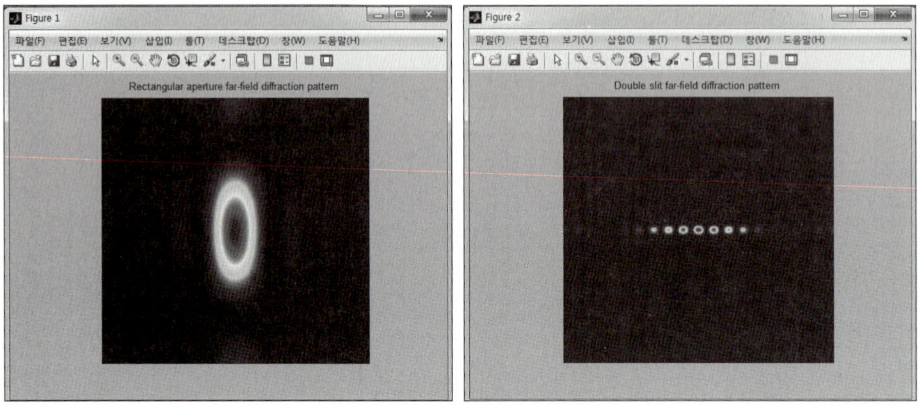

[그림 8-8] 2차원 DFT변환 예제 결과

8.2.4 FFT 적용 예

1) 1차원 계단형 함수에 대한 FFT 적용

```
f=[ones(1,20),zeros(1,200)];
F=fft(f);
Fc=fftshift(F);
figure, plot(f)
figure, plot(Fc)
figure, plot(abs(Fc))
```

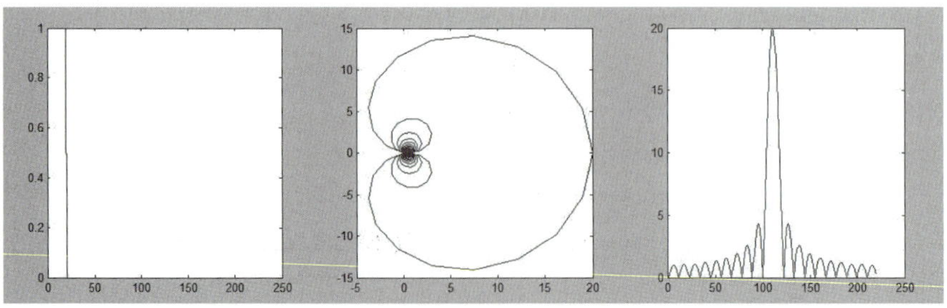

[그림 8-9] 1차원 계단형 함수에 대한 FFT 적용 결과

2) 영상에 대한 FFT 적용1

```
clear all;
I = zeros(256,256);
I(78:178,78:178)=1;
imshow(I,[]);
FI= fftshift(fft2(I));
figure, imshow(abs(FI),[]);
F2=log(1+abs(FI));
figure, imshow(F2,[]);
```

(a) 영상 (b) 푸리에 스펙트럼 영상 (c) 로그변환이 적용된 스펙트럼 영상

[그림 8-10] 영상에 대한 FFT 적용 결과

3) 영상에 대한 FFT2적용과 iFF2 적용

```
P = phantom('Modified Shepp-Logan',200);
imshow(P);
FP=fft2(P);
FP1= fftshift(FP);
figure, imshow(abs(FP1),[]);
FP2=log(1+abs(FP1));
figure, imshow(FP2,[]);
FP3 =ifft2(FP);
figure, imshow(FP3,[]);
```

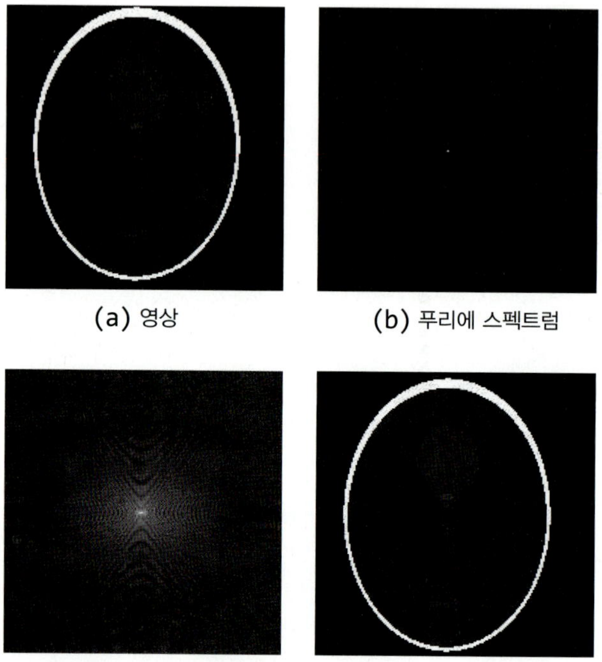

(a) 영상 (b) 푸리에 스펙트럼

(c) 로그변환이 적용된 스펙트럼 (d) 역 푸리에 변환 결과

[그림 8-11] 영상에 대한 FFT2 및 iFFT 적용 결과

4) 수평 영상에 대한 fft 적용

```
fid = fopen('horizontal.raw'); % raw 형식의 파일은 파일로 읽음
size=[256,256];
P=fread(fid,size);
status=fclose(fid);

 FP=fft2(P);
 FP1= fftshift(FP);
 FP2=log(1+abs(FP1));
 FP3 =ifft2(FP);

subplot(1,2,1), imshow(FP3,[]);
subplot(1,2,2), imshow(FP2,[]);
```

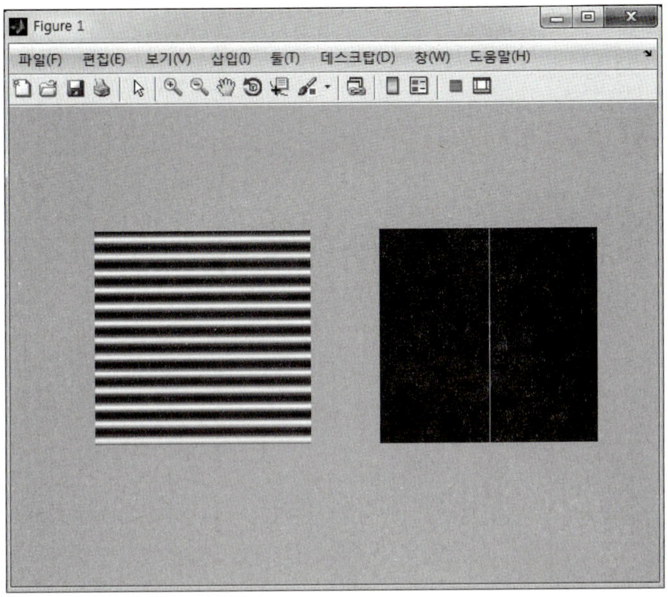

[그림 8-12] horizontal .raw 영상에 대한 FFT 적용 결과

5) 수직 영상에 대한 fft 적용

```
fid = fopen('vertical.raw'); % raw 형식의 파일은 파일로 읽음
size=[256,256];
P=fread(fid,size);
status=fclose(fid);

  FP=fft2(P);
  FP1= fftshift(FP);
  FP2=log(1+abs(FP1));
  FP3 =ifft2(FP);

subplot(1,2,1), imshow(FP3,[]);
subplot(1,2,2), imshow(FP2,[]);
```

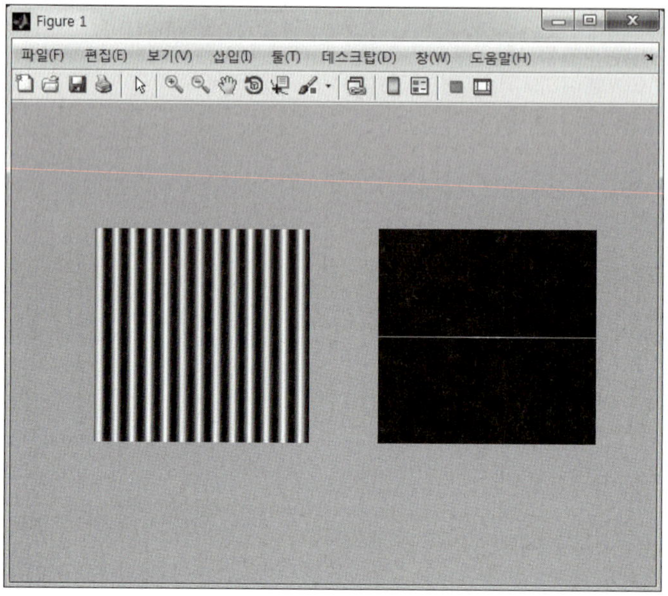

[그림 8-13] vertical. raw 영상에 대한 FFT 적용 결과

6) 수직/수평이 결합된 영상에 대한 fft 적용

```
fid = fopen('cross.raw'); % raw 형식의 파일은 파일로 읽음
size=[256,256];
P=fread(fid,size);
status=fclose(fid);

 FP=fft2(P);
 FP1= fftshift(FP);
 FP2=log(1+abs(FP1));
 FP3 =ifft2(FP);

subplot(1,2,1), imshow(FP3,[]);
subplot(1,2,2), imshow(FP2,[]);
```

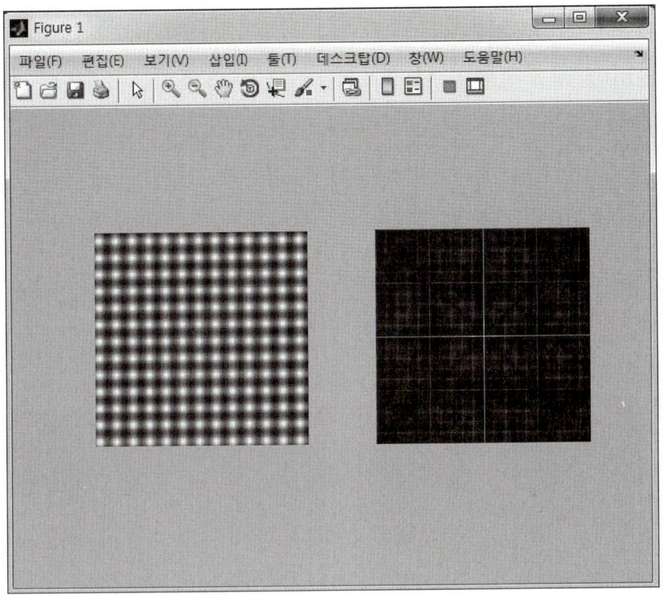

[그림 8-14] Cross.raw 영상에 대한 FFT 적용 결과

8.3 고속 푸리에 역변환

주파수 영역의 데이터를 다시 공간 영역의 데이터로 변환하는 고속 푸리에 역변환(IFFT: Inverse Fast Fourier Transform)은 FFT와 거의 비슷하게 구현할 수 있다. 2차원 IFFT는 2차원 FFT와 마찬가지로 1차원 IFFT를 두 번 적용하여 구할 수 있다. MATLAB 명령어를 이용하여 이산 푸리에 역변환을 계산한다.

$$X(k) = \frac{1}{N}\sum_{n=0}^{N-1} x(n)e^{j2\pi\frac{nk}{N}} = \frac{1}{N}\sum_{n=0}^{N-1} x(n)\left(\cos\left(2\pi\frac{nk}{N}\right) + j\sin\left(2\pi\frac{nk}{N}\right)\right)$$

● **명령어 : ifft( )**

- 설명 : 1차원 배열 IDFT변환 함수
- 형식 : `f = ifft(F)`
- f: 1차원 배열 변환 값 , F : 푸리에 영상

● 명령어 : ifft2( )

- 설명 : 2차원 배열 IDFT변환 함수
- 형식 : F = ifft2(f)
- f: M×N 차원의 변환 값 , F : 푸리에 영상

[그림 8-15] Lenna 영상에 FFT와 IFFT를 연속해서 적용한 결과

8.4 주파수 영역에서 처리

영상을 주파수 영역으로 변환한 다음에 특정 주파수를 필터링함으로써 영상을 흐리게 하거나 선명하게 하는 등의 처리를 할 수 있다. 필터에는 여러 가지가 있지만, 저주파 성분만 통과시키고 고주파 성분을 제거하는 저주파 통과 필터, 고주파 성분을 통과시키는 고주파 통과 필터, 특정 대역만 통과시키는 대역 통과 필터, 특정 대역을 제거하는 대역 정지 필터 등이 대표적이다. 저주파 통과 필터는 영상을 흐리게 만들고 고주파 통과 필터는 영상을 선명하게 만드는데, 이들의 구현 방법에 대하여 살펴보자.

8.4.1 저주파 통과 필터

필터를 만드는 방법도 다양한데, 여기에서는 버터워스(Butterworth)에 의해 만들어진 필터를 사용하도록 하자. 저주파 통과 버터워스 필터 $B(u, v)$는 다음과 같은 식으로 정의된다.

$$B(u, v) = \frac{1}{1 + \left(\dfrac{D(u, v)}{D_0}\right)^{2N}}$$

여기에서 주파수 영역에서의 기준점으로부터 임의의 지점까지의 거리를 나타내는 $D(u, v) = \sqrt{(u^2 + v^2)}$이고 D_0와 N은 상수이다. D_0는 원점으로부터의 거리인데 통과시키고자 하는 주파수 경계를 나타낸다. N은 경계선을 중심으로 $B(u, v)$ 값이 완만하게 변화하게 할 것인지 급격하게 변화하게 할 것인지를 조절한다.

필터를 적용하는 방법은 다음 식과 같이 푸리에 변환 결과 $F(u, v)$에 필터값을 바로 곱하게 된다. 따라서 $B(u, v)$ 값이 0에 가까워지면 해당 주파수 성분은 통과가 안 되고 걸러지게 되며 $B(u, v)$ 값이 1에 가까워지면 해당 주파수 성분이 잘 통과되는 것이다.

$$R(u, v) = F(u, v) \times B(u, v)$$

버터워스 저주파 통과필터 식에서 원점으로부터의 거리인 $D(u, v)$ 값이 D_0보다 커질수록 분모의 값이 커져서 $B(u, v)$ 값이 0에 가깝게 되므로 통과되는 값이 작아지게 된다. 반면에 $D(u, v)$ 값이 작아질수록 분모의 값이 작아져서 $B(u, v)$ 값이 1에 가깝게 되어 값들이 잘 통과하게 된다. 다시 말하면 u, v가 원점에 가까워질수록, 즉 저주파일수록 통과가 잘 되고 u, v가 원점에서 멀어질수록, 즉 고주파일수록 통과가 잘 안 되게 된다.

버터워스 저주파 통과 필터를 구현해 보도록 하자.

8.4.2 저주파 통과 필터 구현

```
clear all; clc;
f = imread('Lenna.jpg');
F= fft2(f);
cF=fftshift(F);
lofF=log(1+abs(cF));
[M,N]=size(f);
[x,y]=meshgrid(-floor(N/2):floor((N-1)/2),-floor(M/2):floor((M-1)/2));
d=64; n=2;
bl=1./(1+(sqrt(2)-1)*((x.^2+y.^2)/d^2).^n);
cfbl=cF.*bl;
cfbli=ifft2(cfbl);
title('버터워스 필터 효과');
subplot(2,2,1),imshow(f,[]), xlabel('원영상');
subplot(2,2,2),imshow(cF,[]), xlabel('푸리에 스펙트럼 영상');
subplot(2,2,3),imshow(lofF,[]), xlabel('로그변환이 적용된 스펙트럼 영상');
subplot(2,2,4),imshow(abs(cfbli),[]),xlabel('버터워스 필터 효과');
```

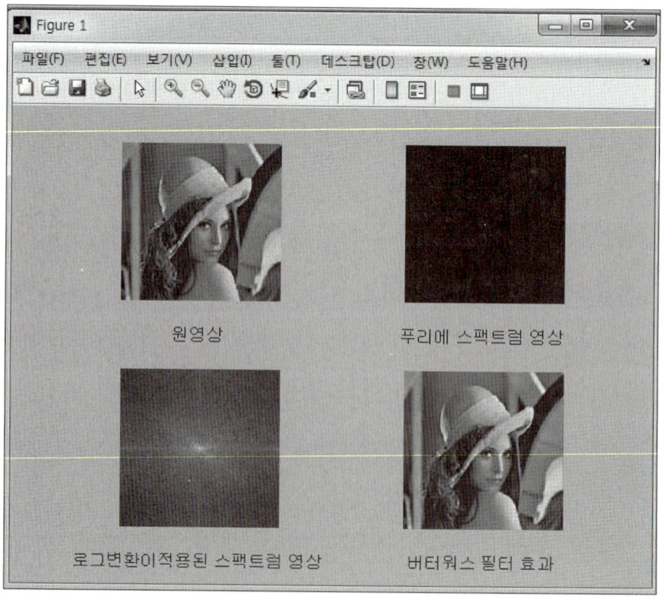

[그림 8-16] 버터워스 저주파 통과 필터에 의한 처리된 영상

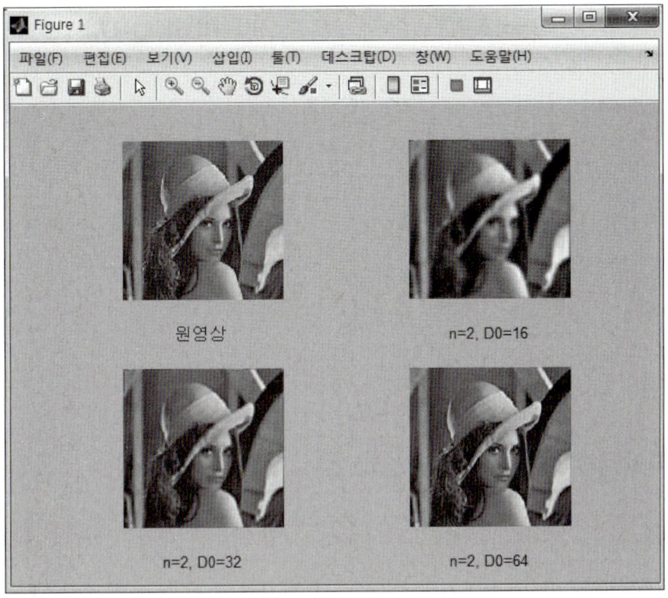

[그림 8-17] D_0 값에 따른 버터워스 필터 효과

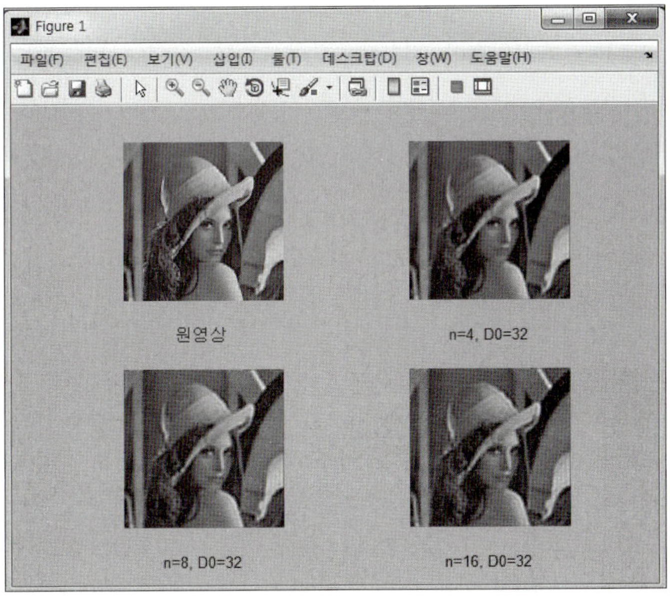

[그림 8-18] N값에 따른 버터워스 필터 효과

8.4.3 고주파 통과 필터 구현

```
clear all; clc;
f = imread('Lenna.jpg');
F= fft2(f);
cF=fftshift(F);
lofF=log(1+abs(cF));
[M,N]=size(f);

[x,y]=meshgrid(-floor(N/2):floor((N-1)/2),-floor(M/2):floor((M-1)/2));
 d=8; n=2;
 bl=1./(1+(sqrt(2)-1)*((x.^2+y.^2)/d^2).^n);
bh=1-bl;
cfbh=cF.*bh;
cfbhi=ifft2(cfbh);
subplot(2,2,1),imshow(f,[]), xlabel('원영상');
subplot(2,2,2),imshow(cF,[]), xlabel('푸리에 스펙트럼 영상');
subplot(2,2,3),imshow(lofF,[]), xlabel('로그변환이 적용된 스펙트럼 영상');
subplot(2,2,4),imshow(abs(cfbhi),[]),xlabel('버터워스 고역필터 효과');
```

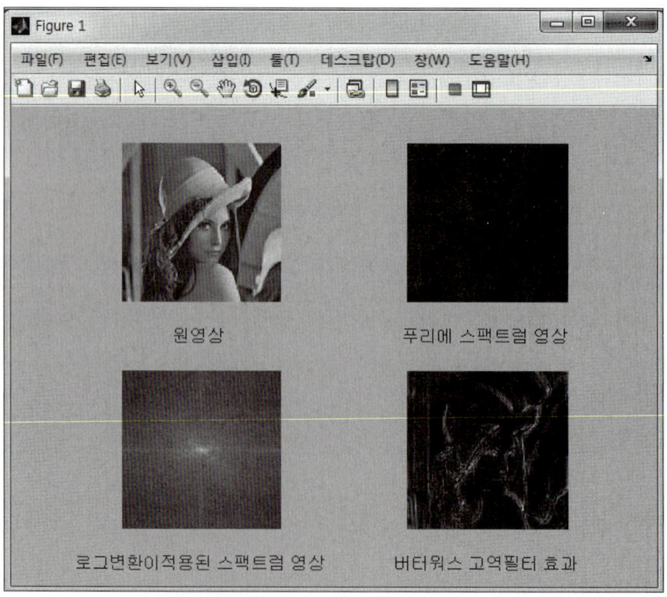

[그림 8-19] 버터워스 고주파 통과 필터에 의한 처리된 영상

8.4.4 잡음 제거 필터

그림 8-20과 같은 일정한 형태의 잡음이 들어간 영상은 주파수 영역 필터를 적용함으로써 손쉽게 제거할 수 있다.

[그림 8-20] 일정한 형태의 잡음 영상(세로줄.pgm)

그림 8-20의 잡음 영상이 포함된 영상이 그림 8-21(a)에 나타나 있다. 이 영상으로부터 잡음 영상을 제거한 원래 영상은 그림 8-21(b)와 같다. 이러한 일정한 형태의 잡음의 경우에는 영상에 FFT를 적용한 다음 영상 스펙트럼을 분석하여 제거하는 것이 효과적이다.

(a) 잡음이 포함된 영상

(b) 원영상

[그림 8-21] 일정한 형태의 잡음이 포함된 영상 예

그림 8-20의 잡음 영상에 대해 FFT를 적용한 결과는 그림 8-22와 같다. 이 스펙트럼 영상에서는 3개의 픽셀에 큰 값이 나타나고 다른 점에서는 모두 0의 값이 나타난다. 영상 스펙트럼 중앙에 있는 값은 영상 전체에 대한 명암도 평균값이고

좌우에 있는 두 점이 잡음을 나타낸다. 이 영상 스펙트럼이 의미하는 것은 입력 영상이 한 주파수로 구성되어 있다는 것을 의미한다.

[그림 8-22] 잡음 영상에 대한 영상 스펙트럼

그림 8-21(a)의 잡음이 들어간 영상에 대한 FFT 결과는 그림 8-23과 같다. 그림에 표시된 두 점이 잡음 성분을 나타내고 있다.

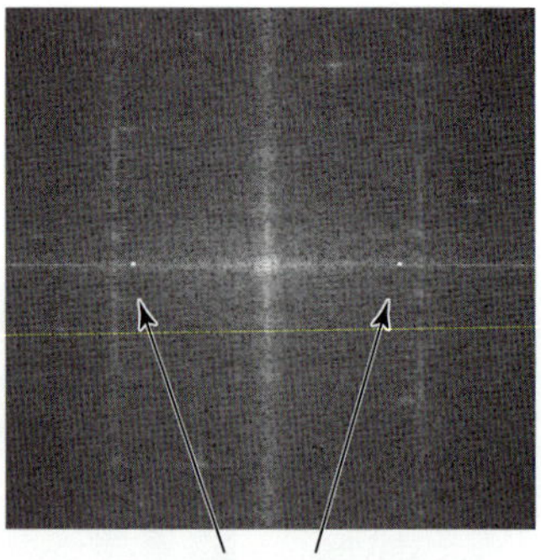

[그림 8-23] 그림 8-21(a) 영상에 대한 영상 스펙트럼

잡음을 제거하기 위해서는 그림 8-23과 같이 잡음 성분에 해당하는 FFT 계수 값을 0으로 변경해 둔 다음에 IFFT를 적용하면 된다.

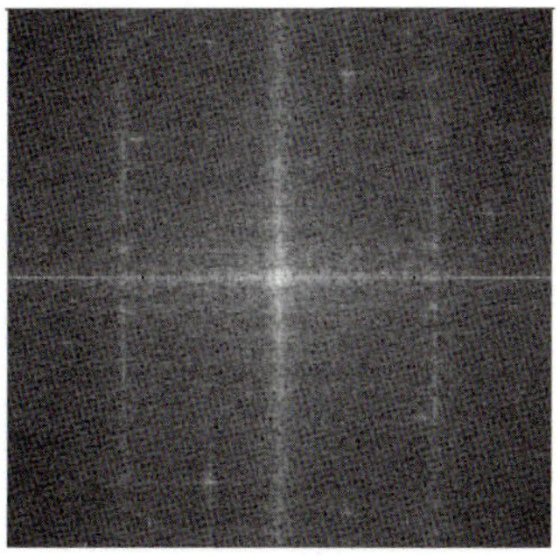

[그림 8-24] 잡음 성분을 제거한 영상 스펙트럼

그림 8-23의 영상 스펙트럼에서 잡음 성분의 위치 (X, Y) 좌표는 (63, 127)과 (192, 127)이다. 그런데 이 스펙트럼은 원점이 중앙에 오도록 재배치된 결과이므로 원래 FFT 결과에서의 위치는 (64, 1)과 (192, 1)이다.

8.5 이산 코사인 변환

이산 코사인 변환(DCT: Discrete Cosine Transform)은 DFT와 함께 널리 사용되는 변환이다. DCT는 영상 압축에 많이 활용되는데, DFT와는 달리 복소수 계산을 필요로 하지 않는다. DCT와 역방향 이산 코사인 변환(IDCT) 계산식은 다음과 같다.

$$F(u, v) = \frac{2}{\sqrt{MN}} C(u)C(v) \sum_{x=0}^{M-1} \sum_{y=0}^{N-1} f(x, y) \cos\left(\frac{(2x+1)u\pi}{2M}\right) \cos\left(\frac{(2y+1)v\pi}{2N}\right)$$

$$f(x, y) = \frac{2}{\sqrt{MN}} \sum_{u=0}^{M-1} \sum_{v=0}^{N-1} C(u)C(v)F(u, v) \cos\left(\frac{(2x+1)u\pi}{2M}\right) \cos\left(\frac{(2y+1)v\pi}{2N}\right)$$

여기에서 $C(z) = \begin{cases} \frac{1}{\sqrt{2}} & z = 0 \\ 1 & z > 0 \end{cases}$ 이다.

8.5.1 이산 코사인 변환 구현

● 명령어 : dct( )

- 설명 : 1차원 이산 코사인 변환 함수
- 형식 : F = dct(f,n)
- 옵션
  - f: N 배열
  - F : 이산 코사인 변환 값
  - n : 변환될 수

● 명령어 : idct( )

- 설명 : 1차원 이산 코사인 변환의 역변환 함수
- 형식 : f = idct(F)
- f: 1차원 변환 값 , F : 변환된 이산 코사인 값

```
x = (1:100) + 50*cos((1:100)*2*pi/40);
X = dct(x);
[XX,ind] = sort(abs(X),'descend');
i = 1;
while norm(X(ind(1:i)))/norm(X)<0.99
  i = i + 1;
end
Needed = i;

X(ind(Needed+1:end)) = 0;
xx = idct(X);

plot([x;xx]')
legend('Original',['Reconstructed, N = ' int2str(Needed)], 'Location', 'SouthEast')
```

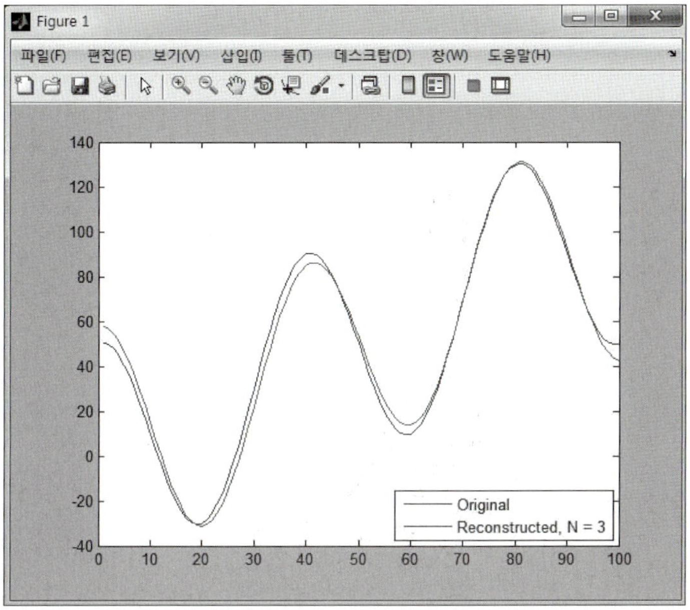

[그림 8-25] 1차원 이산 코사인 변환 예제 결과

● 명령어 : dct2( )

- 설명 : 2차원 이산 코사인 변환 함수
- 형식 : F = dct2(f,m,n)
- 옵션
  - f: N 배열
  - F : 이산 코사인 변환 값
  - n : 변환될 수

● 명령어 : idct2( )

- 설명 : 2차원 이산 코사인 변환의 역변환 함수
- 형식 : f = idct2(F)
- f: 1차원 변환 값 , F : 변환된 이산 코사인 값

```
I = imread('Lenna.jpg');
J = dct2(I);
J(abs(J) < 10) = 0;
K = idct2(J);
subplot(1,3,1), imshow(I,[ ]), xlabel('원영상');
subplot(1,3,2),imshow(log(abs(J)),[]),xlabel('2차원 DCT 결과');
subplot(1,3,3), imshow(K,[ ]), xlabel('2차원 DCT 역변환 결과');
```

[그림 8-26] Lenna 영상에 대한 DCT 및 IDCT 결과

연 습 문 제

01 영상에 대한 처리 이외에 푸리에 변환이 사용되는 실제의 예를 조사하라.

02 연속 푸리에 변환과 이산 푸리에 변환의 차이에 대하여 설명하라.

03 고속 푸리에 변환의 원리에 대하여 설명하라.

04 본문에서 설명한 이산 푸리에 변환과 고속 푸리에 변환의 수행 속도를 비교 설명하라.

05 고속 푸리에 변환을 위하여 입력 데이터의 재배열이 필요하다. 입력 데이터의 재배열 방법을 설명하라.

06 본문에서는 저주파 통과 필터와 고주파 통과 필터를 구현하는 방법을 살펴보았다. 이들에 더불어 대역 통과 필터와 대역 정지 필터가 많이 사용되는데, 두 가지 필터를 구현하는 방법을 조사하라.

07 대역 통과 필터와 대역 정지 필터를 구현하는 프로그램을 작성하고 입력 영상에 적용하여 영상이 어떻게 변환되는지 살펴보라.

08 이산 코사인 변환이 이산 푸리에 변환에 비교하여 어떤 장점을 가지는가?

CHAPTER 09

웨이블릿 변환

CHAPTER 09 웨이블릿 변환

9.1 배경

웨이블릿 변환(wavelet transforms)은 신호, 시스템, 프로세스의 모델을 특수한 신호의 집합으로 구성할 수 있다. 이 특수한 신호를 웨이블릿이라고 부르고, 국부적으로 존재하는 어떤 하나의 작은 파(wavelet)를 패턴으로 하여 이것을 천이시키거나 확대, 축소의 스케일(scale)을 통하여 임의의 파형으로 표현한 것이다. 웨이블릿 변환 이론에 앞선 수학적 이론은 훨씬 이전으로 거슬러 올라간다. 즉, 1807년 Joseph Fourier는 하나의 신호를 정현파와 여현파로 중첩시켜 표현할 수 있는 Fourier 해석을 창안하였다. 1909년의 Harr의 학위논문 부록에 제시된 웨이블릿이 처음으로 수학적 과제로 언급되었다. Harr 웨이블릿은 유한한 구간 밖에서는 완전히 소멸되는 특성을 갖고 있었다. Harr 웨이블릿은 연속미분 가능한 함수가 아니었으므로 응용에 제한이 있었다. 이후 수학자들의 관심은 주파수 해석의 개념으로부터 스케일이 변화하는 수학적 구조를 생성하기 위한 스케일 해석으로 이행해 갔다. 이러한 스케일 해석은 서로 다른 스케일에서의 신호의 평균 섭동을 측정하므로 노이즈에 덜 민감하다. 웨이블릿의 응용 범위는 지극히 넓어서 신호의 특정 부분의 주파수를 조사할 수 있으며, 노이즈를 포함한 신호를 평활하거나 신호와 노이즈의 경계를 구할 수 있다. 시계열의 해석, 신호의 압축, 제어 시스템의 고장 해석 등에도 응용할 수 있다. 웨이블릿 변환은 1982년 프랑스의 석유 탐사 기사 Morlet이 실제로 응용하면서부터 그 실용성이 인정되었다. 이론물리학자인 Alex Grossmann과 협동 연구를 수행함으로써 당시 양자역학의 관점에서 웨이블릿 변환을 폭넓게 정의하였다.

9.2 웨이블릿 변환 정의

웨이블릿 해석은 신호처리 계통에 속하는 여러 분야에서 각자의 특수한 목적에 부합되도록 개별적으로 발전시켜온 특수한 기술들을 하나로 통합하면서 등장하였다. 컴퓨터 비전에서 이용된 다해상도(multi-resolution) 분석 방법이나 음성과 영상압축에서 사용되던 서브밴드(sub-band) 코딩 기법, 응용 수학에서 사용된 웨이블릿 시리즈 전개등 많은 기본 기법들이 최근 들어 웨이블릿 이론의 특수한 응용으로 밝혀졌다.

웨이블릿 해석은 연속 신호와 이산 신호의 경우에 모두 적용될 수 있으며 다양한 분야에서 그 응용 가능성을 인정받고 있다. 웨이블릿 변환은 특별히 비정형(nonstationary) 신호의 분석에 유리한 특징을 가져서 고전적인 단구간 푸리에 변환(STFT : short time fourier transform)이나 가보 변환(gabor transform)을 대체할 새로운 대안으로 대두되고 있다. 웨이블릿 변환이 고전적인 단구간 퓨리에 변환과 구별되는 근본적인 차이점은 단구간 퓨리에 변환의 경우 모든 주파수 대역에 대하여 동일한 크기의 필터 윈도우를 사용하는 반면 웨이블릿 변환은 고주파 대역에서는 폭이 좁은 윈도우를, 저주파 대역에서는 폭이 넓은 윈도우를 사용한다는 것이다. 따라서 웨이블릿 해석은 상대 대역폭 불변 해석(constant relative bandwidth analysis)이라고도 일컬어지며, 주파수 대역의 변화 폭은 항상 주파수 값에 비례한다.

웨이블릿 변환은 입력 신호를 특정 기저 함수의 집합으로 분리하는 과정으로도 이해될 수 있다. 웨이블릿 변환에 사용되는 기저 함수의 집합은 하나의 기본 웨이블릿 기저 함수(mother wavelet basis function)에 대한 시간축 방향으로의 확대 및 축소 그리고 평행 이동을 통해 얻어진다. 기본 웨이블릿 기저 함수는 특별한 형태의 밴드(band-pass) 필터로 생각할 수 있으며, 웨이블릿 변환의 상대 대역폭 불변성은 기본 웨이블릿 기저에 대한 시간축 방향 축소 및 확대에 의해 충족되어진다. 이에 따라 웨이블릿 변환에서는 주파수 대역이라는 용어 대신 스케일(scale)이라는 용어를 주로 사용하며, 입력 신호에 대한 웨이블릿 변환을 다른 말로 원신호의 시간, 스케일 공간표현이라 일컫는다.

웨이블릿 분석은 고주파수 정보를 더 정확한 낮은 주파수 정보와 더 짧은 영역으로 긴 시간 간격으로 변경된다. 그림 9-1은 웨이블릿 분석과 시간 및 주파수 영역에 대한 것을 나타낸 것이다.

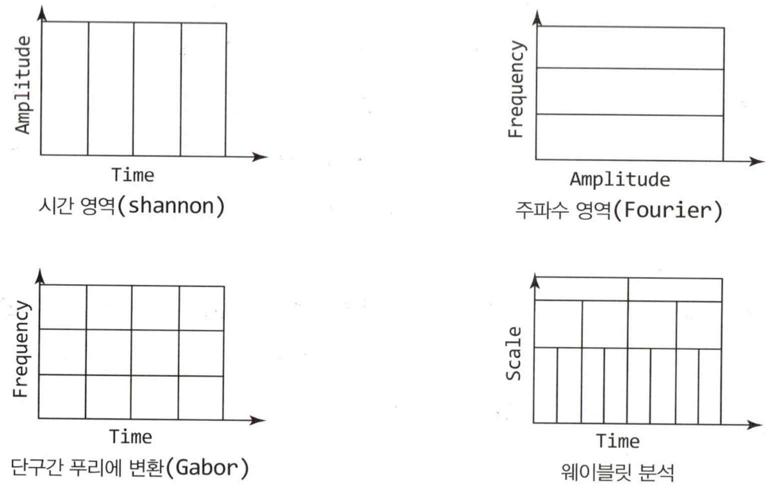

[그림 9-1] 웨이블릿 분석 형태

9.3 웨이블릿 변환

9.3.1 연속 웨이블릿 변환

연속 웨이블릿 함수(CWT: Continuous Wavelet Transform)는 식) 9-1과 같이 기저함수 Ψ와 신호 f(x)와의 내적으로 정의된다. 모웨이블릿이라고 불리는 함수를 주파수 대역에 대응되는 스케일 인자 s를 통해 확대, 축소시키고, 시간축에 대응되는 시간천이 인자 τ를 조절하여 변이시켜 기저함수를 얻는다.

$$W_{s,\tau} = \frac{1}{\sqrt{s}} \int f(t)\, \Psi\left(\frac{t-\tau}{s}\right) dt \qquad \text{식) 9-1}$$

그리고 연속 웨이블릿 역변환 식은 다음과 같다.

$$f(t) = \frac{1}{C_{\Psi}} \int_{0}^{\infty} \int_{-\infty}^{\infty} W_{s,\tau}(t) \frac{1}{\sqrt{s}} \Psi\left(\frac{t-\tau}{s}\right) \frac{1}{s^2} d\tau ds \qquad \text{식) 9-2}$$

여기서 $C_{\Psi} = \int_{-\infty}^{\infty} \frac{|\Psi(u)|^2}{|u|} du$ 이며, $\Psi(u)$는 $\Psi(t)$의 푸리에 변환이다.

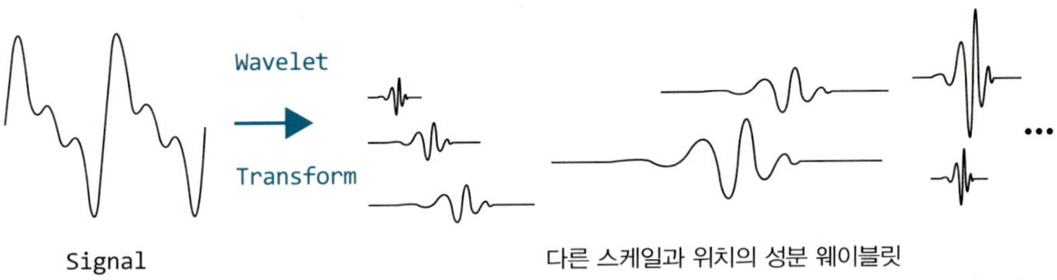

[그림 9-2] 연속 웨이블릿 변환의 예

1) 스케일 인자의 변화 영향

그림 9-3은 스케일 인자의 변화에 따라 결과를 나타낸 것으로 입력 신호의 진폭 및 주파수 변화를 확인할 수 있다.

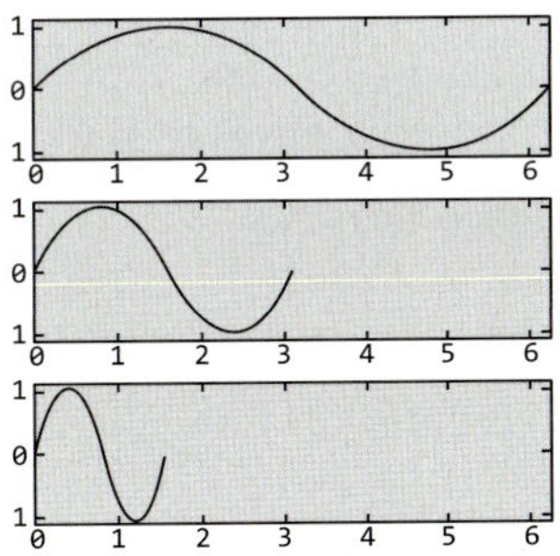

$f(t) = \sin(t) \qquad s = 1$

$f(t) = \sin(2t) \qquad s = \frac{1}{2}$

$f(t) = \sin(4t) \qquad s = \frac{1}{4}$

[그림 9-3] 스케일 인자의 변화 예

2) 시간천이 인자의 변화 영향

그림 9-4는 이동 인자의 변화에 따라 결과를 나타낸 것으로 입력 신호의 진폭 및 주파수 변화 없이 시간 이동을 나타낸다.

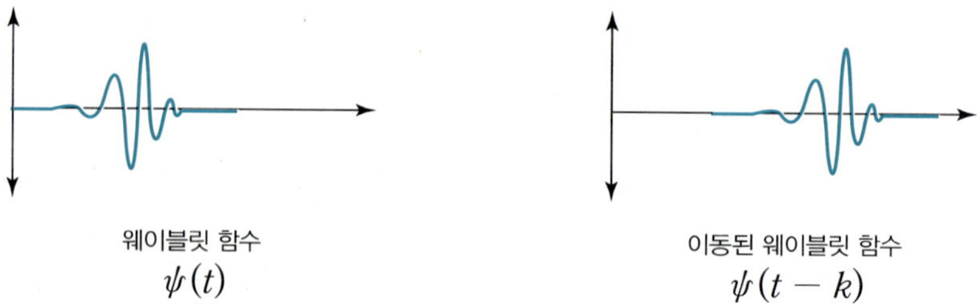

[그림 9-4] 시간천이 인자의 변화 예

3) 푸리에 변환과 웨이블릿 변환의 차이

푸리에 변환은 신호의 주파수에 상관없이 윈도우가 동일한 반면, 웨이블릿 변환은 주어진 신호의 특성에 따라 윈도우의 크기가 변화하는 유연성을 갖는다. 따라서 웨이블릿 변환은 다양한 입력 신호에 대해 적응적으로 잘 대처할 수 있으며 시간과-주파수 정보를 모두 보여준다.

[그림 9-5] 시간-주파수 평면에서의 격자 구조

9.3.2 이산 웨이블릿 변환

이산 웨이블릿 변환들은 동일한 전형 웨이블릿에서 출발하지만, 스케일링과 시간천이를 달리한다. DWT는 다해상도 분석에서 연속 시공간에서의 웨이블릿들과 이산 시공간에서의 "필터 뱅크"와의 연결을 수행한다. 다음은 정규직교(orthonormal) 기저를 구성하는 이산 웨이블릿 변환을 나타낸 것이다.

$$W_{j,k}(t)=\frac{1}{\sqrt{2^j}}\psi\left(\frac{t-2^jk}{2^j}\right)$$ 식) 9-3

DWT에 의한 이력된 이산 시간 신호(Discrete-time signal)는 저역 통과 필터와 고역통과 필터를 거치게 되어 분배된다.

$$c_j(n) = \sum_{k=0}^{n-1} h(k-2n)\,c_{j+1}(k) \qquad \text{식) 9-4}$$

$$d_j(n) = \sum_{k=0}^{n-1} g(k-2n)\,c_{j+1}(k) \qquad \text{식) 9-5}$$

식) 9-4와 식) 9-5는 각 각 저역통과 필터와 고역통과 필터를 나타낸 것이며, $c_{j+1}(k)$는 입력신호의 샘플링된 계수이고, $h(k-2n), g(k-2n)$은 디지털 필터로 다운 샘플링됨을 의미한다. 이렇게 분해된 신호는 식) 9-6과 같이 업샘플링과 필터링을 통해 합성된다.

$$c_{j+1}(n) = \sum_{k} h(n-2k)\,c_j(k) + \sum_{k} g(n-2k)\,d_j(k) \qquad \text{식) 9-6}$$

그림 9-6은 위의 설명한 것을 신호로 표현한 것이다.

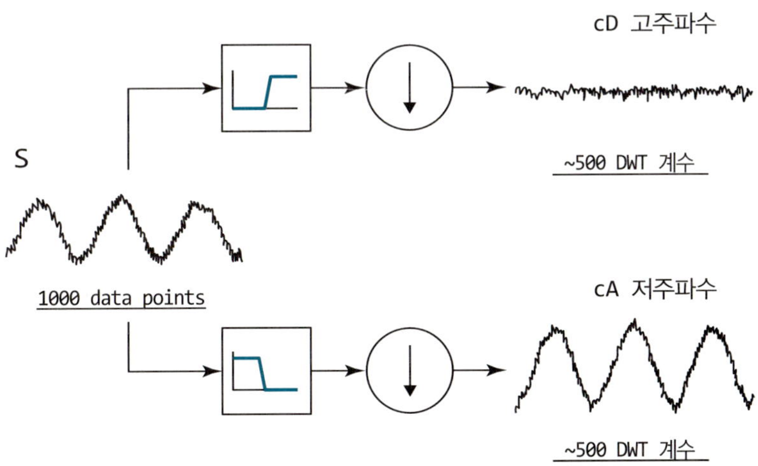

[그림 9-6] 이산 웨이블릿 변환 예

그림 9-6에 대한 MATLAB code는 다음과 같다.

```
s = sin(20.*linspace(0,pi,1000)) + 0.5.*rand(1,1000);
[cA,cD] = dwt(s,'db2');
[length(cA) length(cD)]
ans =
501 501
```

1) Multiple-Level 분해

웨이블릿 기저함수들은 해상도가 다른 함수들의 집합으로 이루어져 있기 때문에 웨이블릿 변환은 다중 해상도 해석에 적합하다. 다중 해상도 해석은 영상 정보 분석에 유용한 계층적인 처리 기법을 제공한다. 저해상도에서 세부 신호는 영상의 윤곽을 나타내는 보다 큰 구조를 갖고 있다. 따라서 낮은 해상도에서 영상의 세부 신호를 분석하고 점진적으로 해상도를 증가 시켜 영상 신호를 해석하는 것이 신호처리에 있어서 보다 효율적이라고 할 수 있다. 그림 9-7은 wavelet 분해 tree를 나타낸 것이다.

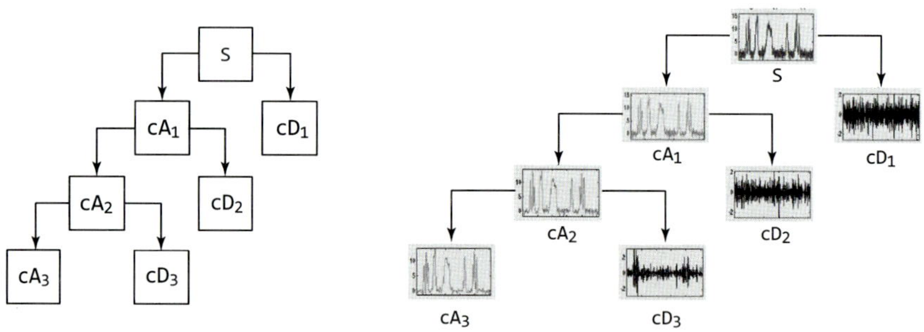

[그림 9-7] wavelet 분해 tree

2) 1-레벨 웨이블릿 변환

그림 9-8은 1-레벨 웨이블릿 변환을 나타낸 것이다. 1-레벨 웨이블릿 변환에서는 하나의 저주파 성분을 갖는 부대역 LL1과 3개의 고주파 성분 부대역 LH1, HL1,HH1으로 나눠진다.

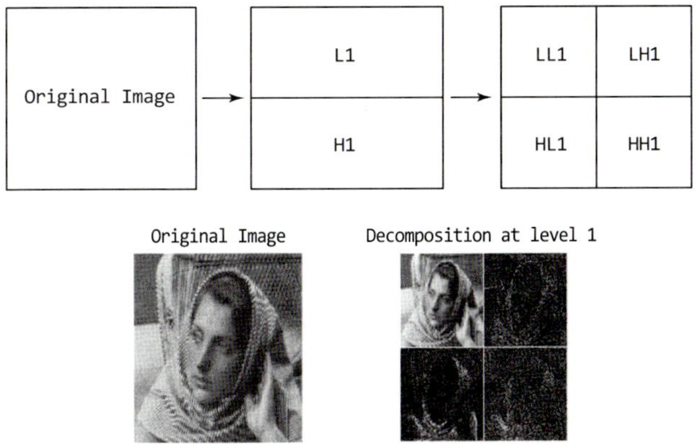

[그림 9-8] 1-레벨 웨이블릿 변환

3) 2-레벨 웨이블릿 변환

그림 9-9는 2레벨 웨이블릿 변환을 나타낸 것이다. 2-레벨 웨이블릿 변환에서는 1-레벨의 저주파 성분을 갖는 부대역 LL1이 하나의 저주파 성분 부대역 LL2와 3개의 고주파 성분 부대역 LH2, HL2,HH2으로 나눠진다.

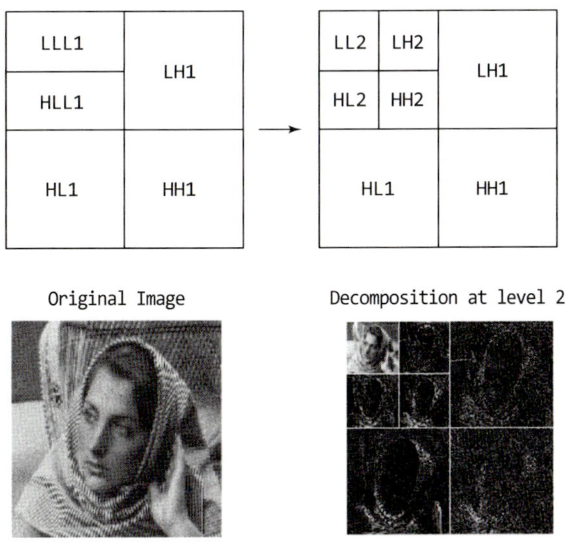

[그림 9-9] 2-레벨 웨이블릿 변환

4) 이산 웨이블릿 분해와 복원

이산 웨이블릿에서 분해는 원영상을 고주파 성분과 저주파 성분으로 나누는 것을 말하며, 이렇게 나눠진 영상을 복원 필터를 적용하여 다시 원영상을 얻을 수 있다.

그림 9-10은 다-레벨 웨이블릿 분해와 복원을 나타낸 것이다.

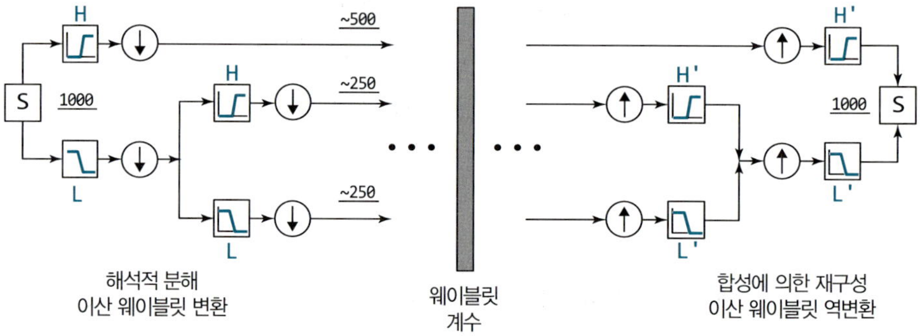

[그림 9-10] 다-레벨 웨이블릿 분해 및 복원

만약 2차원의 경우, 웨이블릿 변환을 먼저 수평으로 적용한 다음에 수직에 대해서 적용하면 된다.

9.4 웨이블릿 MATLAB 명령어

Wavelet Toolbox는 매우 다양한 고속 웨이블릿 변환을 위한 분해 필터를 제공한다. 고속 웨이블릿 변환과 관련된 MATLAB 함수들은 다음과 같다. 명령어의 설명은 위쪽 5개에 대해서 설명할 것이며, 아래쪽 4개에 대해서는 예제를 통하여 설명할 것이다.

1) MATLAB의 Wavelet 변환 처리 명령어

명령어	설명	비고
dwt	1차원 단일 레벨 이산 웨이블릿 변환 함수	
wfilters	고속 웨이블릿 변환을 위한 분해 필터 함수	
idwt	1차원 단일 레벨 이산 웨이블릿 역변환 함수	
dwt2	2차원 단일 레벨 이산 웨이블릿 변환 함수	
idwt2	2차원 단일 레벨 이산 웨이블릿 역변환 함수	
upcoef2	2차원 웨이블릿 계수에서 직접 재구성 함수	
wavedec2	멀티 레벨 2차원 웨이블릿 분해 함수	
waverec2	멀티 레벨 2차원 웨이블릿 합성 함수	
appcoef2	2-레벨 근사 함수의 복원 함수	

MATLAB Wavelet Toolbox에서 제공하는 고속 웨이블릿 필터의 목록이다. 이 필터는 위의 Wavelet 변환 처리 명령어와 같이 사용된다.

Wavelet	wfamily	wname
Haar	'haar'	'haar'
Daubechies	'db'	'db2', 'db3', … 'db45'
Coiflets	'coif'	'coif1', 'coif2', … 'coif5'
Symlets	'sym'	'sym2', 'sym3', … 'sym45'
Discrete Meyer	'dmey'	'dmey'
Biorthogonal	'bior'	'bior1.1', 'bior1.3', 'bior1.5'
		'bior2.2', 'bior2.4', 'bior2.6', 'bior2.8'
		'bior3.1', 'bior3.3', 'bior3.5', 'bior3.7'
		'bior3.9', 'bior4.4', 'bior5.5', 'bior6.8'
Reverse	'rbio'	'rbio1.1', 'rbio1.3', 'rbio1.5', 'rbio2.2'
Biorthogonal		'rbio2.4', 'rbio2.6', 'rbio2.8', 'rbio3.1'
		'rbio3.3', 'rbio3.5', 'rbio3.7', 'rbio3.9',
		'rbio4.4', 'rbio5.5', 'rbio6.8'

● 명령어 : dwt ( )

- 설명 : 1차원 단일 레벨 이산 웨이블릿 변환 함수
- 형식 : [cA,cD] = dwt(X,'wname')

  [cA,cD] = dwt(X,Lo_D,Hi_D)

- 옵션
  - cA: X를 웨이블릿 분해를 통해 구한 근사 계수 벡터
  - cD: X를 웨이블릿 분해를 통해 구한 세부 계수 벡터
  - X : 웨이블릿 변환을 원하는 벡터
  - wname : wfilters의 옵션
  - Lo_D : 분해를 위한 저역 통과 필터
  - Hi_D : 분해를 위한 고역 통과 필터

● 명령어 : wfilters ( )

- 설명 : 고속 웨이블릿 변환을 위한 분해 필터 제공함수
- 형식 : [Lo_D,Hi_D,Lo_R,Hi_R] = wfilters('wname')

  [F1,F2] = wfilters('wname','type')
- 옵션
  - Lo_D : 분해를 위한 저역 통과 필터
  - Hi_D : 분해를 위한 고역 통과 필터
  - Lo_R : 재구성을 위한 저역 통과 필터
  - Hi_R : 재구성을 위한 고역 통과 필터
  - 'wname' : 반환된 필터 계수
  - F1 : 반환될 분해 및 재구성 저역 및 고역 통과 필터
  - F2 : 반환될 분해 및 재구성 저역 및 고역 통과 필터
  - 'type' : 'd':분해, 'r': 재구성, 'l': 저역통과필터, 'h':고역통과필터

1) 프로그램 코드

```
clear all; clc; close all;

% 1차원 신호 생성 .
  randn('seed',531316785)
  s = 2 + kron(ones(1,8),[1 -1]) + ((1:16).^2)/32 + 0.2*randn(1,16);
% haar 필터를 적용한 1차원 단일 레벨 이산 웨이블릿 변환
  [ca1,cd1] = dwt(s,'haar');
```

```
    subplot(311); plot(s); title('Original signal');
    subplot(323); plot(ca1); title(Approx. coef. for haar');
    subplot(324); plot(cd1); title('Detail coef. for haar');

    [Lo_D,Hi_D] = wfilters('haar','d'); % 저역통과 분해 고역통과 분해
    [ca1,cd1] = dwt(s,Lo_D,Hi_D);

  [ca2,cd2] = dwt(s,'db2');
  subplot(325); plot(ca2); title('Approx. coef. for db2');
  subplot(326); plot(cd2); title('Detail coef. for db2');
```

2) 프로그램 코드 실행 결과

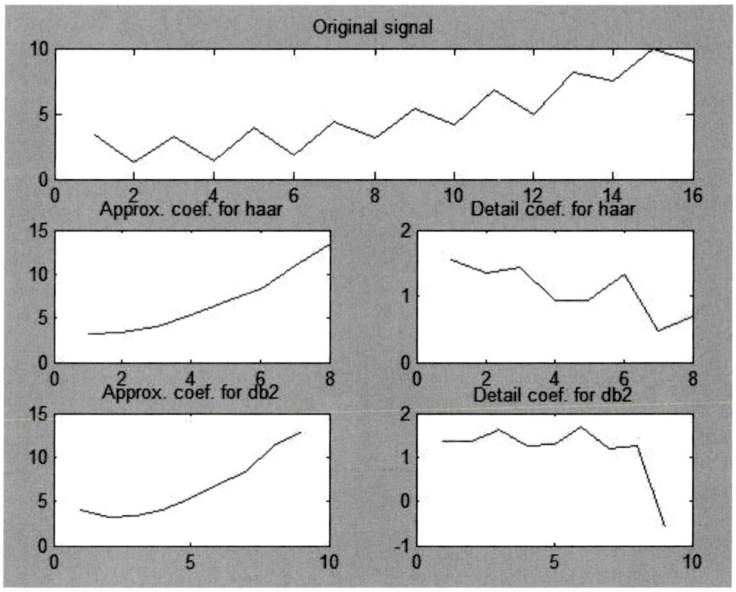

[그림 9-11] 1차원 dwt변환 예제 결과

● 명령어 : idwt ( )

- 설명 : 1차원 단일 레벨 이산 웨이블릿 역변환 함수
- 형식 : X = idwt(cA,cD,'wname')

  X = idwt(cA,cD,Lo_R,Hi_R)

• 옵션
  - cA: X를 웨이블릿 분해를 통해 구한 근사 계수 벡터
  - cD: X를 웨이블릿 분해를 통해 구한 세부 계수 벡터
  - X : 웨이블릿 변환을 원하는 벡터
  - wname : wfilters의 옵션
  - Lo_R : 재구성을 위한 저역 통과 필터
  - Hi_R : 재구성을 위한 고역 통과 필터

1) 프로그램 코드

```
clear all; clc; close all;

% 1차원 신호 생성 .
  randn('seed',531316785)
  s = 2 + kron(ones(1,8),[1 -1]) + ((1:16).^2)/32 + 0.2*randn(1,16);
% 이산 웨이블릿 변환 및 그래프 그리기
  [ca1,cd1] = dwt(s,'db2');
  subplot(221); plot(ca1);
  title('Approx. coef. for db2');
  subplot(222); plot(cd1);
  title('Detail coef. for db2');

% 이산 웨이블릿 역변환, 오차 계산 및 그래프 그리기
  ss = idwt(ca1,cd1,'db2');
  err = norm(s-ss); % Check reconstruction.
  subplot(212); plot([s;ss]');
  title('Original and reconstructed signals');
  xlabel(['Error norm = ',num2str(err)])
% 재구성 저역통과 필터와 재구성 고역 통과 필터를 이용한 웨이블릿 역변환
  [Lo_R,Hi_R] = wfilters('db2','r');
  ss = idwt(ca1,cd1,Lo_R,Hi_R);
```

2) 프로그램 코드 실행 결과

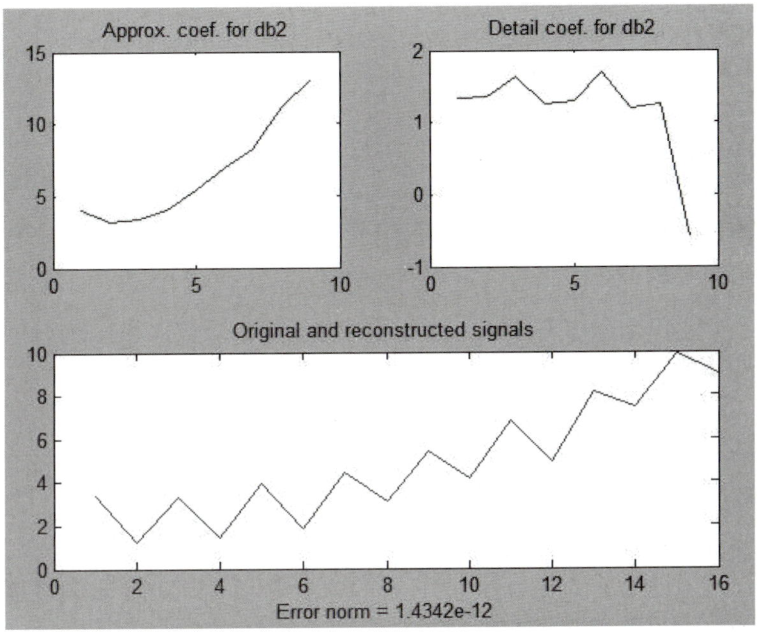

[그림 9-12] 1차원 idwt 변환 예제 결과

● 명령어 : dwt2 ( )

- 설명 : 2차원 단일 레벨 이산 웨이블릿 변환 함수
- 형식 : [cA, cH, cV, cD] = dwt2(X, 'wname')

  [cA, cH, cV, cD] = dwt2(X, Lo_D, Hi_D)
- 옵션
  - cA: X를 웨이블릿 분해를 통해 구한 근사 계수 벡터
  - cH: X를 웨이블릿 분해를 통해 구한 세부 수직 계수 벡터
  - cV: X를 웨이블릿 분해를 통해 구한 세부 수평 계수 벡터
  - cD: X를 웨이블릿 분해를 통해 구한 세부 대각 계수 벡터
  - X : 웨이블릿 변환을 원하는 벡터
  - wname : wfilters의 옵션
  - Lo_D : 분해를 위한 저역 통과 필터
  - Hi_D : 분해를 위한 고역 통과 필터

1) 1-레벨 웨이블릿 변환 프로그램 코드

```
clear all; clc; close all;

% 오리지널 영상 로드
load woman;

% 컬러맵이 포함된 오리지널 영상의 크기
nbcol = size(map,1);

% 2차원 웨이블릿 변환
[cA1,cH1,cV1,cD1] = dwt2(X,'db1');

% 웨이블릿 디스플레이

    cod_cA1 = wcodemat(cA1,nbcol);
    cod_cH1 = wcodemat(cH1,nbcol);
    cod_cV1 = wcodemat(cV1,nbcol);
    cod_cD1 = wcodemat(cD1,nbcol);
    dec2d = [ cod_cA1, cod_cH1; cod_cV1, cod_cD1];

image(dec2d );
colormap(map)
colormap(pink)
title('Decomposition at level 1');
```

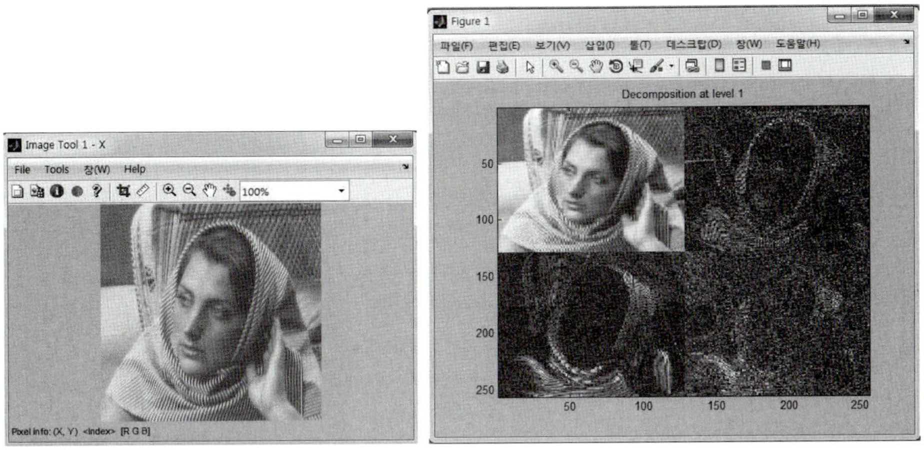

(a) 원영상 (b) 1- 레벨 웨이블릿 변환 결과

[그림 9-13] 1-레벨 웨이블릿 변환 예제 결과

2) 2–레벨 웨이블릿 변환 프로그램 코드

```
clear all; clc; close all;

% 오리지널 영상 로드
  load woman;

% 컬러맵이 포함된 오리지널 영상의 크기
  nbcol = size(map,1);
% 2차원 웨이블릿 변환
  [cA1,cH1,cV1,cD1] = dwt2(X,'db1');

% 1-레벨 이미지 코딩
  cod_X = wcodemat(X,nbcol);
  cod_cA1 = wcodemat(cA1,nbcol);
  cod_cH1 = wcodemat(cH1,nbcol);
  cod_cV1 = wcodemat(cV1,nbcol);
  cod_cD1 = wcodemat(cD1,nbcol);
  dec2d = [ cod_cA1, cod_cH1; cod_cV1, cod_cD1];

% 2-레벨 이미지 코딩
```

```
  [cA2,cHD2,cVD2,cDD2] = dwt2(cA1,'db1');
  cod_cA2 = wcodemat(cA2,nbcol);
  cod_cHD2 = wcodemat(cHD2,nbcol);
  cod_cVD2 = wcodemat(cVD2,nbcol);
  cod_cDD2 = wcodemat(cDD2,nbcol);

% 2-레벨 이미지 코딩
  [cA2,cHD2,cVD2,cDD2] = dwt2(cA1,'db1');
  a0 = idwt2(cA1,cH1,cV1,cD1,'db1',X);
% 멀티 레벨 2차원 웨이블릿 분해 함수를 이용한 분해
  [c,s] = wavedec2(X,2,'db1');
  %
figure; wavedisplay(c,s); colormap(map); colormap(pink);
title('Decomposition at level 2');
```

(a) 원영상

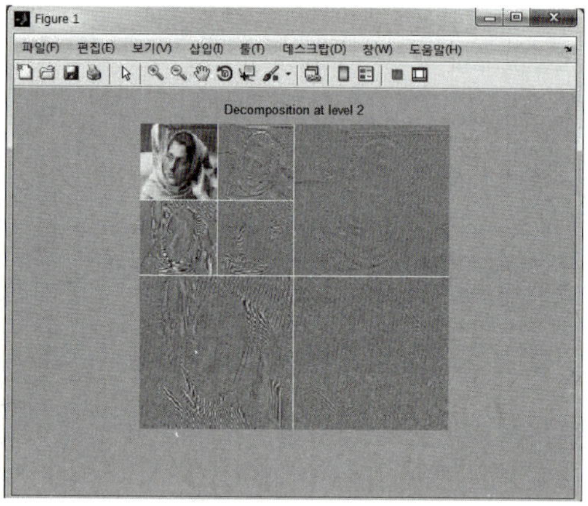

(b) 2-레벨 웨이블릿 변환 결과

[그림 9-14] 2-레벨 웨이블릿 변환 예제 결과

● 명령어 : idwt2 ( )

- 설명 : 2차원 단일 레벨 이산 웨이블릿 역변환 함수
- 형식 : X = idwt2(cA, cH, cV, cD, 'wname')

  X = idwt2(cA, cH, cV, cD, Lo_R, Hi_R)

• 옵션
- cA: X를 웨이블릿 분해를 통해 구한 근사 계수 벡터
- cH: X를 웨이블릿 분해를 통해 구한 세부 수직 계수 벡터
- cV: X를 웨이블릿 분해를 통해 구한 세부 수평 계수 벡터
- cD: X를 웨이블릿 분해를 통해 구한 세부 대각 계수 벡터
- X : 웨이블릿 변환을 원하는 벡터
- wname : wfilters의 옵션
- Lo_D : 분해를 위한 저역 통과 필터
- Hi_D : 분해를 위한 고역 통과 필터

1) 프로그램 코드

```
clear all; clc; close all;

% 오리지널 영상 로딩
  load woman;
  X= wonan;
% 오리지널 영상의 크기
  sX = size(X);
% 2차원 웨이블릿 변환
  [cA1,cH1,cV1,cD1] = dwt2(X,'db4');
% 2차원 웨이블릿 역변환
  A0 = idwt2(cA1,cH1,cV1,cD1,'db4',sX);
% 성능 평가
  max(max(X-A0))
  ans =
  3.3032e-10
```

9.5 MATLAB 웨이블릿 명령어를 이용한 2차원 해석

1. 오리지널 영상을 읽는다.

```
» load wbarb;
» whos
    Name Size Elements Bytes Class
    X 256 by 256 65536 524288 double array
    map 192 by 3 576 4608 double array
```

2. 오리지널 영상을 화면에 디스플레이한다.

```
» image(X); colormap(map)
```

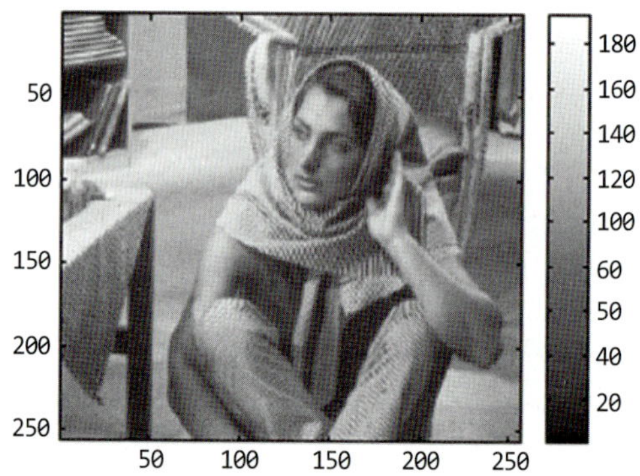

[그림 9-15] 오리지널 영상 디스플레이 화면

3. 2차원 웨이블릿 변환

```
» [cA1,cH1,cV1,cD1] = dwt2(X,'bior3.7');
```

4. 변환된 웨이블릿 행렬을 변수로 저장

```
» A1 = upcoef2('a',cA1,'bior3.7',1);      % 1단계 'a': approximation
» H1 = upcoef2('h',cH1,'bior3.7',1);      % 1단계 'h': horizontal
» V1 = upcoef2('v',cV1,'bior3.7',1);      % 1단계 'v': vertical
» D1 = upcoef2('d',cD1,'bior3.7',1);      % 1단계 'd': diagonal
```

5. 변환된 웨이블릿 행렬을 화면에 출력

```
» colormap(map);
» subplot(2,2,1); image(wcodemat(A1,192));
» title('Approximation A1')
» subplot(2,2,2); image(wcodemat(H1,192));
» title('Horizontal Detail H1')
» subplot(2,2,3); image(wcodemat(V1,192));
» title('Vertical Detail V1')
» subplot(2,2,4); image(wcodemat(D1,192));
» title('Diagonal Detail D1')
```

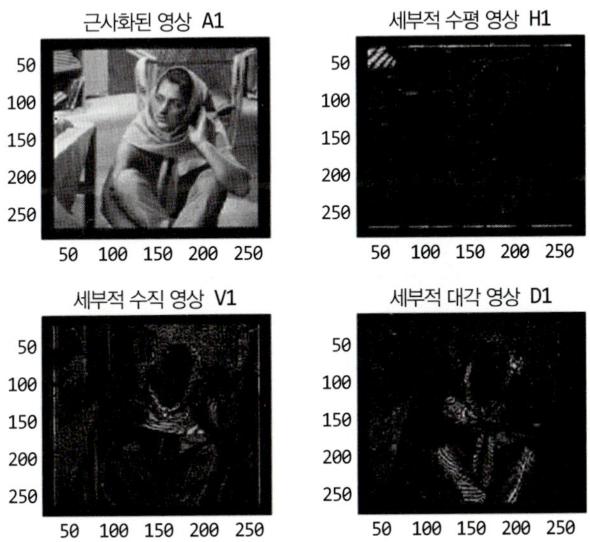

[그림 9-16] 1-레벨 dwt 변환의 개별적 디스플레이

6. 복원을 위한 2차원 웨이블릿 역변환

```
» Xsyn = idwt2(cA1,cH1,cV1,cD1,'bior3.7');
```

7. 2-레벨 웨이블릿 변환

```
» [C,S] = wavedec2(X,2,'bior3.7');   % C : 웨이블릿 분해 벡터,
                                      % S : 대응하는 bookkeeping 행렬
```

8. 2-레벨 웨이블릿 근사 함수의 복원

```
» cA2 = appcoef2(C,S,'bior3.7',2);
```

9. 1-레벨, 2-레벨 세부 계수의 복원

```
» cH2 = detcoef2('h',C,S,2);        % 2- 레벨  세부 계수 복원 ( 수직 )
» cV2 = detcoef2('v',C,S,2);        % 2- 레벨  세부 계수 복원 ( 수평 )
» cD2 = detcoef2('d',C,S,2);        % 2- 레벨  세부 계수 복원 ( 대각 )
» cH1 = detcoef2('h',C,S,1);        % 1- 레벨  세부 계수 복원 ( 수직 )
» cV1 = detcoef2('v',C,S,1);        % 1- 레벨  세부 계수 복원 ( 수평 )
» cD1 = detcoef2('d',C,S,1);        % 1- 레벨  세부 계수 복원 ( 대각 )
```

10. 2-레벨 근사 계수의 재구성

```
» A2 = wrcoef2('a',C,S,'bior3.7',2);
```

11. 1레벨,2-레벨 수직, 수평과 대각 계수의 재구성

```
» H1 = wrcoef2('h',C,S,'bior3.7',1);
» V1 = wrcoef2('v',C,S,'bior3.7',1);
» D1 = wrcoef2('d',C,S,'bior3.7',1);
» H2 = wrcoef2('h',C,S,'bior3.7',2);
» V2 = wrcoef2('v',C,S,'bior3.7',2);
» D2 = wrcoef2('d',C,S,'bior3.7',2);
```

12. 분해된 2-레벨 wavelet의 화면 디스플레이

```
» colormap(map);
» subplot(2,4,1);image((wcodemat(A1,192));title('Approximation A1')
» subplot(2,4,2);image((wcodemat(H1,192));title('Horizontal Detail H1')
» subplot(2,4,3);image((wcodemat(V1,192));title('Vertical Detail V1')
» subplot(2,4,4);image((wcodemat(D1,192));title('Diagonal Detail D1')
» subplot(2,4,5);image((wcodemat(A2,192));title('Approximation A2')
» subplot(2,4,6);image((wcodemat(H2,192));title('Horizontal Detail H2')
```

```
» subplot(2,4,7);image((wcodemat(V2,192));title('Vertical Detail V2')
» subplot(2,4,8);image((wcodemat(D2,192));title('Diagonal Detail D2')
```

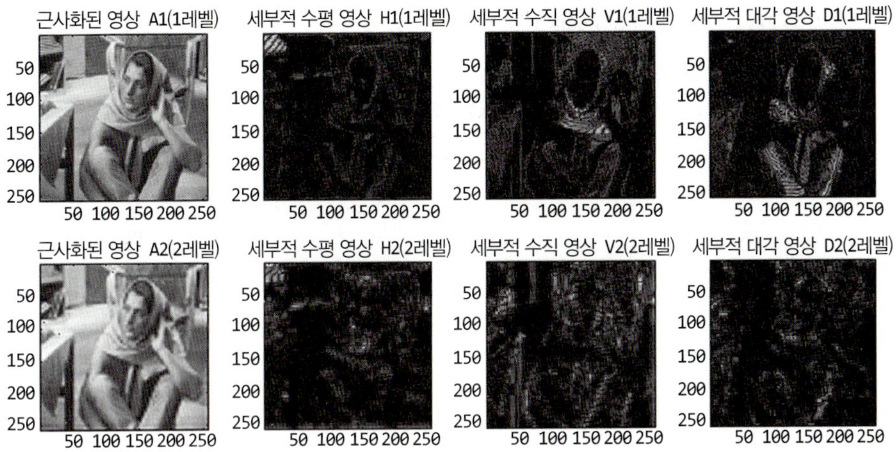

[그림 9-17] 2-레벨 dwt변환의 개별적 디스플레이

13. wavelet으로 분해된 영상으로부터 오리지널 영상으로 재구성

```
» X0 = waverec2(C,S,'bior3.7'); % 2-레벨 wavelet 함수의 재구성
```

14. To compress the original image X, use the ddencmp command to calculate the default parameters and the wdencmp command to perform the actual compression. Type:

```
» [thr,sorh,keepapp] = ddencmp('cmp','wv',X);
    % 'cmp' : compression (재구성)
    % 'wv' : wavelets (웨이블릿 함수 적용)
    % X : 입력 영상
    % thr : thresholding (임계값)
    % sorh : soft or hard thresholding
    % keepapp : keep approximation coefficients

» [Xcomp,CXC,LXC,PERF0,PERFL2] = wdencmp('gbl',C,S,'bior3.7',2,thr,sorh,keepapp);
```

% wdencmp : wavelet을 이용한 노이즈 제거 및 재구성

% Xcomp : 입력 영상 계수 (c,s)의 복원 영상

% CXC : 입력 영상 계수 (c,s)의 복원 값

% LXC : 입력 영상 계수 (c,s)의 노이즈가 제거된 값

$$\% \ PERFL2 = \frac{100\| XC \|^2}{\| X \|}$$

15. 복원된 영상을 화면에 디스플레이

```
» colormap(map);
» subplot(121); image(X); title('Original Image');
» axis square
» subplot(122); image(Xcomp); title('Compressed Image');
» axis square
```

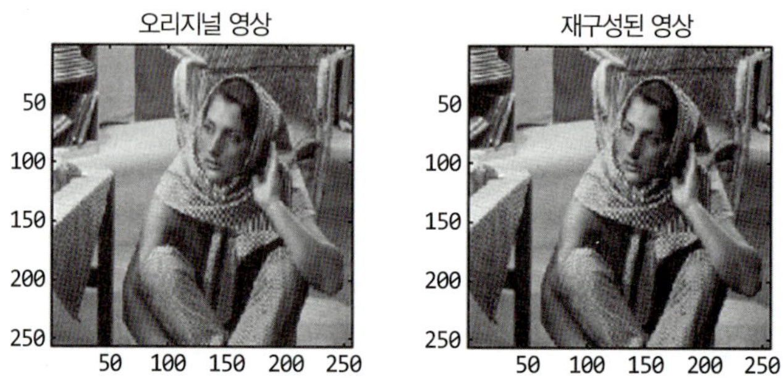

[그림 9-18] 오리지널 영상과 재구성된 영상 디스플레이 화면

» PERF0 : 86.6550

» PERFL2 : 99.9779

연 습 문 제

01 Lenna 영상을 이용하여 2차원 1-레벨 웨이블릿 변환을 하라.

02 Lenna 영상을 이용하여 2차원 2-레벨 웨이블릿 변환을 하라.

03 Lenna 영상을 이용하여 2차원 3-레벨 웨이블릿 변환을 하라.

04 Lenna 영상을 이용하여 2차원 1-레벨 웨이블릿 역변환을 하라.

05 Lenna 영상을 이용하여 2차원 2-레벨 웨이블릿 역변환을 하라.

06 Lenna 영상을 이용하여 2차원 3-레벨 웨이블릿 역변환을 하라.

CHAPTER 10

사용자 인터페이스 개선

10.1 대화 상자를 이용한 데이터 입력

10.2 슬라이더 컨트롤을 이용한 데이터 입력

10.3 마우스 입력 활용

CHAPTER

10 사용자 인터페이스 개선

지금까지는 주로 입력 영상을 읽은 다음에 메뉴를 선택하여 영상을 처리한 다음에 결과는 보여주는 방식으로 프로그램을 작성하였다. 예를 들어, 산술 덧셈의 경우에는 미리 정해진 숫자를 더하여 결과 영상을 생성하였다. 다른 값을 더하기 위해서는 프로그램을 수정한 다음에 다시 컴파일하고 실행해야만 하는 불편이 있었다. 이러한 문제를 개선하기 위해서는 프로그램이 수행되는 중에 산술 덧셈에 사용할 값을 동적으로 변경할 수 있는 방법이 필요하다. 이 장에서는 GUI(graphical user interface)에서 제공하는 여러 가지 기능들을 이용하여 프로그램의 사용자 인터페이스를 개선하는 방법에 대하여 살펴본다.

10.1 대화 상자를 이용한 데이터 입력

GUI는 graphical user interface의 약자로서 앞서 설명한 대부분의 매트랩 프로그램들이 프로그램 작성자 자신이 바로 사용자임을 감안할 때, 사용자가 작성자가 아닌 경우를 고려하여 만든 프로그램 환경이라 할 수 있다.

1) GUI 시작하기

1. GUI를 시작하기 위해서는 New → Graphical Interface를 차례로 선택하거나 MATLAB Commend windos에 guide라고 입력하면 그림 10-1과 같은 GUIDE Quick Start window 가 나타난다. 또는 GUI를 만드는 작업을 시작할 때는 GUIDE 시작창(GUIDE Quick Start window)을 이용한다.

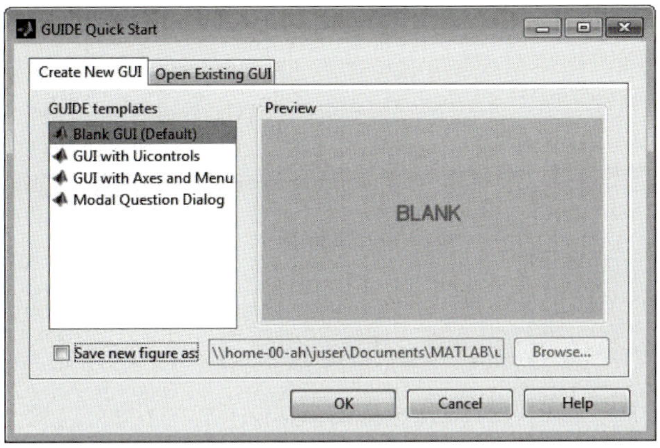

[그림 10-1] GUIDE Quick Start window 화면

2. 그림 10-1에서 Blank GUI(default)를 선택하고, ok버튼을 누르면 GUIDE 레이아웃 편집기가 나타나며 GUI 인터페이스 화면을 설계할 수 있다.

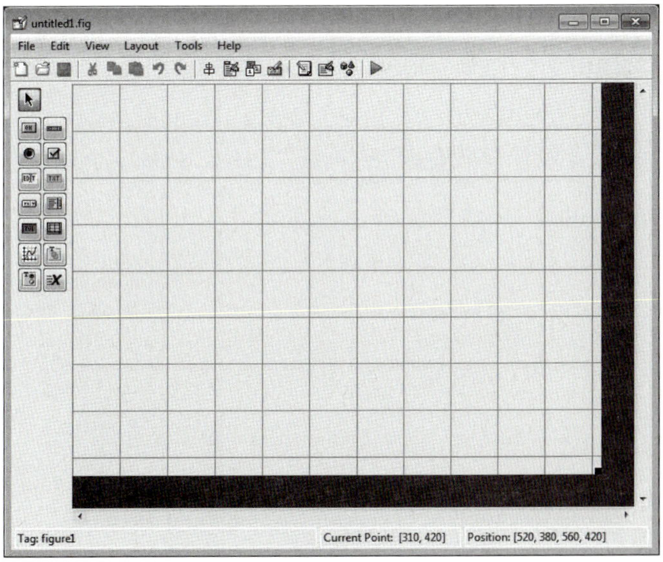

[그림 10-2] GUIDE 레이아웃 편집기

3. GUI 레이아웃 편집기의 아이콘의 왼쪽을 컴포넌트 팔레트라고 하며, 이 컴포넌트 팔레트를 기능별로 표시하기 위해서는 레이아웃 편집기의 File -> perferences -> GUIDE 순서대로 마우스를 클릭하고 선택창에서 "Show

name in component palette"를 선택하면 그림 10-3과 같은 기능별 표시로 바뀌게 된다.

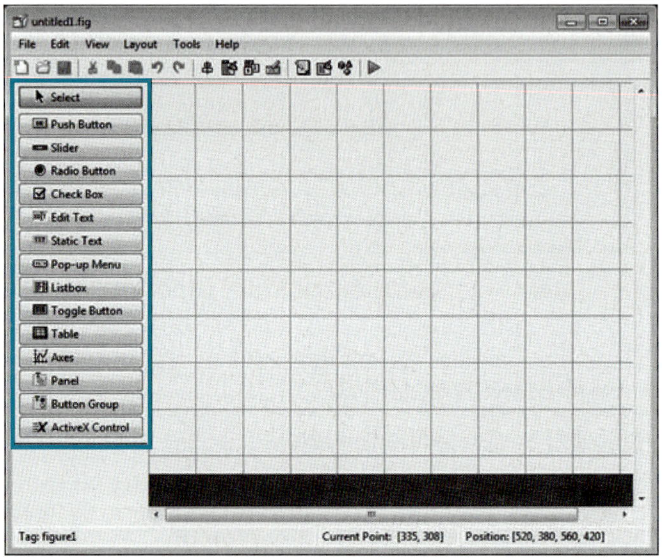

[그림 10-3] 기능별 컴포넌트 팔레트 GUIDE 레이아웃 편집기 화면

4. 컴포넌트 팔레트에서 사용될 아이콘을 클릭한 다음 GUIDE 창에 배치하면 된다. 그리고 GUI 구성요소들의 크기와 위치는 마우스로 재조정한다.

2) 컴포넌트 팔레트 설명

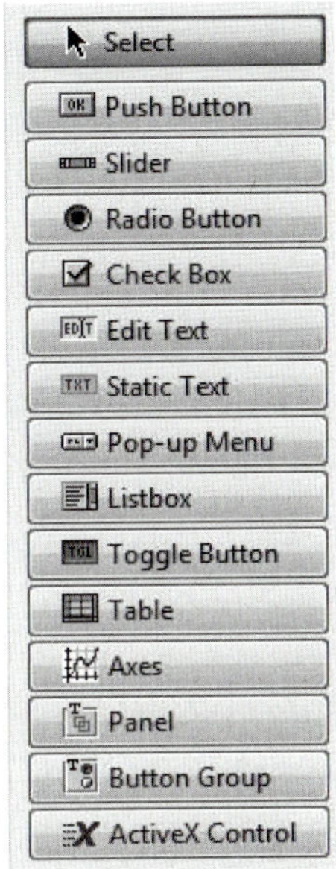

[그림 10-4] 컴포넌트 팔레트 아이콘

● Push Button

클릭하면 푸시버튼 아이콘을 생성한다. gui창에 푸시버튼을 놓고 더블 클릭하면 옵션 상자가 나타나며 설정을 마치고 OK버튼을 클릭하면 설정이 적용된다.

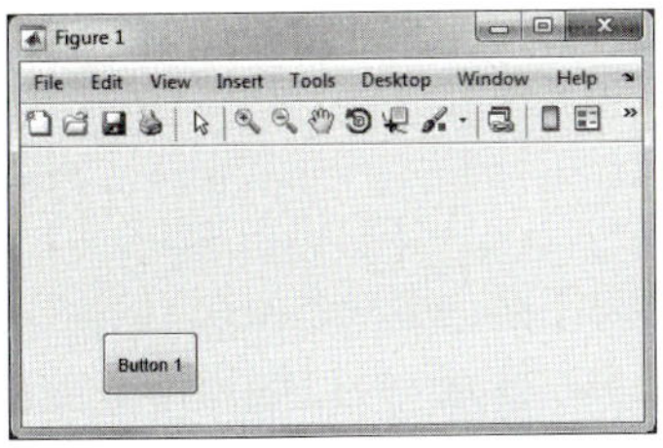

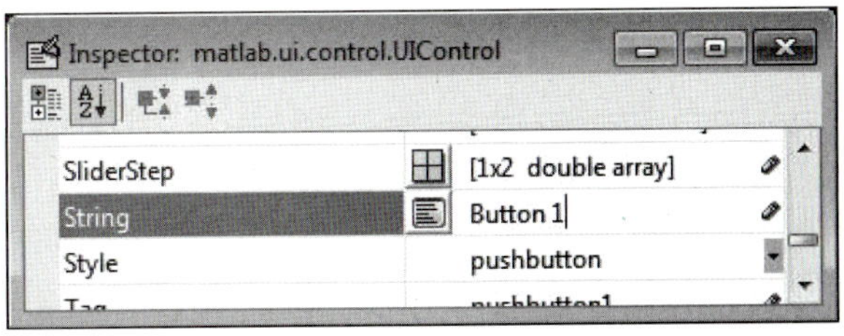

[그림 10-5] 푸시버튼 활성화 및 속성 설정 화면

●Slider 아이콘

슬라이더 아이콘은 슬라이딩 바를 이동하여 지정된 범위 내에서 숫자 입력을 받아들인다. 사용자가 클릭하여 슬라이더를 이동시킬 수 있다. 슬라이더의 범위는 슬라이더 속성 화면의 Min, Max에서 변경할 수 있다.

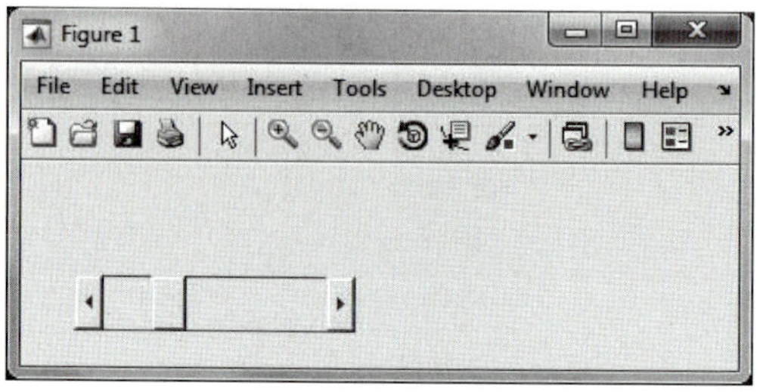

[그림 10-6] 슬라이더 버튼 활성화 화면

● Radio Button

라디오 버튼 체크 박스와 유사하지만 라디오 버튼은 일반적으로 라디오 버튼 그룹 내에서 상호 배타적으로 사용된다. 즉, 하나의 버튼을 선택하게 되면 이전에 선택한 버튼을 선택 취소가 된다. 라디오 버튼을 활성화하려면, 객체에서 마우스 버튼을 클릭하면 된다.

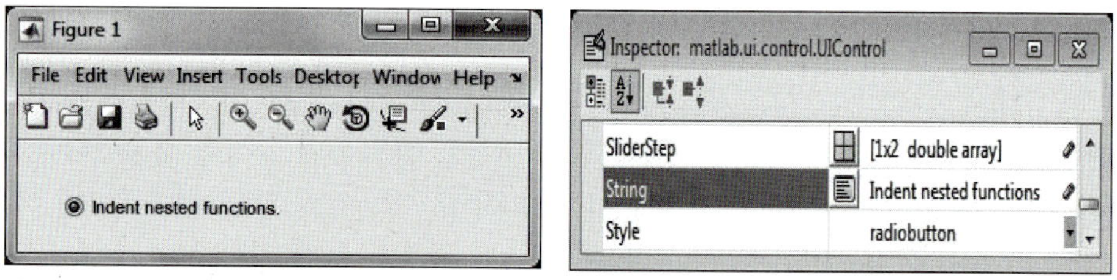

[그림 10-7] 라디오 버튼 활성화 및 속성 설정 화면

● Check box

체크 박스는 라디오 버튼과 유사하지만, 상태에 대한 선택 유무만을 알 수 있는 아이콘이다. 체크 박스가 체크되어야만 활성화가 된다.

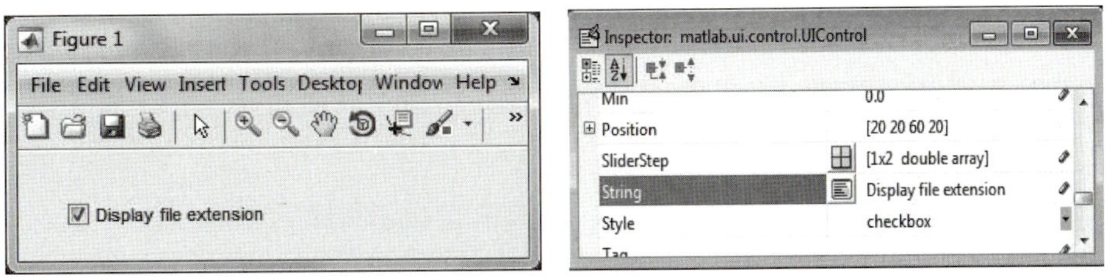

[그림 10-8] 체크 박스 활성화 및 속성 설정 화면

●Edit Text

텍스트 편집 구성 요소를 입력하거나 텍스트 문자열을 수정할 수 있도록 하는 필드이다. 입력으로 텍스트를 편집할 때 텍스트를 사용한다. 사용자가 숫자를 입력하게 되면, callback 함수에서 입력은 문자로 인식되어 숫자로 변환해야 한다.

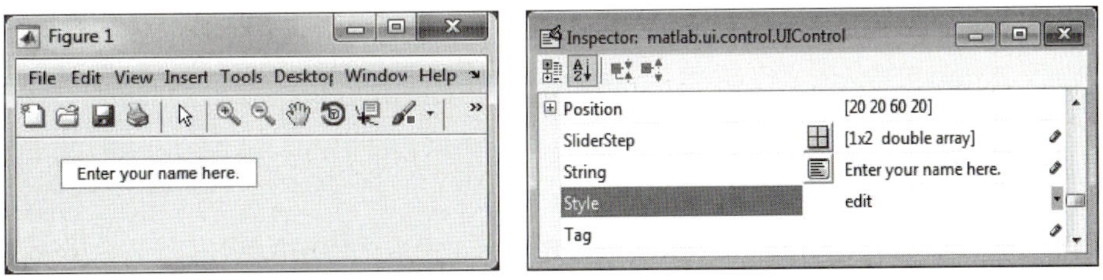

[그림 10-9] Edit Text의 활성화 및 속성 설정 화면

●Static Text

정적 텍스트는 통상적으로 사용자에게 다른 컨트롤 레이블의 결과를 화면에 나타내기 위해서 사용하거나 또는 슬라이더와 연관된 값을 나타낼 수 있다.

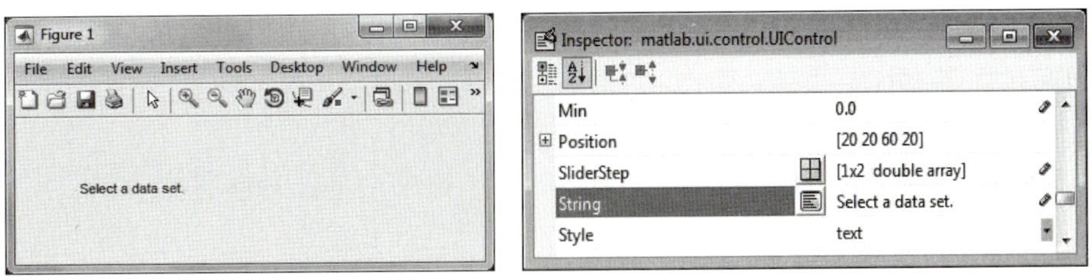

[그림 10-10] Static Text의 활성화 및 속성 설정 화면

● Pop-Up Menu

팝업 선택의 목록을 사용자가 화살표를 클릭할 때 활성화된다.

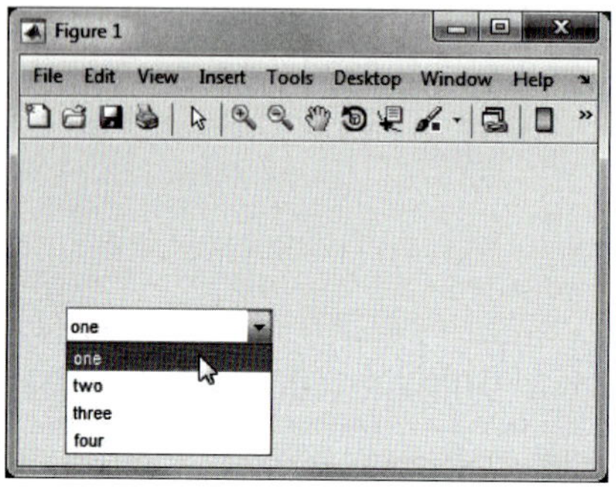

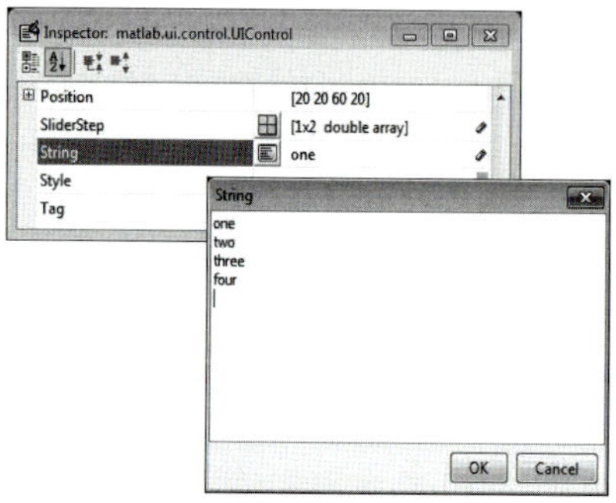

[그림 10-11] Pop-Up Menu의 활성화 및 속성 설정 화면

● List Box

리스트 박스는 하나 이상의 아이템을 선택할 수 있도록 아이템 리스트를 표시한다.

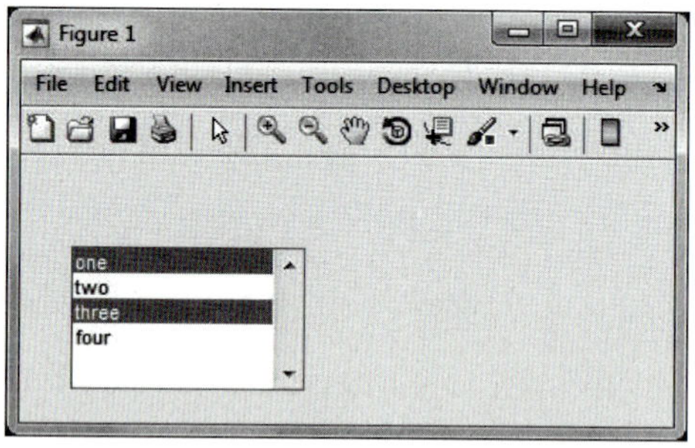

[그림 10-12] List Box의 활성화

● Toggle Button

토글 버튼은 활성화를 생성하고 그들이 또는 해제 여부를 나타낸다.

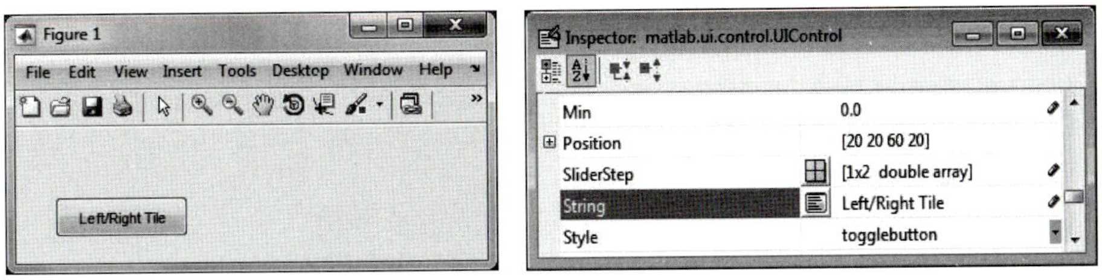

[그림 10-13] Toggle Button의 활성화 및 속성 설정 화면

● Table Button

테이블 버튼은 테이블 구성 요소를 나타낸다.

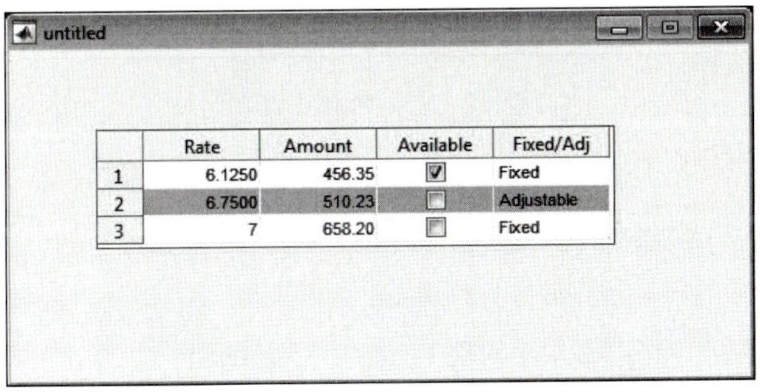

[그림 10-14] Table Button의 활성화

● Axes

화면에 디스플레이될 수 있도록 화면창을 활성화할 수 있다.

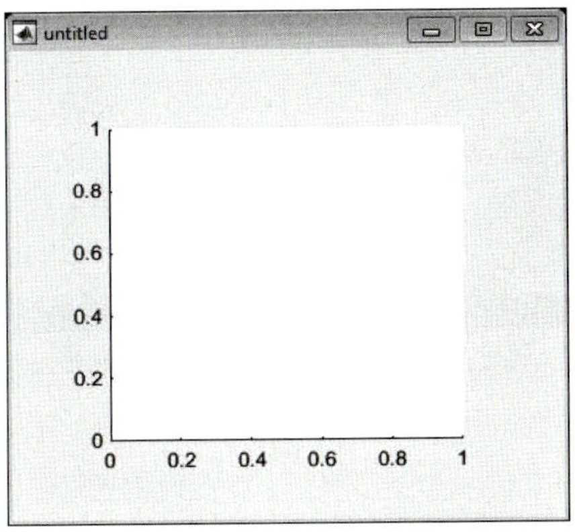

[그림 10-15] Axes의 활성화

● Panel

사용자에서 보다 쉽게 선택할 수 있도록 각종 버튼을 모아서 나타낸다.

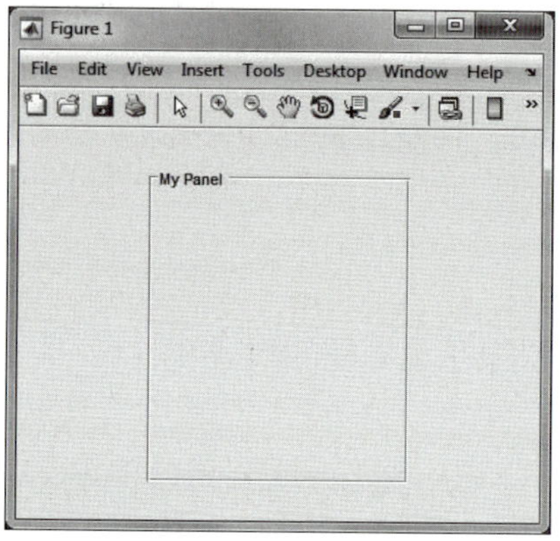

[그림 10-16] Panel의 활성화

10.1.1 이미지 디스플레이

1) 그림창, 텍스트 편집, 푸시버튼을 GUIDE 창에 배치

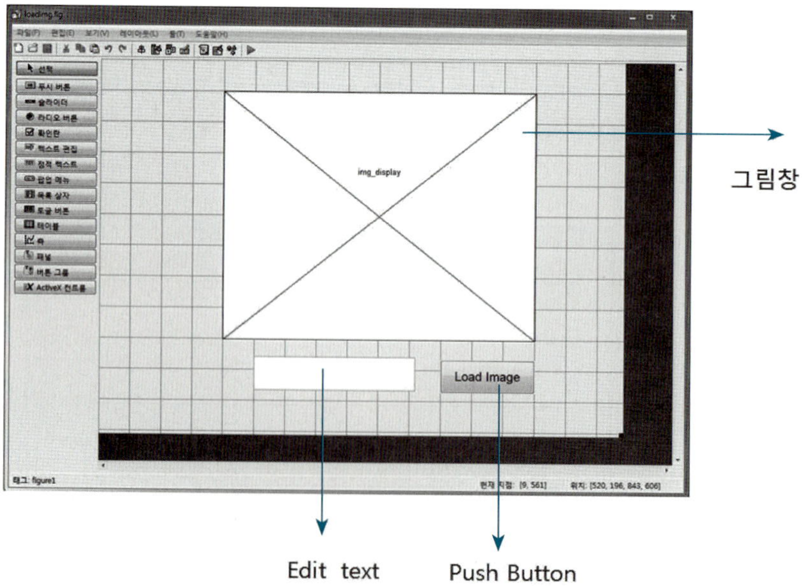

[그림 10-17] GUIDE 레이아웃 편집기 배치 화면

2) 그림창의 속성 변경(tag : Img_display)

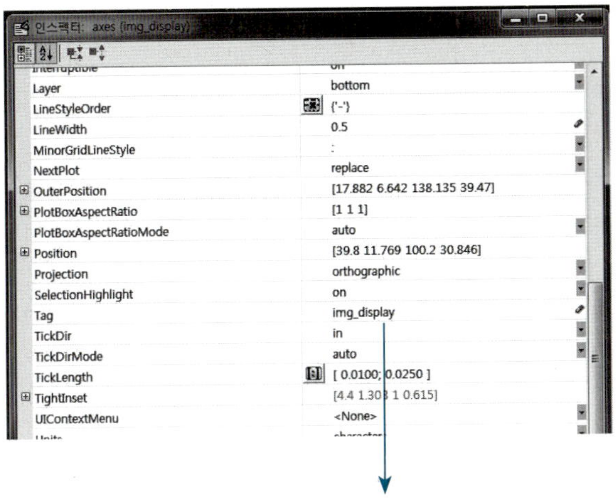

[그림 10-18] 그림창의 속성 변경

3) 푸시버튼 속성 변경(tag : pb_load, string : Load Image)

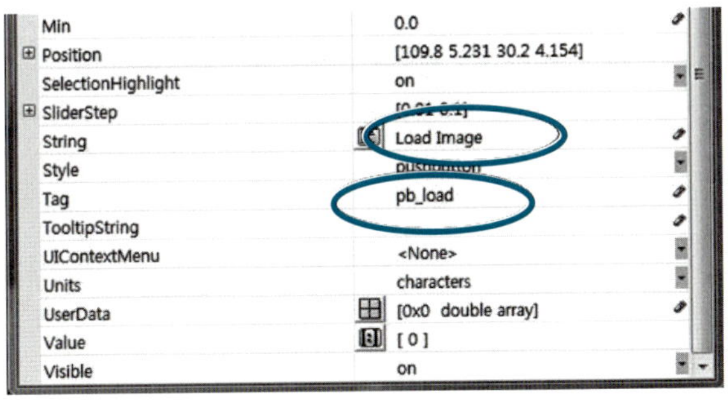

[그림 10-19] 푸시버튼 속성 변경

4) 텍스트 편집기 변경(string --〉 빈 공간)

5) 푸시버튼 callback 함수 편집

```
function pb_load_Callback(hObject, eventdata, handles)

[filename, pathname] = uigetfile({'*.bmp';'*.jpg';'*.gif';'*.*'}, 'Pick an Image File');
img=imread([pathname,filename]);
set(handles.edit1,'String',[pathname,filename]);
axes(handles.img_display);
imagesc(img);
set(handles.img_display,'Visible','off');
guidata(hObject, handles);
```

[그림 10-20] GUI를 이용한 영상 디스플레이 화면

10.1.2 산술 연산 적용 결과

1) 그림창 2개 , 텍스트 편집 4개, 정적 텍스트 4개 GUIDE 창에 배치

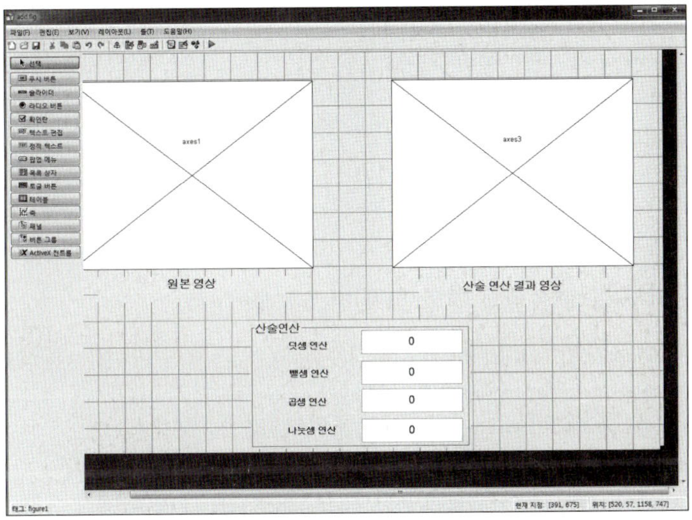

[그림 10-21] GUIDE 레이아웃 편집기 배치 화면

2) 정적 텍스트 속성 변경

- text1 : string -> 덧셈 연산
- text2 : string -> 뺄셈 연산
- text3 : string -> 곱셈 연산
- text4 : string -> 나눗셈 연산

3) 텍스트 편집기 변경 (string --> 빈 공간)

4) 텍스트 편집기 callback 함수 편집

① 첫 번째 그림창에 원본 영상을 디스플레이

```
function add_OpeningFcn(hObject, eventdata, handles, varargin)

handles.I = imread('cameraman.tif');
J=handles.I;
axes(handles.axes1);
imshow(J)
```

② 덧셈 연산에 대한 산술 연산 결과 디스플레이

```
function edit1_Callback(hObject, eventdata, handles)
A=str2num(get(handles.edit1, 'String')); % 문자를 숫자로 변경
J=handles.I;
ADDJ=imadd(J,A);                          % 덧셈 연산
axes(handles.axes3);                      % 출력할 그림창
imshow(ADDJ,[]);                          % 영상 디스플레이
```

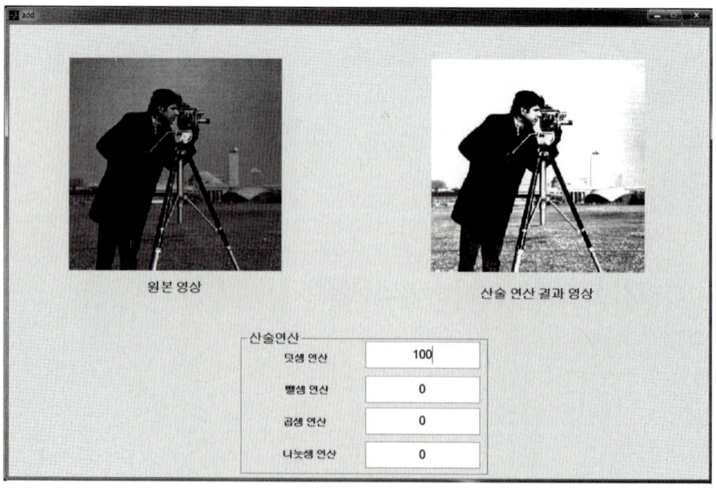

[그림 10-22] 덧셈 연산 결과 화면

③ 빨셈 연산에 대한 산술 연산 결과 디스플레이

```
function edit2_Callback(hObject, eventdata, handles)
 B=str2num(get(handles.edit2, 'String')); % 문자를 숫자로 변경
 J=handles.I;
  subJ=imsubtract(J,B);                    % 뺄셈 연산
axes(handles.axes3);
 imshow(subJ,[]);
```

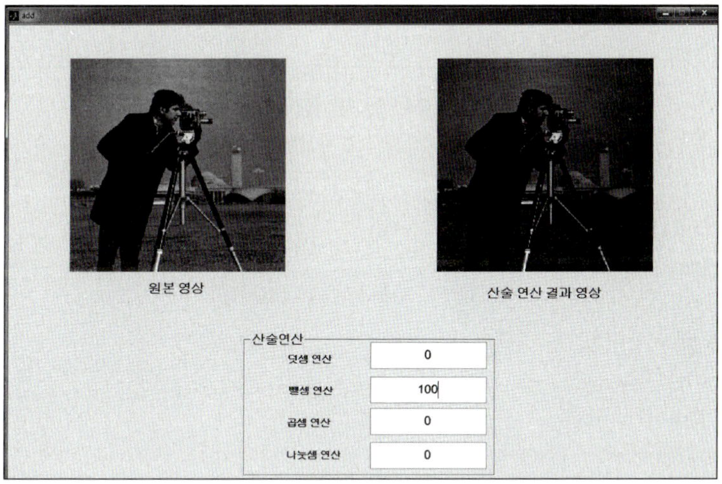

[그림 10-23] 뺄셈 연산 결과 화면

④ 곱셈 연산에 대한 산술 연산 결과 디스플레이

```
function edit3_Callback(hObject, eventdata, handles)
 C=str2num(get(handles.edit3, 'String'));
 J=handles.I;
 multJ=immultiply(J,C);              % 곱셈 연산
axes(handles.axes3);
 imshow(multJ,[]);
```

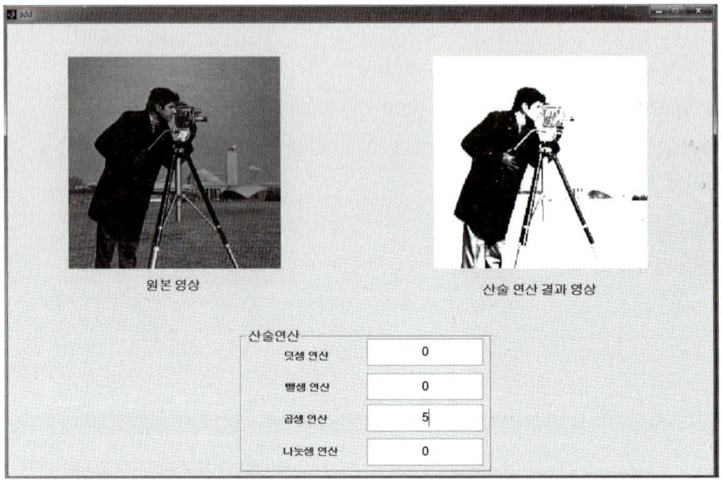

[그림 10-24] 곱셈 연산 결과 화면

⑤ 나눗셈 연산에 대한 산술 연산 결과 디스플레이

```
function edit4_Callback(hObject, eventdata, handles)
 D=str2num(get(handles.edit4, 'String'));
 J=handles.I;
 divJ=imdivide(J,D);                    % 나눗셈 연산
axes(handles.axes3);
 imshow(divJ,[]);
```

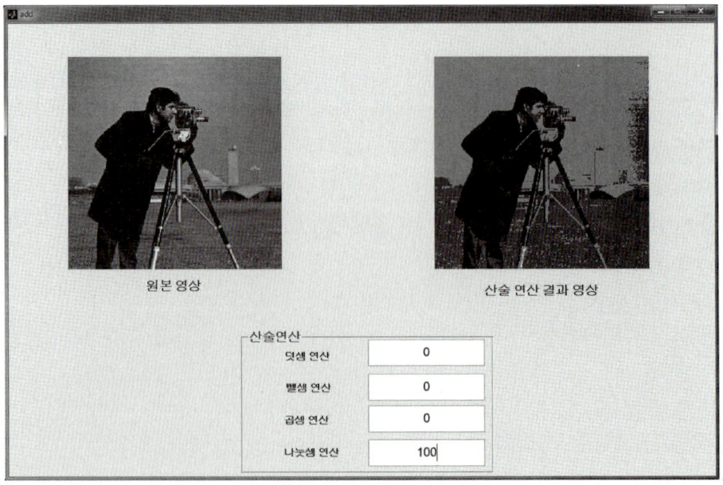

[그림 10-25] 나눗셈 연산 결과 화면

10.2 슬라이더 컨트롤을 이용한 데이터 입력

이 절에서는 슬라이더 컨트롤을 이용하여 산술 덧셈 기능을 개선하는 방법을 살펴보자. 슬라이더 컨트롤은 마우스를 이용하여 슬라이더를 움직임으로써 미리 정해진 범위 내의 숫자를 입력할 수 있도록 해주는 컨트롤이다.

1) 그림창 1개 , 슬라이더 컨트롤 버튼 1개, 텍스트 편집기 1개 GUIDE 창에 배치

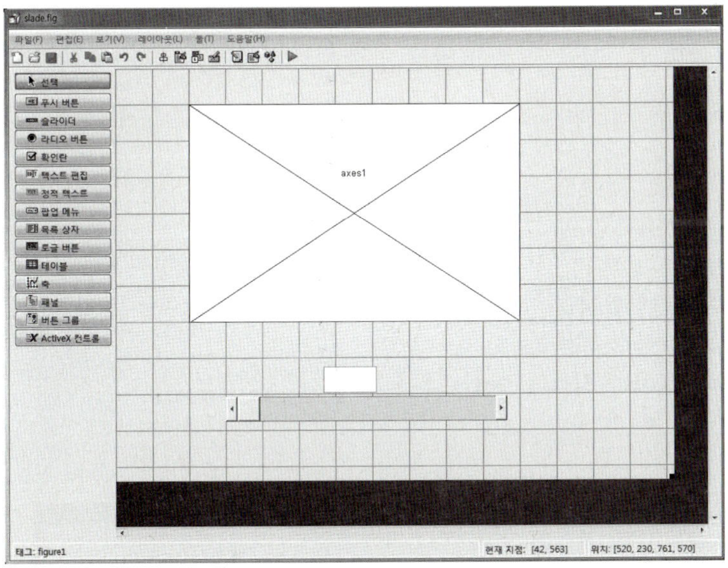

2) 텍스트 편집기 변경 (string --> 빈 공간)

3) 슬라이더 편집기 변경 (max --> 360)

4) 텍스트 편집기 callback 함수 편집

① 첫 번째 그림창에 원본 영상을 디스플레이

```
function add_OpeningFcn(hObject, eventdata, handles, varargin)

handles.I = imread('cameraman.tif');
J=handles.I;
axes(handles.axes1);
imshow(J)
```

② 슬라이더 컨트롤을 이용한 영상 회전 디스플레이

```
function slider1_Callback(hObject, eventdata, handles)
 J=handles.I;
 angle = round(get(hObject,'Value') );
 axes(handles.axes1);
 imshow(imrotate(J,angle),findobj(hObject,'Tag','axes1'));
 get(handles.edit1, 'String');
 set(handles.edit1,'String',angle);
```

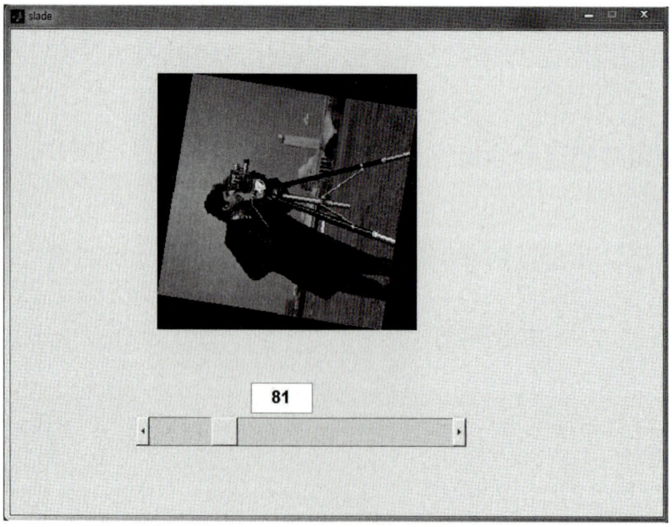

[그림 10-26] 슬라이드 컨트롤을 이용한 영상의 회전 화면

10.3 마우스 입력 활용

6장에서 작성한 워핑 프로그램에서는 제어선에 대한 좌표를 프로그램 안에서 지정했었고 서로 대응되는 제어선의 좌표는 PhotoShop이나 PaintShop Pro 같이 영상 편집 프로그램을 이용하여 구해야 한다. 따라서 새로운 워핑을 적용해 보기 위해서는 거쳐야할 과정도 복잡하고 프로그램을 수정하고 다시 컴파일해야 하는 불편이 있다.

이 절에서는 제어선을 마우스 입력으로부터 자동으로 생성하여 워핑을 손쉽게 적용하는 방법을 살펴보자. 6장에서는 많은 수의 제어선을 적용했었는데, 여기에서는 하나의 제어선만을 지정하고 워핑을 수행하도록 하자. 입력 영상에서 한 점 A 위에서 마우스 버튼을 누르고, 버튼을 누른 상태 그대로 마우스를 움직이다가, 점 B에서 마우스 버튼을 놓으면, A위치의 영상이 B위치로 이동되도록 워핑을 수행하자. 그림 10-27에는 입력 영상에서 코 앞 부분의 점을 입술위치로 이동하도록 지정한 예와 그에 대한 워핑 결과가 나타나 있다.

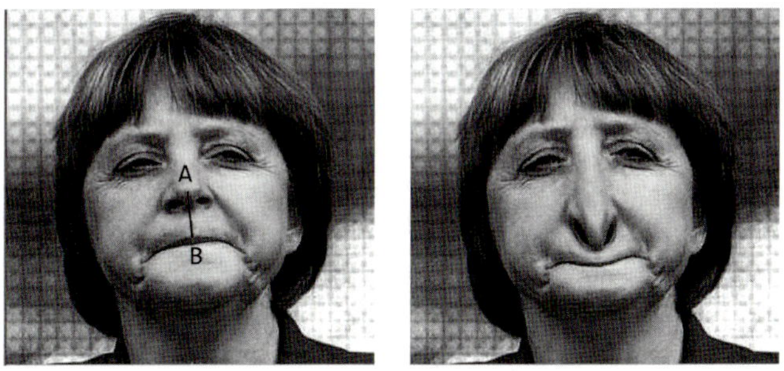

[그림 10-27] 워핑의 적용 예

6장에서 작성한 워핑 프로그램에서는 입력 영상과 출력 영상에서 서로 대응되는 부분을 제어선을 이용하여 지정하였다. 따라서 위와 같이 점 A가 점 B로 이동하도록 지정하면, 이를 워핑 알고리즘에 이용하기 위해서는 제어선으로 변환해 줄 필요가 있다. 제어선으로 변환하는 방법에 여러 가지가 있겠지만, 여기에서는 그림 10-28과 같은 방법을 사용하기로 하자. 마우스 입력에 의해 점 A와 B가 지정되면 A와 B를 지나는 직선상에서 A의 뒤에 있는 점 P를 정한다. 이때 P에서 A

까지의 거리가 A에서 B까지의 거리의 반절이 되도록 한다. 그 다음에는 입력 영상의 제어선은 P에서 A까지의 직선으로 설정하고 출력 영상의 제어선은 P에서 B까지의 직선으로 설정한다. 이렇게 설정함으로써 A 점이 B 점으로 이동하고 주변의 픽셀들도 자연스럽게 이동되도록 할 수 있다.

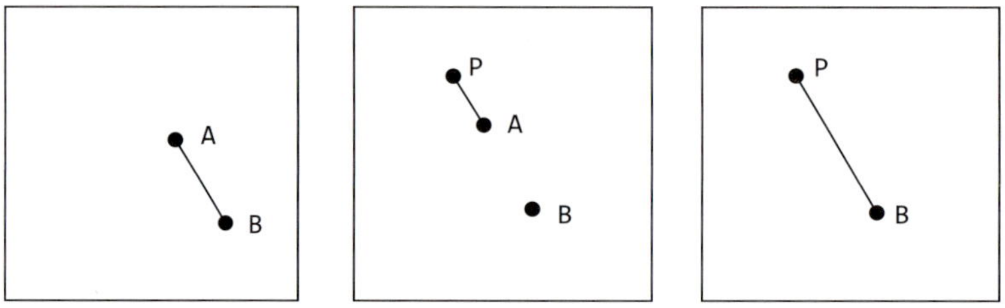

(a) 마우스 입력 (b) 입력 영상의 제어선 (c) 출력 영상의 제어선

[그림 10-28] 제어선 생성

```
if (Ax < Bx) Px = Ax - (Bx - Ax) / 2;
else Px = Ax + (Ax - Bx) / 2;

if (Ay < By) Py = Ay - (By - Ay) / 2;
else Py = Ay + (Ay - By) / 2;
```

앞과 같이 제어선을 생성하고, 영상의 경계선에 대해 그림 10-29와 같이 4개의 제어선을 추가해 주어야 한다. 점 A의 좌표를 (Ax, Ay)라 하고 점 B의 좌표를 (Bx, By)라 할 때 점 P의 좌표 (Px, Py)를 구하는 코드는 다음과 같이 작성할 수 있다.

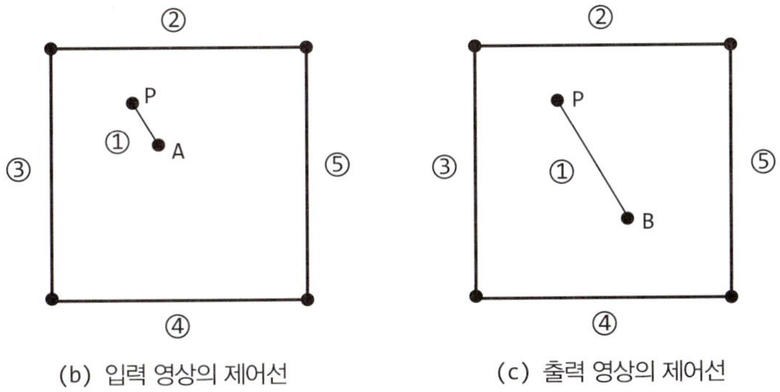

[그림 10-29] 영상의 경계에 대한 제어선 생성

영상의 경계에 대한 제어선을 추가하지 않으면 영상의 경계부분이 영향을 받아서 영상이 확대되어 버리는 결과가 발생한다. 그림 10-30에는 대응되는 점 A,B에 대한 제어선만 생성하고 영상의 경계에 대한 제어선을 사용하지 않은 경우에 대한 워핑 결과가 나타나 있다.

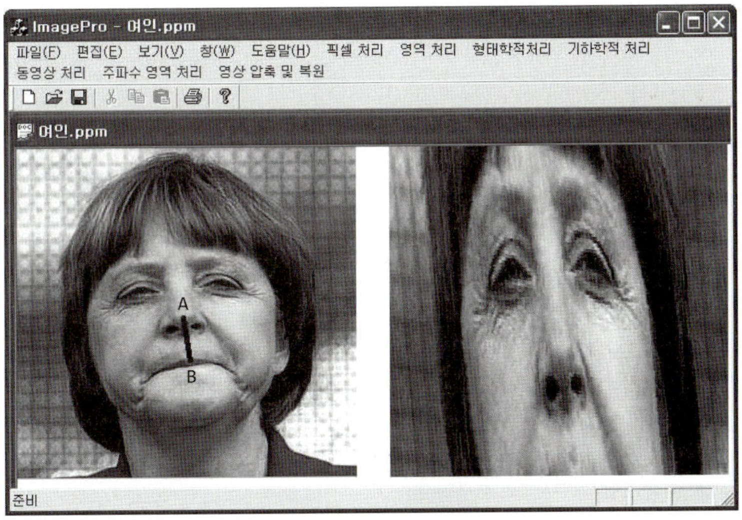

[그림 10-30] 경계에 대한 제어선을 사용하지 않은 경우의 워핑

이제부터 마우스 입력을 이용한 워핑 프로그램을 작성해 보도록 하자.

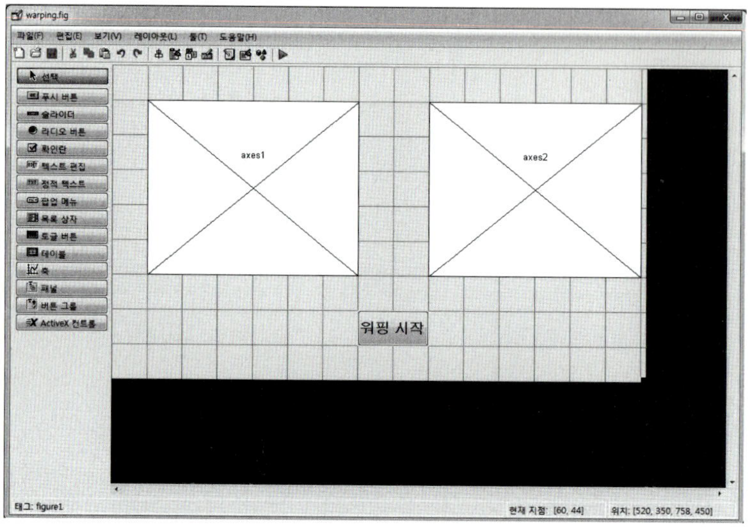

[그림 10-31] 워핑을 위한 GUIDE 레이아웃 편집기 화면

1) 프로그램

```
function warping_OpeningFcn(hObject, eventdata, handles, varargin)

handles.I = imread('여인.ppm');
J=handles.I;
axes(handles.axes1);
imshow(J)
global k Ax Ay Bx By
k=0;
handles.output = hObject;
guidata(hObject, handles);

function figure1_WindowButtonDownFcn(hObject, eventdata, handles)
global k Ax Ay Bx By
cursorPoint = get(handles.axes1, 'CurrentPoint');
curX = round(cursorPoint(1,1));
curY = round(cursorPoint(1,2));
if(k==1)
  k=2;
  Bx= curX;
```

```
 By= curY;
 axes(handles.axes1);
 hold on;
if (Bx>Ax)
 xx=Ax:Bx;
 yy=((By-Ay)*(xx-Ax))/(Bx-Ax)+Ay;
else
 xx=Bx:Ax;
 yy=((Ay-By)*(xx-Bx))/(Ax-Bx)+By;
end
 plot(xx,yy);
end

 if (k==0)
    k=1;
    Ax= curX;
    Ay=curY;
 end
 guidata(hObject, handles);

function pushbutton1_Callback(hObject, eventdata, handles)
global k Ax Ay Bx By

if (Ax<Bx) Px=round(Ax-(Bx-Ax)/2);
else Px=round(Ax+(Bx-Ax)/2);
end
if (Ax<Bx) Py=round(Ay-(By-Ay)/2);
else Py=round(Ay+(By-Ay)/2);
end

K= handles.I;
warp_I=uint8(zeros(size(K)));
size(K);
size(K,3);
SI=[Px,Py,Ax,Ay;1,1,size(K,2),1;1,1,1,size(K,1);1,size(K,1),size(K,2),...
size(K,1);size(K,1),1,size(K,2),size(K,1)];
```

```
DI=[Px,Py,Bx,By;1,1,size(K,2),1;1,1,1,size(K,1);1,size(K,1),size(K,2),...
size(K,1);size(K, 1),1,size(K,2),size(K,1)];

DI_x1=DI(:,1,:,:);
DI_y1=DI(:,2,:,:);
DI_x2=DI(:,3,:,:);
DI_y2=DI(:,4,:,:);

SI_x1=SI(:,1,:,:);
SI_y1=SI(:,2,:,:);
SI_x2=SI(:,3,:,:);
SI_y2=SI(:,4,:,:);

for y=1:size(K,1)
 for x=1:size(K,2)
    tx=0;
    ty=0;
    totalweight=0;
    for line =1:length(DI)
        x1=DI_x1(line);
        y1=DI_y1(line);
        x2=DI_x2(line);
        y2=DI_y2(line);

dest_line_length = sqrt((x2-x1)^2+(y2-y1)^2);
u= (((x-x1)*(x2-x1))+((y-y1)*(y2-y1)))/((x2-x1)^2+(y2-y1)^2);
h= ((y-y1)*(x2-x1)-(x-x1)*(y2-y1))/dest_line_length ;
if (u<0) d=sqrt((x-x1)^2+(y-y1)^2);
elseif (u>1) d=sqrt((x-x2)^2+(y-y2)^2);
else  d=abs(h); end
 src_x1=SI_x1(line);
 src_y1=SI_y1(line);
 src_x2=SI_x2(line);
 src_y2=SI_y2(line);
 src_line_length = sqrt((src_x2-src_x1)^2+(src_y2-src_y1)^2);
% 입력 영상에서의 대응 픽셀 위치 계산
xp= src_x1+u*(src_x2-src_x1)-(h*(src_y2-src_y1))/src_line_length;
```

```
yp= src_y1+u*(src_y2-src_y1)+(h*(src_x2-src_x1))/src_line_length;
% 제어선에 대한 가중치 계산
a=0.001; b=2; p=0.75;
weight = (dest_line_length^p/(a+d))^b;
%대응 픽셀과 변위 계산
tx=tx+(xp-x)*weight;
ty=ty+(yp-y)*weight;
totalweight= totalweight+weight;
end
source_x = x+round(tx/totalweight+0.5);
source_y = y+round(ty/totalweight+0.5);
% 영상의 경제를 벗어나는지 확인
if (source_x < 1 ) source_x=1; end
if (source_x > size(I,2)) source_x = size(I,2); end
if (source_y < 1 ) source_y=1; end
if (source_y > size(I,1)) source_y=size(I,1); end
% 그레이 스케일 영상과 컬러 영상 확인
if size(K,3)==3
  warp_I(y,x,1)=K(source_y,source_x,1);
  warp_I(y,x,2)=K(source_y,source_x,2);
  warp_I(y,x,3)=K(source_y,source_x,3);
else
warp_I(y,x)=uint8(K(source_y,source_x));
end
end
end
axes(handles.axes2);
imshow(warp_I,[])
```

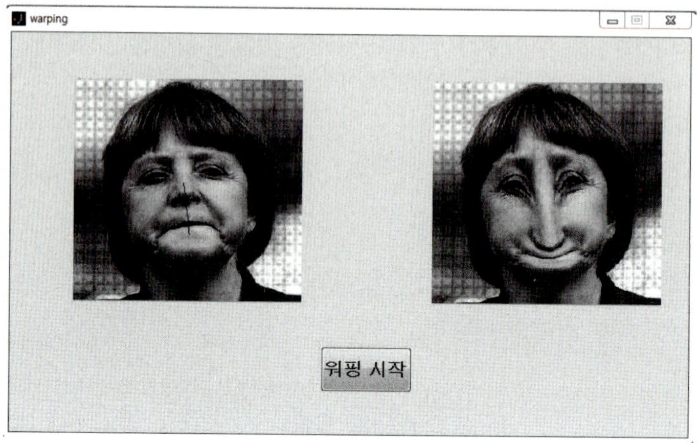

[그림 10-32] 워핑 적용 결과

연 습 문 제

01 편집상자를 이용한 숫자 데이터 입력 방법을 이용하여 축소 연산의 축소 비율, 회전 연산의 회전 각도를 입력할 수 있도록 인터페이스를 구현하라.

02 슬라이더 컨트롤을 이용하여 회전 각도를 입력할 수 있도록 하는 프로그램을 구현하라.

03 작업 진행 상태를 표시해주는 컨트롤을 이용하여 모핑 연산의 진행 상태를 표시할 수 있도록 프로그램을 수정하라.

04 10.3절에서는 워핑을 수행한 결과가 계속 유지되지 않고 다음 마우스 입력 시에 소멸되어 버린다. 워핑 결과가 입력 영상에 반영되게 함으로써 이전의 워핑 결과에 연이어서 워핑을 수행해 나갈 수 있도록 프로그램을 수정하라.

05 10.3절에서는 한 개의 제어선을 지정하여 워핑 연산을 수행하였다. 이를 확장하여 여러 개의 제어선을 지정하여 워핑 연산을 수행할 수 있도록 하라.

CHAPTER

11

단순한 형태의 패턴 검출

CHAPTER

11 단순한 형태의 패턴 검출

하드웨어의 처리 속도가 빨라지고 인식 기술이 발전되면서 패턴 인식 기술도 실생활에 이용될 수 있을 정도로 많이 발전되었다. 현재 실생활에 사용되는 패턴 인식의 예로는 스캔된 문서로부터의 문자 인식, 달리는 자동차로부터의 차량 번호 인식, 출입 통제 시스템에서의 지문 인식, 보안 감시 시스템에서의 범죄자 얼굴 인식 등 아주 다양하다. 패턴 인식을 수행하기 위해서는 먼저 영상으로부터 패턴을 검출해야 한다. 검출하려는 패턴에 따라 다양한 방법들이 있는데 이 장에서는 사각형 물체, 삼각형 물체와 같이 아주 단순한 형태의 패턴을 검출하는 기초적인 방법을 살펴보기로 하자. 삼각형, 사각형 등과 같이 아주 단순한 형태는 물체의 윤곽선의 기하학적 특징을 이용하여 검출할 수 있다. 예를 들어, 정사각형은 네 개의 선분으로 이루어지고 각 선분의 길이가 같으며 선분 사이의 각도가 90도이다. 기하학적 특징을 이용하여 단순한 물체를 검출하기 위하여 물체의 윤곽선을 구하고, 윤곽선을 선분으로 근사화하며, 선분들로부터 기하학적 특징을 계산하는 방법을 사용할 수 있다.

11.1 윤곽선 검출

윤곽선이란 물체의 가장자리 선을 말하는데, 그림 11-1(a)와 같이 물체 내부에 비어있는 공간이 없는 경우에는 바깥쪽 윤곽선만 존재하고 그림 11-1(b)의 도너츠 형태의 물체처럼 물체 내부에 비어있는 부분이 있으면 물체의 바깥쪽 윤곽선과 안쪽 윤곽선이 존재한다.

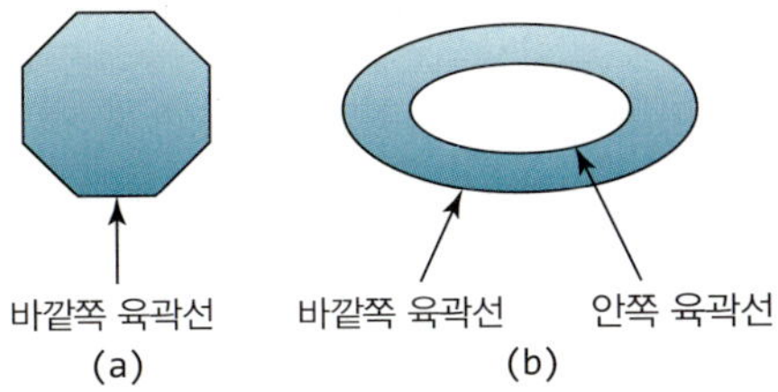

[그림 11-1] 바깥쪽 윤곽선과 안쪽 윤곽선

윤곽선을 추출하는 방법으로는 여러 가지가 있는데, 여기에서는 물체의 가장자리에 있는 한 픽셀로부터 시작하여 가장자리에 있는 픽셀을 계속 따라가다가 시작점에 도착하면 추적을 멈추는 방법을 살펴보기로 하자.

● 단계 1 – 윤곽선 검출의 시작점 탐색

윤곽선 검출의 시작점은 영상의 맨 윗줄의 좌측에 있는 픽셀부터 시작하여 오른쪽 방향으로 스캔하면서 다음의 두 조건을 만족하는 픽셀 $P(x, y)$를 선택한다.

1) $P(x, y)$의 값이 물체의 색과 일치한다.
2) $P(x, y)$ 바로 위의 픽셀이 배경 픽셀이거나 $P(x, y)$가 맨 윗줄에 있는 픽셀이다.

위의 두 번째 조건은 시작점 픽셀이 물체의 가장자리에 위치하는 픽셀이도록 하기 위해 필요하다. 그림 11-2에는 배경 픽셀값이 255이고 물체의 픽셀값이 0인 영상이 나타나 있다. 이 예제에서는 P(2,1)이 위의 조건을 만족하여 시작점으로 선택된다.

	0	1	2	3	4	5
0	255	255	255	255	255	255
1	255	255	0	0	255	255
2	255	0	0	0	0	255
3	255	0	0	0	0	255
4	255	255	0	0	255	255
5	255	255	255	255	255	255

[그림 11-2] 내부가 비어있지 않은 물체 영상 예

그림 11-3에는 내부가 비어있는 물체에 대한 예제 영상이 나타나있다. 이 물체에는 윤곽선이 두 개 존재하는데, 바깥쪽 윤곽선에 대해서는 픽셀 P(2, 0)이 시작점 조건을 만족하고 안쪽 윤곽선에 대해서는 P(2, 5)가 조건을 만족한다.

	0	1	2	3	4	5	6	7
0	255	255	0	0	0	0	255	255
1	255	0	0	0	0	0	0	255
2	0	0	0	255	255	0	0	0
3	0	0	255	255	255	255	0	0
4	0	0	255	255	255	255	0	0
5	0	0	0	255	255	0	0	0
6	255	0	0	0	0	0	0	255
7	255	255	0	0	0	0	255	255

[그림 11-3] 내부가 비어있는 물체 영상 예

● 단계 2 – 인접한 가장자리 픽셀 탐색

윤곽선 검출의 시작점으로부터 물체의 가장자리 픽셀을 한 방향으로 따라가다가 원래 자리에 돌아오면 탐색이 종료된다. 가장자리 픽셀을 따라가는 방향은 시계 방향과 시계 반대 방향 두 가지가 있을 수 있다. 이 교재에서는 바깥쪽 윤곽선의 경우에는 시계 방향으로 따라가고 안쪽 윤곽선의 경우에는 시계 반대 방향으로 따라가는 방법을 사용하기로 하자. 바깥쪽과 안쪽 윤곽선에 대해 반대 방향을 사용하는 이유는 나중에 설명된다.

픽셀 $P(x, y)$가 가장자리 픽셀일 경우에 인접한 가장자리 픽셀은 픽셀 $P(x, y)$ 주위의 8개 픽셀 중에 존재하는데, 이를 찾는 방법은 다음과 같다.

1) 인접 픽셀 중의 한 픽셀에서 검사를 시작한다.
2) 픽셀값이 배경색이면 계속해서 다음 픽셀을 검사한다. 픽셀값이 물체색이면 그 픽셀을 인접한 가장자리 픽셀로 정하고 검사를 멈춘다.

다시 말하면, 인접한 8개의 픽셀을 순서대로 검사하면서 물체색을 가지는 첫 번째 픽셀을 만나면 그 픽셀을 인접한 가장자리 픽셀로 정하는 것이다. 따라서 이들 8개의 픽셀의 값을 어느 픽셀부터 검사를 시작해야 할 것인지와 어떤 순서로 검사해야 할 것인가가 중요하다.

▶인접 픽셀의 검사 순서

가장자리 픽셀 P(x, y) 주위의 8개 픽셀에 그림 11-4와 같이 시계 방향으로 번호를 붙이기로 하자.

7	0	1
6	P(x, y)	2
5	4	3

[그림 11-4] 가장자리 픽셀 P(x,y)의 인접 픽셀 번호

바깥쪽 윤곽선은 시계 방향으로 안쪽 윤곽선은 반시계 방향으로 따라가려면 인접한 가장자리 픽셀은 주위의 8개 픽셀을 시계 방향으로 탐색해야 한다. 주위의 8개 픽셀을 반시계 방향으로 탐색하면 바깥쪽 윤곽선은 반시계 방향으로 안쪽 윤곽선은 시계 방향으로 추적된다. 그림 11-5에는 $P(x, y)$가 바깥쪽 윤곽선 검출의 시작점일 경우에 주위의 픽셀들이 가질 수 있는 값의 예가 나타나 있다. 그림 11-5의 (a)의 경우에 가장자리 픽셀은 그림 11-4의 픽셀 번호에 따르면 2번과 5번 픽셀이다. 2번 픽셀을 따라가기 시작하면 물체의 윤곽선을 시계방향으로 따라가게 되고 5번 픽셀을 따라가기 시작하면 반시계 방향으로 따라가게 된다. 이 교재에서는 바깥쪽 외곽선의 경우 시계 방향으로 따라가고자 하므로 2번 픽셀이 먼저 검사되도록 해야 한다. 만약에 0번부터 시작하여 인접 픽셀들의 값을 검사한다면 시계 방향으로 검사를 해야 할 것이다. 그림 11-5의 (b), (c), (d) 각각 3번, 4번, 5번 픽셀이 인접한 가장자리 픽셀로 선택되어야 하는데, 이들 각각은 0번부터 시작해서 시계 방향으로 가다가 처음으로 만나는 물체색을 가진 픽셀이다. 이와 같이 바깥쪽 윤곽선을 시계 방향으로 따라가기 위해서는 인접한 픽셀을 시계 방향으로 검사해야 하는 것을 알 수 있다.

(a)			(b)			(c)			(d)			(e)		
	255	255	255	255	255	255	255	255	255	255	255	255	255	255
255	0	0	255	0	255	255	0	255	255	0	255	255	0	255
0	0	0	0	0	0	0	0	255	0	255	255	255	255	255

[그림 11-5] 중심점이 바깥쪽 윤곽선의 시작점인 경우 인접 픽셀값의 예

그림 11-6에는 $P(x, y)$가 안쪽 윤곽선 검출의 시작점일 경우에 주위의 픽셀들이 가질 수 있는 값의 몇몇 예가 나타나 있다. 그림 11-6의(a)의 경우에 가장자리 픽셀은 그림 11-4의 픽셀 번호에 따르면 1번과 7번 픽셀이다. 1번 픽셀을 따라가기 시작하면 물체의 윤곽선을 반시계방향으로 따라가게 되고 7번 픽셀을 따라가기 시작하면 시계 방향으로 따라가게 된다. 이 교재에서는 안쪽 윤곽선의 경우 반시계 방향으로 따라가고자 하므로 1번 픽셀이 먼저 검사되도록 해야 한다. 만약에 0번부터 시작하여 인접 픽셀들의 값을 검사한다면 시계 방향으로 검사를 해야 할 것이다. 그림 11-6의 (b), (c), (d), (e) 각각 2번, 3번, 4번, 5번 픽셀이 인접한 가장자리 픽셀로 선택되어야 하는데, 이들 각각은 0번부터 시작해서 시계 방향으로 가다가 처음으로 만나는 물체색을 가진 픽셀이다. 이와 같이 안쪽 윤곽선을 반시계 방향으로 따라가기 위해서는 인접한 픽셀을 시계 방향으로 검사해야 하는 것을 알 수 있다. 바깥쪽과 안쪽 윤곽선 모두 같은 방법을 사용해서 검출할 수 있도록 하기 위해, 즉 인접 픽셀을 시계 방향으로 탐색함으로써 검출할 수 있도록 하기 위해, 윤곽선을 따라가는 방향을 반대로 한 것이다.

(a)			(b)			(c)			(d)			(e)		
0	255	0	0	255	255	0	255	255	0	255	255	0	255	255
0	0	0	0	0	0	0	0	255	0	0	255	0	0	255
0	0	0	0	0	0	0	0	0	0	0	255	0	255	255

[그림 11-6] 중심점이 안쪽 윤곽선의 시작점인 경우 인접 픽셀값의 예

▶인접 픽셀의 검사 시작 위치

인접 픽셀 검사의 시작 위치는 현재까지 가장자리 픽셀을 탐색해 온 방향에 따

라 다르게 결정된다. 먼저 윤곽선 검출의 시작점에서는 어느 픽셀부터 탐색해야 할지 살펴보자. 그림 11-5에 나타나 있듯이 $P(x, y)$가 바깥쪽 윤곽선 검출의 시작점일 경우에, 맨 윗줄에는 모두 배경 픽셀이 와야 한다. 윗줄의 픽셀이 배경 픽셀이 아니라면 그중의 하나가 시작점으로 선택되었을 것이기 때문이다. 따라서 2번 픽셀을 시작으로 시계 방향으로 검사를 하면 된다. 안쪽 윤곽선의 경우에는 시작점 조건에 의해 0번 픽셀은 배경색이어야 하고 1번 픽셀부터 물체색을 가질 수 있다. 따라서 안쪽 윤곽선의 경우에는 1번 픽셀부터 시작해야 한다. 바깥쪽 윤곽선의 경우에도 1번부터 시작해도 문제가 없으므로 윤곽선 검출의 시작점의 경우에는 1번 픽셀부터 검사를 시작하도록 하자.

그러면 윤곽선을 따라가는 도중에는 어느 픽셀부터 검사를 시작해야 할 것인지 살펴보자. 표 11-1에는 현재의 탐색에서 가장자리 픽셀로 선택된 픽셀 번호와 그에 따른 다음의 탐색에서 인접 픽셀의 검사를 시작할 픽셀 번호가 나타나 있다.

<표 11-1> 가장자리 픽셀의 위치와 다음의 검사 시작 위치

가장자리 픽셀 발견 위치	다음 검사 시작 위치
0	7
1	7
2	1
3	1
4	3
5	3
6	5
7	5

그림 11-7에는 윤곽선 탐색에 대해 표 11-1에 나타나있는 내용을 도식화한 결과가 나타나 있다. 그림에서 픽셀의 값이 255인 것은 배경을 나타내고 0인 것은 물체를 나타내며, X로 표시한 것은 픽셀값이 0이거나 255이거나 관계없다는 것을 의미한다. 그림에서 현재의 가장자리 픽셀 탐색은 중앙의 색칠이 되어 있는 9개의 픽셀에서 수행되고 있다. 정중앙에 있는 가장자리 픽셀로부터 현재의 탐색에서 발견된 가장자리 픽셀까지 화살표가 표시되어 있다. 그리고 발견된 가장자

리 픽셀을 중심으로 다음 단계 탐색 영역이 설정되는데, 그림 **11-7**에서는 다음 단계의 탐색 영역을 점선 사각형으로 표시하고 있다. 점선 사각형의 중심에 있는 픽셀로부터 화살표가 그려져 있는데, 이 화살표가 가리키는 픽셀이 다음 단계 탐색에서의 검사 시작 픽셀이 된다.

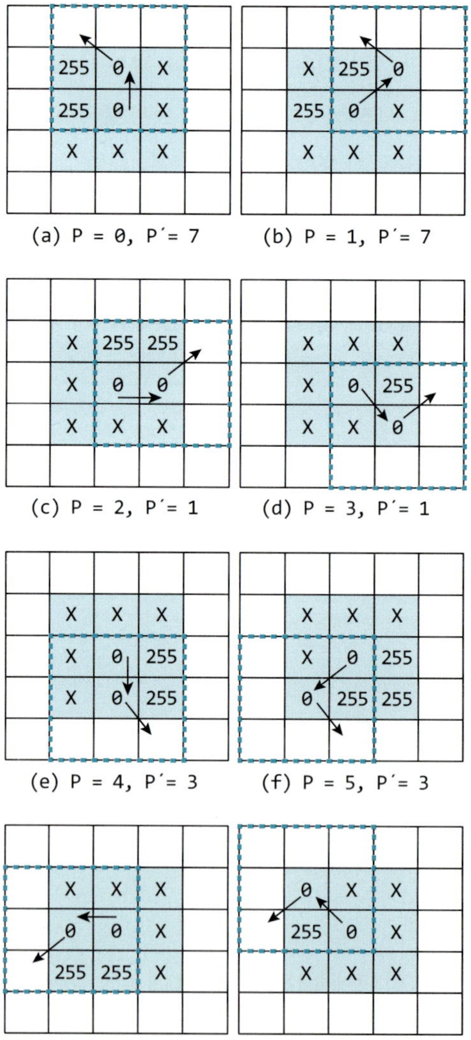

(a) P = 0, P′= 7 (b) P = 1, P′= 7 (c) P = 2, P′= 1 (d) P = 3, P′= 1 (e) P = 4, P′= 3 (f) P = 5, P′= 3 (g) P = 6, P′= 5 (h) P = 7, P′= 5

[그림 11-7] 가장자리 픽셀 탐색

(P : 현재 탐색에서의 가장자리 픽셀 위치, P' : 다음 탐색의 검사 시작 위치)

그림 11-7의 (a)와 (b)에 나타나 있듯이 현재 탐색에서 발견된 가장자리 픽셀이 0번이거나 1번 픽셀이면, 그 픽셀의 왼쪽 픽셀은 반드시 배경 픽셀이어야 한다. 만약에 왼쪽에 있는 픽셀이 배경 픽셀이 아니었다면 그 픽셀이 가장자리 픽셀로 선택되었을 것이다. 이 왼쪽 픽셀은 점선으로 표시된 다음 단계의 탐색 윈도우에서 6번 픽셀이 되고 7번 픽셀부터 가장자리 픽셀이 나타날 수 있다. 따라서 다음 탐색에서 검사 시작 위치는 7번 픽셀이 된다. 그림 11-7의 (c)와 (d)에 나타나 있듯이 현재 탐색에서 발견된 가장자리 픽셀이 2번이거나 3번 픽셀이면, 그 픽셀의 위에 있는 픽셀은 반드시 배경 픽셀이어야 한다. 만약에 위에 있는 픽셀이 배경 픽셀이 아니었다면 그 픽셀이 가장자리 픽셀로 선택되었을 것이다. 이 픽셀은 점선으로 표시된 다음 단계의 탐색 윈도우에서 0번 픽셀이 되고 1번 픽셀부터 가장자리 픽셀이 나타날 수 있다. 따라서 다음 탐색에서 검사 시작 위치는 1번 픽셀이 된다. 그림 11-7의 (e), (f), (g), (h)에 대해서도 유사하게 다음 탐색의 검사 시작 위치를 구할 수 있다.

● 단계 3 – 탐색 종료

가장자리 픽셀을 탐색해 나가다가 더 이상 연결된 가장자리 픽셀이 없는 경우 또는 탐색의 시작점을 만나는 경우에는 탐색을 종료한다.

11.2 선분으로의 근사화

윤곽선 검출에 의해 구한 물체의 가장자리 점들을 선분으로 근사화하면 윤곽선의 표현이 보다 간결해지고 데이터의 양도 줄어든다. 또한 선분으로 근사화한 다음에는 간단한 도형을 훨씬 더 용이하게 검출할 수 있다. 그림 11-8의 물체에 대해 앞 절에서 설명한 윤곽선 검출 방법을 적용하면 다음과 같은 정점들을 윤곽선의 픽셀로 검출할 것이다.

윤곽선 픽셀 = { (1, 1), (2, 1), (3, 1), (3, 2), (3, 3), (2, 3), (1, 3), (1, 2) }

그런데 그림 11-8의 윤곽선은 4개의 선분으로 구성되고 다음과 같이 선분의 정점들을 순서대로 나열함으로써 보다 간결하게 표현할 수 있다.

윤곽선 선분의 정점 = { (1, 1), (3, 1), (3, 3), (1, 3) }

255	255	255	255	255
255	0	0	0	255
255	0	0	0	255
255	0	0	0	255
255	255	255	255	255

[그림 11-8] 사각형 물체 영상 예

윤곽선을 구성하는 픽셀들을 선분으로 근사화하는 방법으로 여러 가지가 있는데, 이 교재에서는 Douglas-Peucker 알고리즘이라 불리는 방법을 사용하기로 하자. 이 알고리즘은 다음과 같은 단계로 구성된다.

1) 윤곽선의 점들 중에서 가장 먼 거리에 있는 두 점을 발견
2) 가장 먼 거리에 있는 두 점을 기점으로 윤곽선을 두 개의 조각으로 분할하여 스택에 저장
3) 스택이 비워질 때까지 다음 과정을 반복
   i) 스택으로부터 윤곽선 조각 하나를 가져온 다음에 그 길이를 검사
   ii) 윤곽선 조각을 구성하는 점의 수가 2개이면 그 윤곽선 조각은 선분으로 출력
   iii) 윤곽선 조각을 구성하는 점의 수가 2개보다 많은 경우에는 그 조각의 점들 중에서 그 조각의 양 끝점 A와 B를 잇는 선분 AB로부터 가장 먼 거리에 있는 점 C를 발견
   iv) 선분 AB와 점 C 사이의 거리가 임계값 이하이면 A와 B 사이의 윤곽선을 선분 AB로 근사화하고 그렇지 않으면 점 C를 기점으로 윤곽선을 2개로 분할하여 스택에 저장

Douglas-Peucker 알고리즘에서 윤곽선의 점들 중에서 가장 먼 거리에 있는 두 점을 찾기 위해서는 처음에 임의의 한 점에서 시작하여 그 점에서 제일 먼 점을 찾는다. 그 다음에는 앞에서 발견된 점으로부터 제일 먼 점을 다시 찾는다. 이 과정을 더 이상 두 점 사이의 거리가 늘어나지 않을 때까지 반복하면 윤곽선의 점들 중에서 가장 먼 거리에 있는 두 점을 찾을 수 있다. 그림 11-8의 윤곽선의 경우에 P(2,1)에서 시작해서 연결되어 있는 윤곽선 점들을 따라가면서 가장 먼 거리에 있는 점을 발견한다고 하자. 이 픽셀로부터는 P(3, 3)과 P(1, 3)이 같은 거리에 있고 거리가 가장 멀다. 같은 거리에 있는 점이 여러 개인 경우에는 가장 먼저 발견된 점을 사용하기로 하자. 두 픽셀 중에서 P(3, 3)이 먼저 검사되므로 가장 멀리 있는 점으로 선택된다. 다음에는 P(3, 3)에서 시작하여 가장 멀리 있는 점을 찾는데, 이때에는 P(1, 1)이 가장 멀리 있는 점이다. 다음에 P(1, 1)에서 시작하여 가장 멀리 있는 점을 찾으면 P(3, 3)이 되는데, 두 점 사이의 거리가 더 이상 늘어나지 않으므로 탐색을 종료하고 P(1, 1)과 P(3, 3)을 가장 먼 거리에 있는 두 점으로 결정한다.

두 번째 단계에서는 P(1, 1)과 P(3, 3)을 기점으로 윤곽선이 다음과 같이 두개의 조각으로 분할되어서 데이터 저장소에 보관된다.

S1 = < (1, 1), (2, 1), (3, 1), (3, 2), (3, 3) >
S2 = < (3, 3), (2, 3), (1, 3), (1, 2), (1, 1) >

세 번째 단계에서는 먼저 데이터 저장소로부터 윤곽선 조각을 가져와서 그 길이를 검사한다. 윤곽선 조각을 구성하는 점의 수가 2개이면 그 윤곽선 조각 더 이상 분할될 수 없으므로 선분으로 출력한다. 윤곽선 조각을 구성하는 점의 수가 2개보다 많은 경우에는 그 조각의 점들 중에서 그 조각의 양 끝점을 지나는 직선으로부터 가장 먼 거리에 있는 점을 발견한다. 윤곽선 조각의 양 끝 점의 좌표가 (x_1, y_1), (x_2, y_2)일 때에 이 두 점을 지나는 직선과 임의의 한 점 (x_0, y_0) 사이의 거리를 구하는 식을 살펴보자. 점 (x_0, y_0)로부터 직선 $ax + by + c = 0$까지의 거리를 d라 할 때에 이를 구하는 식은 그림 11-9와 같이 정의된다.

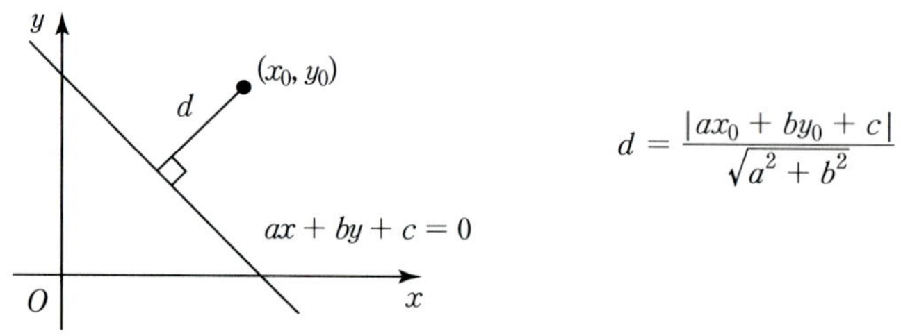

[그림 11-9] 점과 직선 사이의 거리

그림 11-9의 점과 직선 사이의 거리를 구하는 식에서는 직선의 방정식이 $ax + by + c = 0$과 같이 주어져 있으므로 윤곽선 조각의 양 끝 점 (x_1, y_1), (x_2, y_2)를 지나는 직선의 방정식을 $ax + by + c = 0$의 형태로 구하도록 하자. 두 점 (x_1, y_1), (x_2, y_2)을 지나는 직선의 방정식은 다음과 같이 정의된다.

$$y = \frac{y_2 - y_1}{x_2 - x_1}x + k \qquad \text{식) 11-1}$$

위 식에서 k는 y 절편을 나타내는데, 이 값을 구하기 위해서 식) 11-1의 x, y에 x_1, y_1을 대입한다.

$$y_1 = \frac{y_2 - y_1}{x_2 - x_1}x_1 + k \qquad \text{식) 11-2}$$

식) 11-2를 k에 대해 정리하면 식) 11-3과 같이 된다.

$$k = y_1 - \frac{y_2 - y_1}{x_2 - x_1}x_1 \qquad \text{식) 11-3}$$

k 값을 식) 11-1에 대입하여 식) 11-4를 얻게 되는데, 이를 $ax + by + c = 0$ 형태로 변환하도록 하자.

$$y = \frac{y_2 - y_1}{x_2 - x_1}x + y_1 - \frac{y_2 - y_1}{x_2 - x_1}x_1 \qquad \text{식) 11-4}$$

식) 11-4의 양변에 $(x_2 - x_1)$을 곱하면 식) 11-5와 같이 된다.

$$(x_2 - x_1)y = (y_2 - y_1)x + (x_2 - x_1)y_1 - (y_2 - y_1)x_1 \qquad \text{식) 11-5}$$

식) 11-5를 $ax + by + c = 0$ 형태가 되도록 이항을 하면 식) 11-6과 같이 된다.

$$(y_2 - y_1)x - (x_2 - x_1)y + (x_2 - x_1)y_1 - (y_2 - y_1)x_1 = 0 \qquad \text{식) 11-6}$$

식) 11-6으로부터 두 점 (x_1, y_1), (x_2, y_2)을 지나는 직선의 방정식에서 a, b, c 값은 다음과 같음을 알 수 있다.

$$\begin{aligned} a &= (y_2 - y_1) \\ b &= -(x_2 - x_1) \\ c &= (x_2 - x_1)y_1 - (y_2 - y_1)x_1 \end{aligned}$$

위의 a, b, c 값을 점과 직선 사이의 거리를 구하는 식에 대입하면 식) 11-7과 같은 결과를 얻게 된다.

$$\begin{aligned} d &= \frac{|(y_2 - y_1)x_0 - (x_2 - x_1)y_0 + (x_2 - x_1)y_1 - (y_2 - y_1)x_1|}{\sqrt{(y_2 - y_1)^2 + (x_2 - x_1)^2}} \\ &= \frac{(y_2 - y_1)(x_0 - x_1) - (x_2 - x_1)(y_0 - y_1)}{\sqrt{(y_2 - y_1)^2 + (x_2 - x_1)^2}} \end{aligned} \qquad \text{식) 11-7}$$

윤곽선 조각의 양 끝 점 (x_1, y_1), (x_2, y_2)을 지나는 직선으로부터 가장 먼 거리에 있는 점은 윤곽선 조각의 각 점 (x_0, y_0)에 대하여 식) 11-7을 적용하여서 가장 큰 값을 가지는 점을 찾으면 된다. 그런데 정확한 거리값이 필요한 것이 아니고 가장 먼 거리에 있는 점만을 찾으면 되고 식) 11-7에서 분모의 값은 상수이므로 계산을 빠르게 하기 위하여 분모의 값으로 나누지 않고 분자의 값만 계산하여 비교하면 된다.

그림 11-8의 물체 영상에 대해서는 두 번째 단계에서 데이터 저장소에는 다음

과 같이 두 개의 윤곽선 조각이 보관되었다.

S1 = < (1, 1), (2, 1), (3, 1), (3, 2), (3, 3) >
S2 = < (3, 3), (2, 3), (1, 3), (1, 2), (1, 1) >

세 번째 단계에서 S1을 먼저 데이터 저장소로부터 가져왔다고 하자. 앞에서 설명한 점과 직선 사이의 거리 식을 적용하면 점 (3, 1)로부터 윤곽선 조각의 양 끝점을 지나는 직선까지의 거리가 1.414214인데, 이 점이 가장 멀리 있는 점으로 선택된다. 이 거리가 임계값 이하이면 윤곽선 조각은 하나의 선분으로 근사화된다. 임계값은 사용하는 응용에 따라 달라질 수 있는데, 여기에서는 임계값으로 윤곽선 조각 길이에 0.1을 곱한 값을 사용하기로 하자. 윤곽선 조각의 길이는 윤곽선 조각을 구성하는 픽셀의 수로 정하도록 하자. 윤곽선 조각 S1의 경우 픽셀의 수가 5개이므로 길이는 5가 되고 임계값은 0.5가 된다. 점 (3, 1)로부터의 거리가 임계값 0.5보다 크므로 윤곽선 조각 S1은 다음과 같이 두 개의 조각으로 분할되어 데이터 저장소에 보관된다.

S3 = < (1, 1), (2, 1), (3, 1) >
S4 = < (3, 1), (3, 2), (3, 3) >

다음에 데이터 저장소로부터 S3을 가져왔다고 하자. 이때에는 양 끝점을 잇는 직선으로부터 가장 먼 거리가 0이 되고 임계값은 0.3이 되어 S3은 하나의 선분으로 근사화된다. 이와 유사하게 S4도 하나의 선분으로 근사화된다. 데이터 저장소에 남아있는 S2도 S1과 같이 다음과 같이 두 개의 조각 S5, S6으로 분할되고 S5, S6은 S3과 같은 이유로 각각 선분으로 근사화된다. 결과적으로 그림 11-8의 윤곽선은 4개의 선분으로 근사화된다.

S5 = < (3, 3), (2, 3), (1, 3) >
S6 = < (1, 3), (1, 2), (1, 1) >

11.3 기하학적 특징 추출

간단한 형태의 패턴 검출을 위해 사용될 수 있는 간단한 기하학적 특징을 살펴보기로 하자.

● 윤곽선 길이

대략적인 윤곽선 길이는 윤곽선 검출 과정에서 윤곽선의 방향과 픽셀의 수로부터 구할 수 있다. 윤곽선 검출의 시작점에서 윤곽선의 길이는 0이 되고 가장자리 픽셀이 수평 또는 수직 방향으로 이어지는 경우에는 윤곽선의 길이가 1씩 증가하게 된다. 그런데 대각선 방향으로 가장자리 픽셀이 이어지는 경우에는 피타고라스 정리에 따라서 길이가 $\sqrt{2}$ 씩 증가한다. 그림 11-10에는 수평, 수직 방향의 윤곽선 일부의 길이와 대각선 방향의 윤곽선 일부의 길이를 구한 예가 나타나 있다. 11-10(a)에 나타나 있는 윤곽선 예의 경우 3개의 픽셀로 구성되어 있지만 길이는 3이 아니고 2라는 것에 유의하자. 픽셀의 수보다 길이가 1이 작도록 해야 수학적인 선의 길이와 일치되는 길이가 된다.

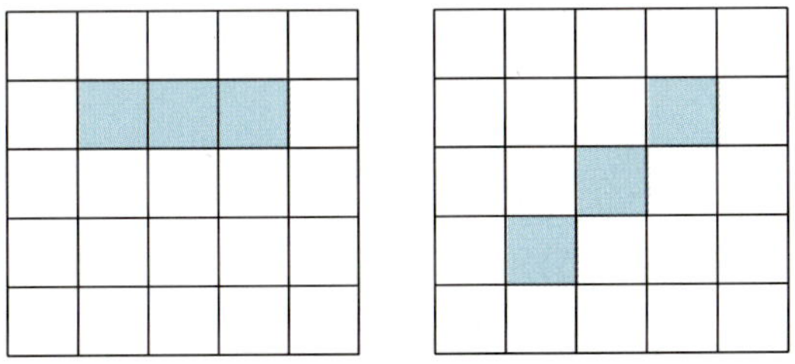

(a) 윤곽선 길이 = 2 (b) 윤곽선 길이 = $2\sqrt{2}$

[그림 11-10] 윤곽선의 길이 계산

● 윤곽선 내부 면적

윤곽선으로 둘러싸인 부분의 면적을 구하여 대략적인 물체의 크기를 알 수 있다. 윤곽선 내부의 면적은 다각형 면적을 계산하는 공식을 이용하면 간단하게 구할 수 있다. N-각형의 각 정점의 좌표가 연결되어 있는 순서대로 $(x_0, y_0), (x_1, y_1), (x_2, y_2), \cdots, (x_{N-1}, y_{N-1})$이라 할 때에 면적은 다음의 식으로 구할 수 있다. 여기에서 $x_N = x_0$, $y_N = y_0$라고 가정하자.

$$A = \frac{1}{2}\sum_{i=0}^{N-1}(x_i y_{i+1} - x_{i+1} y_i) \qquad \text{식) 11-8}$$

예를 들어서 그림 **11-8**에 나타나 있는 물체의 면적을 식 **11-8**에 의해 구해보도록 하자. 그림 **11-8**에 나타나 있는 물체의 윤곽선을 선분으로 근사화하면 그림 **11-11**과 같이 된다.

[그림 11-11] 선분으로 근사화한 결과

정점 **(1, 1)**이 (x_0, y_0)이고 시계 방향으로 정점이 나열되었다고 할 경우에, 식 **11-8**에 의하면 면적은 다음과 같이 계산된다. 이렇게 구한 면적은 사각형의 가로 세로 길이를 곱하여 구한 넓이와 동일함을 알 수 있다.

$$\begin{aligned} A &= \frac{1}{2}((1 \times 1 - 3 \times 1) + (3 \times 3 - 3 \times 1) + (3 \times 3 - 1 \times 3) + \\ &\quad (1 \times 1 - 1 \times 3)) \\ &= \frac{1}{2}(-2 + 6 + 6 - 2) \\ &= 4 \end{aligned}$$

● 원형 지수

원형 지수는 물체의 모양이 얼마나 원에 가까운지를 나타내는 값으로 이상적인 원의 경우 원형 지수값이 **1**이다. 이 값이 작을수록 더 둥글지 않다는 것을 나타낸다. 원형 지수 계산식은 식 **11-9**와 같다.

$$C = \frac{4\pi A}{l^2} \quad \text{(A = 윤곽선 내부 면적, l = 윤곽선 길이)} \qquad \text{식) 11-9}$$

그림 11-8의 영상의 경우 $A = 4$이고 $l = 8$이므로 C 값은 0.785가 된다. 그림 11-12에는 몇몇 도형에 대하여 앞에서 설명한 방법을 이용하여 윤곽선의 길이와 윤곽선 내부 면적을 계산한 다음에 식 11-9를 적용하여 구한 원형 지수가 나타나 있다. 이상적인 원의 경우에 원형 지수가 1이어야 하는데 그림에 나타나 있는 원의 경우에 원형 지수가 0.888인데, 오차가 있음을 알 수 있다. 이 오차는 원의 윤곽선이 픽셀로 구성됨으로 인해 매끄럽지 못하고 울퉁불퉁하게 되면서 윤곽선의 길이가 더 길어지기 때문에 발생한다. 이는 반듯한 길로 가는 것보다 구불구불한 길로 가면 거리가 더 멀어지는 것과 같은 이치이다. 윤곽선을 선분으로 근사화한 다음에 윤곽선의 길이를 선분의 길이의 합으로 다시 구한 다음에 원형 지수를 계산하면 원의 경우에 값이 더 커지는 것을 볼 수 있다.

[그림 11-12] 몇 가지 도형에 대한 원형 지수

● 물체 무게 중심

물체의 각 점이 같은 무게를 가진다고 할 때에 윤곽선의 정점들을 이용하여 물체의 무게 중심을 구할 수 있다. 여기에서는 물체에 비어있는 부분이 없는 단순한 물체에 대해서만 고려하자. 윤곽선의 점점이 $(x_0, y_0), (x_1, y_1), (x_2, y_2), \cdots, (x_{N-1}, y_{N-1})$이라 할 때에 무게 중심은 다음의 식으로 구할 수 있다.

$$c_x = \frac{1}{6A}\sum_{i=0}^{N-1}(x_i + x_{i+1})(x_i y_{i+1} - x_{i+1} y_i)$$
$$c_y = \frac{1}{6A}\sum_{i=0}^{N-1}(y_i + y_{i+1})(x_i y_{i+1} - x_{i+1} y_i) \qquad \text{식) 11-10}$$

그림 11-8에서 구한 윤곽선에 대해 식 11-10을 적용하면 결과값이 (2, 2)가

되는데, 사각형의 중심 좌표와 일치됨을 알 수 있다.

● 선분 사이의 각도

윤곽선을 선분으로 근사화한 다음에는 이웃한 선분 사이의 각도를 계산할 수 있다. 두 선분 사이의 각도를 구하기 위해서 두 선분을 벡터로 표현한 다음에 벡터 사이의 각도 계산 방법을 활용하기로 하자. 사이각을 구하고자 하는 선분이 그림 **11-13**과 같다고 하자.

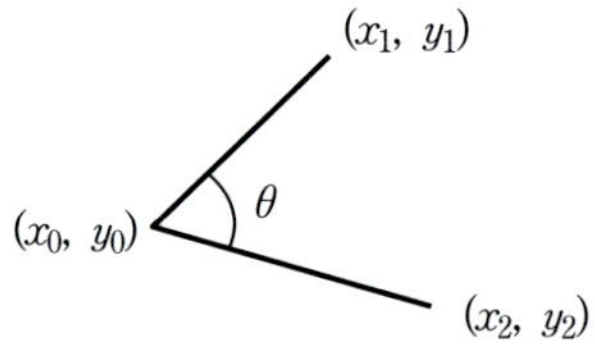

[그림 11-13] 사이각을 구하고자 하는 두 선분

그림 **11-13**의 두 선분을 그림 **11-14**와 같이 벡터로 나타내기로 하자.

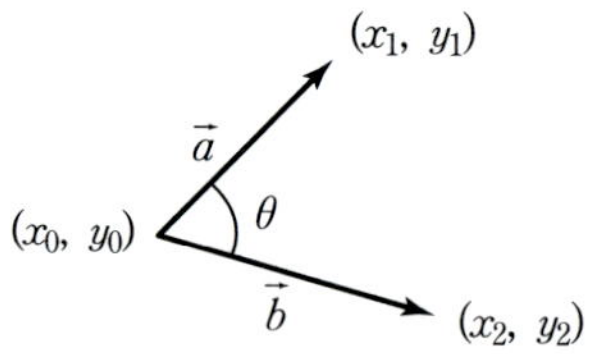

[그림 11-14] 벡터를 이용한 표현

두 벡터 사이의 각도는 벡터의 내적을 이용하여 구할 수 있는데, 벡터의 내적 공식은 식 **11-11**과 같다.

$$\cos\theta = \frac{\vec{a}\cdot\vec{b}}{|\vec{a}||\vec{b}|} \qquad \text{식) 11-11}$$

식 **11-11**로부터 각도 θ를 구하는 식을 유도하면 식 **11-12**와 같다.

$$\theta = \cos^{-1}\left(\frac{\vec{a}\cdot\vec{b}}{|\vec{a}||\vec{b}|}\right) \qquad \text{식) 11-12}$$

그림 **11-14**와 같이 선분의 양 끝점 좌표가 주어진 경우에 벡터 $\vec{a}$ 와 $\vec{b}$ 는 다음과 같이 정의된다.

$$\vec{a} = \begin{bmatrix} x_1 - x_0 \\ y_1 - y_0 \end{bmatrix},\ \vec{b} = \begin{bmatrix} x_2 - x_0 \\ y_2 - y_0 \end{bmatrix}$$

벡터 $\vec{a}$ 와 $\vec{b}$ 가 위와 같이 주어진 경우에 벡터의 내적 $\vec{a}\cdot\vec{b}$ 와 벡터의 크기 $|\vec{a}|, |\vec{b}|$는 다음과 같이 계산된다.

$$\vec{a}\cdot\vec{b} = (x_1 - x_0)(x_2 - x_0) + (y_1 - y_0)(y_2 - y_0)$$
$$|\vec{a}| = \sqrt{(x_1 - x_0)^2 + (y_1 - y_0)^2}$$
$$|\vec{b}| = \sqrt{(x_2 - x_0)^2 + (y_2 - y_0)^2}$$

위의 값들을 식 **11-12**에 대입하면 각도 θ를 구하는 식은 다음과 같다.

$$\theta = \cos^{-1}\left(\frac{(x_1 - x_0)(x_2 - x_0) + (y_1 - y_0)(y_2 - y_0)}{\sqrt{(x_1 - x_0)^2 + (y_1 - y_0)^2}\sqrt{(x_2 - x_0)^2 + (y_2 - y_0)^2}}\right) \qquad \text{식) 11-13}$$

예를 들어서 두 벡터가 그림 **11-15**와 같을 때 사이각을 구해보도록 하자.

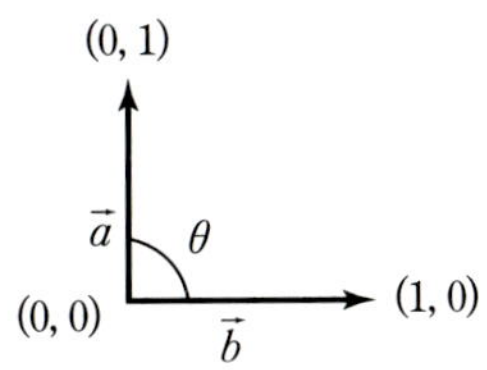

[그림 11-15] 두 벡터의 예

그림 **11-15**의 좌표값을 식 **11-13**에 대입하면 두 벡터의 사이각은 다음과 같이

계산된다. 이렇게 구한 각도값의 단위는 라디안(radian)이다. 우리가 일반적으로 사용하는 0°에서 360° 사이의 각도는 라디안 단위로는 0 라디안에서 2r라디안으로 나타낸다. 따라서 라디안 각도를 0에서 360 사이의 각도로 변환하기 위해서는 라디안값을 2r로 나눈 다음에 360을 곱하면 된다. 그림 11-15의 두 벡터 사이의 사이각이 1.570796327 라디안으로 계산되었는데 이를 일반각으로 변환하면 90도가 된다.

$$\begin{aligned}\theta &= \cos^{-1}\left(\frac{(0-0)(1-0)+(1-0)(0-0)}{\sqrt{(0-0)^2+(1-0)^2}\sqrt{(1-0)^2+(0-0)^2}}\right)\\ &= \cos^{-1}\left(\frac{0}{\sqrt{1}\sqrt{1}}\right)\\ &= \cos^{-1}(0)\\ &= 1.570796327\end{aligned}$$

11.4 기하학적 특징을 이용한 단순한 패턴 검출

앞 절에서 살펴본 윤곽선 검출, 선분으로 근사화, 기하학적 특징 계산 방법을 이용하여 입력 영상으로부터 사각형, 삼각형, 원 등 아주 단순한 패턴을 검출할 수 있다. 그림 11-16에는 입력 영상의 예가 나타나 있다.

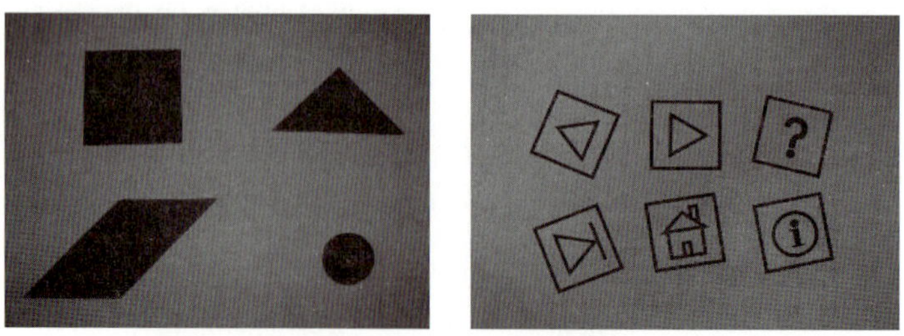

(a) 칠교 조각과 원　　(b) 사각형 내부의 패턴 예

[그림 11-16] 단순한 패턴 예

윤곽선 검출을 위해서는 먼저 컬러 영상이나 흑백 영상을 이진 영상으로 변환

해야 한다. 여기에서 사용하는 이진 영상에서는 배경은 255의 값을 가지고 물체는 0의 값을 가진다고 가정하자. 컬러 영상을 이진 영상으로 변환하기 위해서는 먼저 컬러 영상을 흑백 영상으로 변환한다. 흑백 영상을 이진 영상으로 변환하기 위해서는 정해진 임계값을 기준으로 임계값 이상이면 배경색으로 변환하고 임계값 미만이면 물체색으로 변환한다.

그런데 문제는 배경색과 물체색를 구분하는 임계값이 일정하지 않다는 것이다. 이 문제를 해결하기 위한 한 방법으로는 영상을 분석하여 자동으로 임계값을 발견하는 방법이 있다. 또 한 가지 방법으로는 여러 가지 임계값을 사용하여 이진 영상을 여러 번 만들어서 사용하는 방법이 있다. 예를 들어 10가지의 임계값을 사용한다고 하면 0에서 255 사이의 값을 10개의 구간으로 균등하게 나누는 값인 23, 46, 69, 92, 115, 139, 162, 185, 208, 231을 임계값으로 사용할 수 있을 것이다. 10가지의 각각의 임계값에 대하여 이진영상을 생성하고 각각의 이진 영상에 대해 윤곽선 검출을 시도할 수 있을 것이다. 이 방법은 하나의 임계값을 사용하는 경우에 비하여 많은 수행 시간을 필요로 하지만 임계값을 자동으로 계산하기 어려운 경우에는 효과적으로 사용될 수 있다. 그림 11-17에는 그림 11-16의 영상에 대하여 임계값이 23인 경우와 69인 경우의 이진 영상이 나타나 있다.

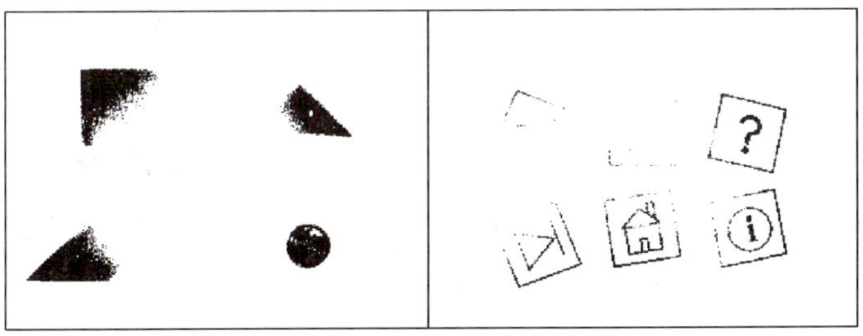

(a) 임계값 = 23

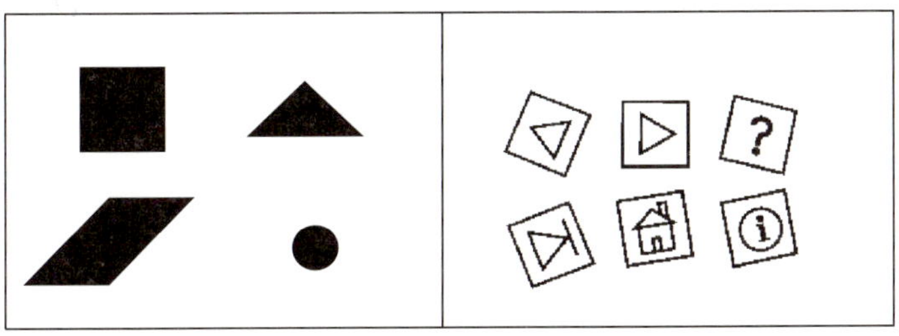

(a) 임계값 = 69

[그림 11-17] 그림 11-16의 영상에 대한 이진화 예

임계값이 23인 경우에는 물체의 일부만 나타나는 데 반하여, 임계값이 69인 경우에는 물체의 모양에 손상이 없는 이진 영상을 얻을 수 있었다.

이진 영상으로 변환한 다음에는 윤곽선을 검출한다. 그림 **11-18**에는 그림 **11-17**의 이진 영상에 대한 윤곽선 검출 결과가 나타나 있다.

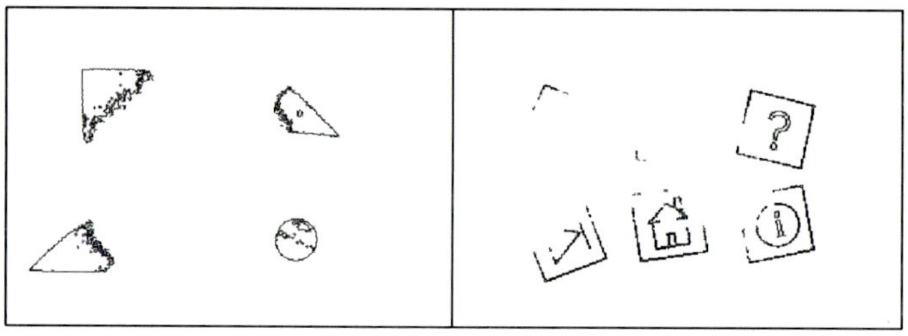

(a) 임계값 = 23

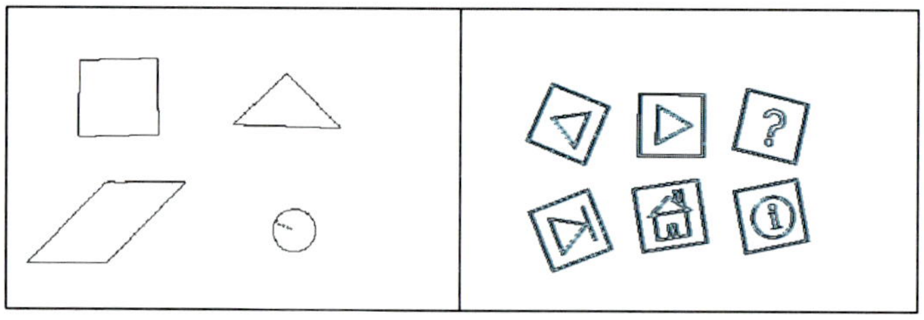

(a) 임계값 = 69

[그림 11-18] 그림 11-17의 영상에 대한 윤곽선 검출 결과 예

윤곽선을 검출한 다음에는 윤곽선의 픽셀들을 선분으로 근사화하여 다각형을 구한다. 다각형의 꼭짓점의 수, 다각형의 면적, 다각형이 볼록 객체인지의 여부, 다각형의 각 꼭짓점의 내각 등을 이용하여 사각형, 삼각형 등의 패턴을 검출할 수 있다. 정사각형과 삼각형을 구하는 구체적인 방법은 이 장의 맨 뒤에 있는 실습 절에서 살펴보기로 하자. 그림 **11-19**에는 임계값이 69인 경우에 대한 삼각형 검출 결과가 나타나 있다.

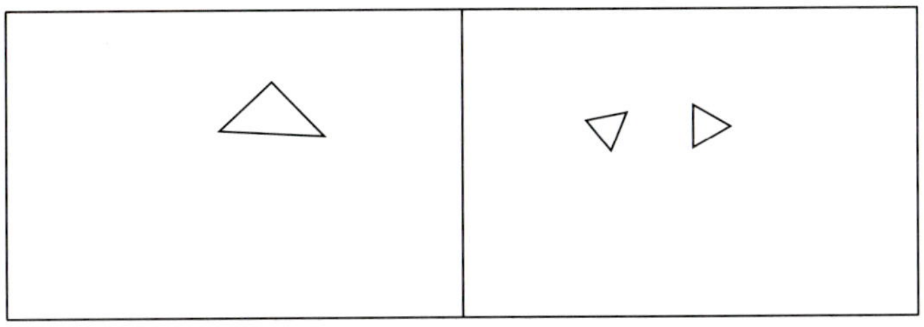

[그림 11-19] 삼각형 검출 결과 예

11.5 실 습

11.5.1 MATLAB의 형태학적 처리 명령어

이름	설명
bwboundaries	이진 영상의 모든 영역 경계를 실제 좌표 추출
bound2im	경계를 영상으로 전환
regionprops	영상 영역의 특성을 측정
bwarea	이진 영상의 객체의 면적
bwperim	영상의 경계 화소들만을 이진 영상으로 반환

● 명령어 : bwboundaries

- 설명 : 이진 영상의 모든 경계 좌표 값 반환
- 형식 : [A, L] = bwboundaries(B,conn, options)
- 옵션
  - A : 반환된 경계 좌표 값(셀 배열 형태)
  - L : 이진 영상 B에 대한 레이블 행렬
  - B : 이진 영상
  - conn : 4연결 또는 8연결(디폴트)
  - options : 1) 'holes' : 영역 및 hole(부모와 자식)의 경계 추출 → 디폴트
    2) 'noholes' : 영역 및 hole(자식)의 경계 추출

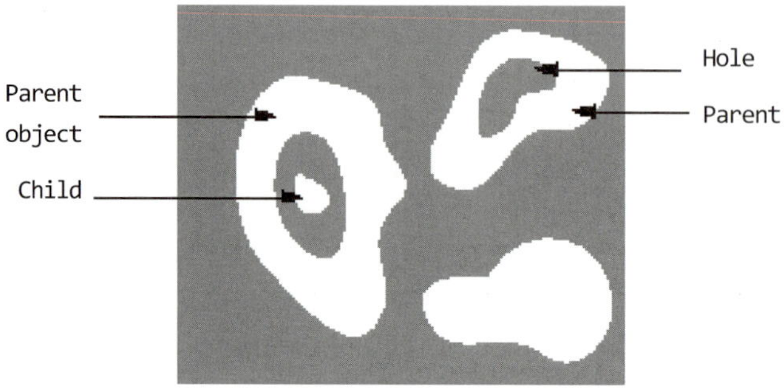

[그림 11-20] bwboundaries 함수 설명

1) 프로그램 코드 1

```
I = imread('rice.png');                        % 영상 읽기
BW = im2bw(I, graythresh(I));                  % 이진 영상으로 변환
[B,L] = bwboundaries(BW,'noholes');            % 경계 값 축출
imshow(label2rgb(L, @jet, [.5 .5 .5]))         % 영상을 화면에 디스플레이
hold on  레이블을 jet 컬러로 변환
for k = 1:length(B) % 각 영상의 외곽을 흰색으로 설정
   boundary = B{k};
   plot(boundary(:,2), boundary(:,1), 'w', 'LineWidth', 2)
end
```

[그림 11-21] 프로그램 코드 1의 실행 결과

2) 프로그램 코드 2

```
BW = imread('blobs.png');                              % 영상 읽기
[B,L,N,A] = bwboundaries(BW);                          % 경계 값 축출
figure, imshow(BW); hold on;                           % 영상을 화면에 디스플레이
colors=['b' 'g' 'r' 'c' 'm' 'y'];                      % 색깔 행 벡터
for k=1:length(B)                                      % 각 경계에 대한 인덱스 출력
   boundary = B{k};
   cidx = mod(k,length(colors))+1;
   plot(boundary(:,2), boundary(:,1),...
       colors(cidx),'LineWidth',2);
   %randomize text position for better visibility
   rndRow = ceil(length(boundary)/(mod(rand*k,7)+1));
   col = boundary(rndRow,2); row = boundary(rndRow,1);
   h = text(col+1, row-1, num2str(L(row,col)));
   set(h,'Color',colors(cidx),'FontSize',14,'FontWeight','bold');
end
```

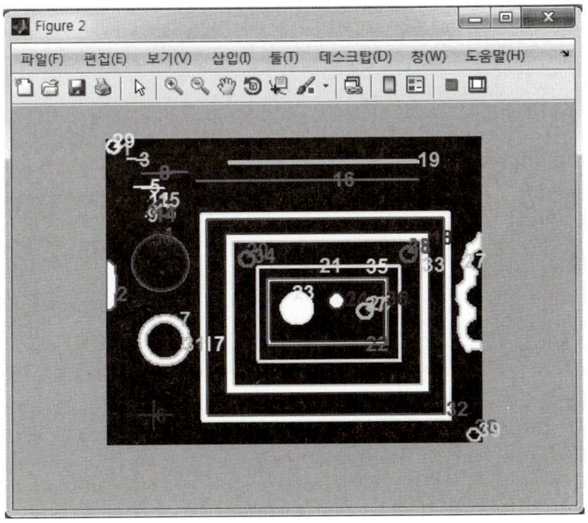

[그림 11-22] 프로그램 코드 2의 실행 결과

● 명령어 : bound2im

- 설명 : 경계를 영상으로 전환
- 형식 : A = bound2im(B, M, N)
- 옵션
  - A : 반환된 이진 영상 (M × N)
  - B : 셀 배열 형태의 경계 좌표 값
  - M × N : 반환된 이진 영상의 크기

● 명령어 : regionprops

- 설명 : 영상 영역의 특성을 측정
- 형식 : S = regionprops(f, properties)
- 옵션
  - f: 레이블 행렬
  - S : 구조체 배열(길이 : max(f(:)))
  - properties

Property Name String	설명
'Area'	영역의 화소수
'BoundingBox'	영역을 포함하는 최소 직사각형을 정의하는 벡터 (1×4 벡터)
'Centroid'	영역의 중심 벡터(1×2)
'ConvexArea'	ConvexImage의 화소수
'ConvexHull'	영역을 포함하는 최소 블록 다각형 행렬 (n×2)
'ConvexImage'	볼록 안의 모든 화소가 채워진 이진 영상
'Eccentricity'	영역과 같은 2차 적률을 갖는 타원의 이심률 값
'EquivDiameter'	영역과 같은 면적을 갖는 원의 지름
'EulerNumber'	영역의 객체 수에서 객체들의 구멍을 뺀 값
'Extent'	영역의 바운딩 박스 안에 있는 화소수의 비율
'Extrema'	영역의 극점 행렬 (8×2) top-left, top-right, right-top, right-bottom, bottom-right, bottom-left, left-bottom, left-top
'FilledArea'	'FilledImage'의 화소 수

'FilledImage'	모든 구멍이 채워진 영역의 바운딩 박스와 같은 크기의 이진 영상
'Image'	영역의 바운딩 박스와 같은 크기의 이진 영상
'MajorAxisLength'	영역과 똑같은 2차 적률을 갖는 타원 장축의 길이
'MinorAxisLength'	영역과 똑같은 2차 적률을 갖는 타원 단축의 길이
'Orientation'	영역과 똑같은 2차 적률을 갖는 타원 장축과 수평축과의 각도
'Perimeter'	영역의 경계를 따라서의 거리를 포함하는 벡터
'PixelIdxList'	영역 화소들의 선형 인덱스
'PixelList'	영역 화소들의 [수평, 수직] 좌표
'Solidity'	영역에서 블록 안에 있는 화소들의 비율
'SubarrayIdx'	개체 경계 상자 내에 L의 요소

1) 프로그램 코드

```
BW = imread('text.png');                          % 영상 읽기
s = regionprops(BW,'centroid');                   % 중심 값 축출
centroids = cat(1, s.Centroid);                   % centroids 생성
imshow(BW)  % 화면에 디스플레이
hold on
plot(centroids(:,1),centroids(:,2), 'b*')         % 중심에 파란색의 * 출력
hold off
```

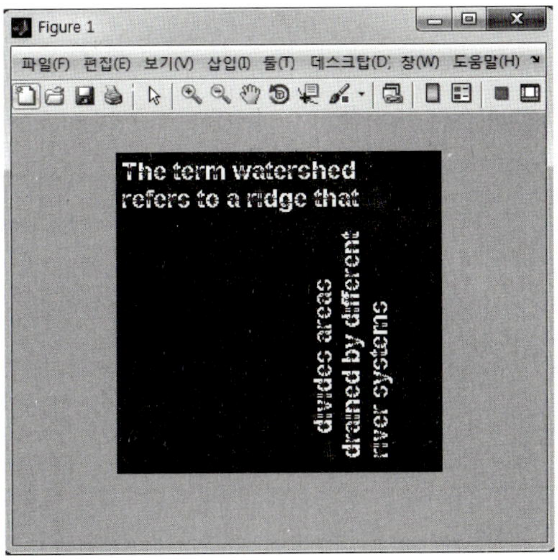

[그림 11-23] regionprops 실행 결과

● 명령어 : bwarea

- 설명 : 이진 영상의 객체의 면적
- 형식 : A = bwarea (B)
- 옵션
  - A : 이진 영상의 면적
  - B : 이진 영상

1) 프로그램 코드

```
BW = imread('circles.png');           % 영상 읽기
imshow(BW)                            % 화면에 디스플레이
bwarea(BW)                            % 이진영상의 면적
: ans =
  1.4187e+04
```

● 명령어 : bwperim

- 설명 : 영상의 경계 화소들만을 이진 영상으로 반환
- 형식 : A = bwperim (B, conn)
- 옵션
  - B : 입력 영상
  - A : B영상에 경계 화소들로 이루어진 이진 영상
  - conn : 4연결(디폴트), 8연결

1) 프로그램 코드

```
BW = imread('circles.png');           % 영상 읽기
BW2 = bwperim(BW,8);                  % 경계 영상 획득
imshowpair(BW,BW2,'montage')          % 화면에 디스플레이
```

[그림 11-24] bwperim 실행 결과

11.5.2 윤곽선 검출

```
clear all; clc;
f = imread('11장-사각형마커(이진영상).pgm');        % 영상 읽기
g=bwperim(~f,4);                                   % 2진 영상 획득
[b,L]=bwboundaries(~f,4,'holes');                  % 경계값의 좌표 획득
max(L(:));                                         % 윤곽선의 레이블
c=cat(1,b{:});                                     % 2차원 좌표 생성
[m,n]=size(f);
image=bound2im(c,m,n); % 좌표값을 m×n 크기로 영상 생성
imshowpair(f,~image,'montage')                     % 화면에 디스플레이
```

[그림 11-25] '11장-사각형마커(이진영상).pgm' 영상에 대한 윤곽선 검출 결과

11.5.3 윤곽선을 이용한 기하학적 특징 계산

윤곽선을 이용한 기하학적 특징들을 계산하여 출력하는 프로그램을 작성해 보도록 하자. 기하학적 특징으로는 윤곽선의 길이, 윤곽선 내부 면적, 윤곽선의 무게 중심, 원형지수, 볼록 객체 여부, 윤곽선 각 점의 내각 등을 추출해 보도록 하자. 윤곽선의 길이, 윤곽선의 내부 면적, 원형 지수, 윤곽선 각 점의 내각 등은 윤곽선을 선분으로 근사화하면 약간 달라질 수 있으므로 윤곽선을 선분으로 근사화한 경우와 그렇지 않은 경우를 나누어 살펴보도록 하자. 먼저 윤곽선의 길이, 윤곽선 내부 면적, 윤곽선의 무게 중심, 윤곽선 각 점의 내각을 계산하는 함수들을 구현한 다음에 윤곽선을 선분으로 근사화하지 않은 경우와 근사화한 경우에 대한 기하학적 특징을 추출해서 출력하는 프로그램을 작성하도록 하자.

● 윤곽선 길이 계산

```
clear all; clc;
f = imread('11장-사각형마커(이진영상).pgm');          % 영상 읽기
g=bwperim(~f,4);                                      % 2진 영상 획득
[b,L]=bwboundaries(~f,4,'holes');                     % 윤곽선의 좌표 획득
max(L(:));                                            % 윤곽선의 레이블
for j=1 : k
   for i =j : j
    x = b{i,1} ;
   end
   val_x = x(:,1)';
   val_y = x(:,2)';
   Y(j) = contour_length(val_x, val_y);
end
```

```
%% 윤곽선 길이를 구하는 사용자 정의 함수
function  Y = contour_length(val_x,val_y)
   Y=0;
   for i=1: length(val_x)
       Y= Y+ sqrt(val_x(i).^2 + val_y(i).^2);
    end
end
```

●윤곽선 내부 면적 계산

```
clear all; clc;
f = imread('11장-사각형마커(이진영상).pgm');            % 영상 읽기
g=bwperim(~f,4);                                      % 2진 영상 획득
[b,L]=bwboundaries(~f,4,'holes');                     % 윤곽선의 좌표 획득
max(L(:));                                            % 윤곽선의 레이블
for j=1 : k
    for i =j : j
      x = b{i,1} ;
    end
    val_x = x(:,1);
    val_y = x(:,2);
    Y(j) = contour_length(val_x, val_y);              % 각 윤곽선의 길이 계산
    c=cat(1,b{j} );
    image=bound2im(c,m,n);
    gb= imfill( image, 4, 'holes');
    contour_area(j)= bwarea(gb);
end
```

```
%% 개별 윤곽선 내부의 면적 계산 프로그램
    c=cat(1,b{j} );  % 개별 윤관선 좌표를 2차원 행렬로 변환
    image=bound2im(c,m,n);  % 개별 윤곽선의 image
    gb= imfill( image, 4, 'holes'); % 개별 윤곽선의 내부를 채움
    contour_area(j)= bwarea(gb);  % 개별 윤곽선의 면적 계산
```

●물체의 무게 중심

```
clear all; clc;
f = imread('11장-사각형마커(이진영상).pgm');            % 영상 읽기
g=bwperim(~f,4);                                      % 2진 영상 획득
[b,L]=bwboundaries(~f,4,'holes');                     % 윤곽선의 좌표 획득
max(L(:));  % 윤곽선의 레이블
for j=1 : k
    for i =j : j
```

```
    x = b{i,1} ;
   end
   val_x = x(:,1);
   val_y = x(:,2);
   Y(j) = contour_length(val_x, val_y);          % 각 윤곽선의 길이 계산
   c=cat(1,b{j} );
   image=bound2im(c,m,n);
   gb= imfill( image, 4, 'holes');
   contour_area(j)= bwarea(gb);
   state = regionprops( gb, 'Centroid');
   contour_centroid {j} = cat(1, state.Centroid);
end
```

```
%% 개별 윤곽선 내부의 무게 중심 프로그램
   state = regionprops( gb, 'Centroid');
   contour_centroid {j} = cat(1, state.Centroid);
```

● 블록 여부 검사

```
clear all; clc;
f = imread('11장-사각형마커(이진영상).pgm');

g=bwperim(~f,4);
[b,L]=bwboundaries(~f,4,'holes');
k =max(L(:));
 [m,n]=size(f);
for j=1 : k
   for i =j : j
    x = b{i,1} ;
   end
   val_x = x(:,1);
   val_y = x(:,2);
   Y(j) = contour_length(val_x, val_y);
   c=cat(1,b{j} );
   image=bound2im(c,m,n);
```

```
    gb= imfill( image, 4, 'holes');
    contour_area(j)= bwarea(gb);
    state = regionprops( gb, 'Centroid', 'ConvexHull');
    contour_centroid {j} = cat(1, state.Centroid);
    contour_ConvexHull {j} = cat(1, state.ConvexHull);
     if length(contour_ConvexHull {j})>0  is_ConvexHull(j) =1;
     else is_ConvexHull(j) =0;
     end
   end
```

```
%% 개별 윤곽선의 블록 여부 판단 프로그램
    state = regionprops( gb, 'Centroid', 'ConvexHull');
    contour_ConvexHull {j} = cat(1, state.ConvexHull);
     if length(contour_ConvexHull {j})>0  is_ConvexHull(j) =1;
     else is_ConvexHull(j) =0;
     end
```

● 기하학적 특징 계산 및 출력

앞에서 구현한 함수들을 이용하여 기하학적 특징을 계산하여 출력하는 기능을 구현하도록 하자. 여기에서는 구현을 간단하게 하기 위해 0과 255의 값으로만 구성된 이진 영상에 대해 기하학적 특징을 계산하는 프로그램을 작성하도록 하자.

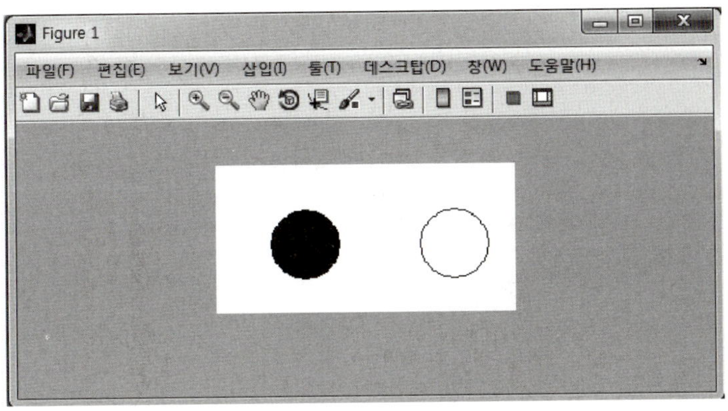

[그림 11-26] 기하학적 특징 결과

```
nvertices lengths  area  circularitys     centers      is_Convex
_________ _______ _______ ___________ _______________ _________

 131.00   153.20  1724.00    0.92       60.00   54.50    1.00
```

이 영상에는 하나의 원이 포함되어 있는데, 윤곽선의 점의 개수는 131개, 길이는 153.2, 면적은 1724, 원형 지수는 0.92, 무게 중심은 (60, 54.5)로 계산되었고 블록 객체인 것으로 분류되었다.

```
% 블록 여부 검사 프로그램 추가
% 원형 지수 계산
  circularity(j)= (4.0 * pi *  contour_area(j) )./ (Y(j).^2);

   nvertices = length(x);
   lengths = max(Y);
   area = max(contour_area);
   circularitys = max(circularity) ;
   centers = contour_centroid{2};
   is_Convex = max( is_ConvexHull);
% talbe 형태로 출력
   T = table( nvertices, lengths , area, circularitys, centers, is_Convex );
```

● 선분 근사화한 후 기하학적 특징 계산 및 출력

추출된 윤곽선에 대해서 선분 근사화를 수행한 다음에 기하학적 특징을 계산하여 출력하는 기능을 구현하도록 하자.

```
% 선분 간소화 프로그램1
 function ptList_reduced = RDP_recs(ptList, epsilon)
     n = size(ptList,1);
     if n <= 2
         ptList_reduced = ptList;
         return;
     end
     % Find the point with the maximum distance
```

```
    dmax =0;
    idx = 0;
    for k = 2:n-1
        d = PerpendicularDistance(ptList(k,:), ptList([1,n],:));
        if d > dmax
            dmax = d;
            idx = k;
        end
    end
  % If max distance is greater than epsilon, recursively simplify
    if dmax > epsilon
      % Recursive call

      recList1 = RDP_recs(ptList(1:idx,:), epsilon);
      recList2 = RDP_recs(ptList(idx:n,:), epsilon);
      %Build the result list
      ptList_reduced = [recList1; recList2(2:end,:)];
    else
      ptList_reduced = ptList([1,n],:);
    end
  end
```

```
% 선분 간소화 프로그램2
  function d = PerpendicularDistance(pt, lineNode)
    %lineNode: [NodeA[Ax,Ay];NodeB[Bx,By]]
    Ax = lineNode(1,1);
    Ay = lineNode(1,2);
    Bx = lineNode(2,1);
    By = lineNode(2,2);
    d_node = sqrt((Ax-Bx).^2+(Ay-By).^2);
    if d_node > eps
        d = abs(det([1 1 1;pt(1) Ax Bx;pt(2) Ay By]))/d_node;
    else
        d = sqrt((pt(1)-Ax).^2+(pt(2)-Ay).^2);
    end
  end
```

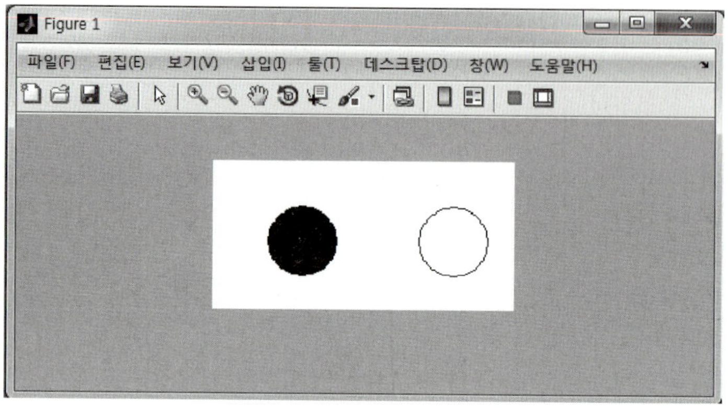

[그림 11-27] 선분 근사한 후 기하학적 특징 추출

```
nvertices  lengths   area    circularitys    centers      is_Convex
_________  _______  _______  _____________  ___________  _________
  72.00    148.20   1724.00      0.99       60.00  54.50    1.00
```

이 영상에는 하나의 원이 포함되어 있는데, 윤곽선의 점의 개수는 131개에서 72개로 줄어들었으며, 길이는 153.2에서 148.2로 줄어들었고, 면적은 1724로 동일하며, 특히 원형 지수는 0.99로 원에 아주 가깝게 판정되었으며, 볼록 객체인 것으로 분류되었다.

```
% 선분 간소화 이후 프로그램 부분
   ptList_reduced = RDP_recs(x,0.1);
   size(ptList_reduced);
   val_x{i} = ptList_reduced(1:size( ptList_reduced)-1,1);
   val_y{i} = ptList_reduced(1:size( ptList_reduced)-1,2);

   Y(j) = contour_length(val_x{i}, val_y{i});

     c=cat(1,ptList_reduced );


    image1=connectpoly(val_x{i}, val_y{i});
    image=bound2im(image1,m,n);
    gb= imfill( image,4, 'holes');
```

```
state = regionprops( gb,'all' );
contour_centroid {j} = cat(1, state.Centroid);
contour_ConvexHull {j} = cat(1, state.ConvexHull);
contour_area(j) = cat(1, state.Area) ;
contour_BoundingBox{j} = cat(1, state.BoundingBox) ;
contour_Extrema{j} = cat(1, state.Extrema) ;
contour_PixelIdxList{j} = cat(1,state.PixelIdxList);

    if length(contour_ConvexHull {j})>0
        is_ConvexHull(j) =1;
    else
        is_ConvexHull(j) =0;

    end

  circularity(j)= (4.0 * pi *  contour_area(j) )./ (Y(j).^2);
  ptList{i} = {val_x{i}, val_y{i}};
```

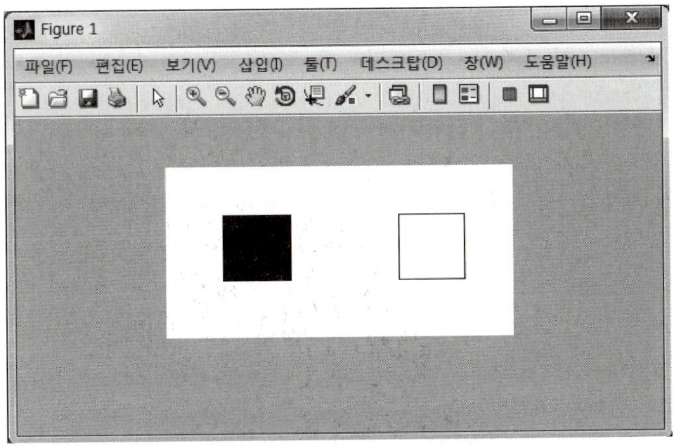

[그림 11-28] 사각형에 대한 기하학적 특징 추출

```
nvertices  lengths   area   circularitys    centers     is_Convex
_________  _______  _______  ___________  _____________  _________

  4.00     148.60   1521.00     0.87       54.00  48.00     1.00
```

사각형에 대한 기하학적인 특징을 추출한 결과 윤곽선 정점이 4개인 것으로 나타나 있으므로 선분 근사화가 정상적으로 수행되었음을 짐작할 수 있다.

11.5.4 기하학적 특징을 이용한 단순한 패턴 검출

앞 절에서 구현한 기하학적 특징들을 구하는 함수를 이용하여 사각형, 삼각형과 같은 단순한 형태의 패턴을 검출해 보도록 하자.

● 원, 삼각형 및 사각형 검출

사각형 및 삼각형 등 단순한 형태의 패턴을 검출할 때 고려되어야 할 사항은 꼭짓점의 개수이다. 그림 11-29는 여러 도형이 포함되어 있는 그레이스케일 영상이다. 아래의 영상의 여러 도형 중 특정한 도형을 찾기 위해서는 도형의 특징인 꼭짓점의 개수를 알아야 한다. 먼저 꼭짓점의 개수를 파악하기 위해서 hough 변환에 대해서 알아보자. hough 변환에서는 점 (x,y)와 이 점을 지나가는 모든 선분들을 고려하는 것이다. MATLAB에서 대표적인 hough 변환 함수는 다음과 같다.

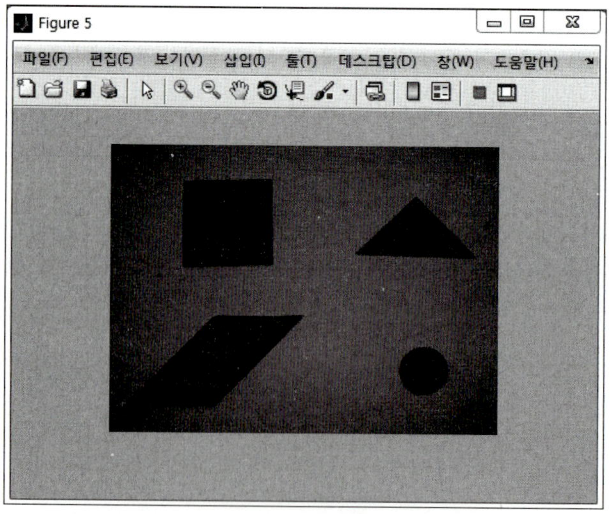

[그림 11-29] 11장-단순물체.ppm

● 명령어 : hough

- 설명 : 이진 영상의 hough 변환
- 형식 : [H, theta, rho] = hough (B, 'Thetares', val1,'RhoRes', val2)
- 옵션
  - H : 하프 변환 매트릭스
  - theta : 하프 변환 매트릭스가 생성된 θ
  - rho : 하프 변환 매트릭스가 생성된 ρ
  - B : 이진 영상
  - val1 : 0~90 사이의 스칼라 값(디폴트 1)
  - val2 : 0< val2 < hypot(size(B,1), size(I,2) 실수 스칼라 값(디폴트 1)

1) 프로그램 코드

```
f=zeros(101,101);
f(1,1)=1; f(101,1)=1;f(1,101)=1; f(101,101)=1;f(50,50)=1;
H=hough(f);
imshow(H,[]);
```

● 명령어 : houghpeaks

- 설명 : houghpeaks 변환
- 형식 : peaks = houghpeaks(H,NumPeaks,'Threshold',val1,'NHoodSize', val2);
- 옵션
  - H : 하프 변환 매트릭스
  - NumPeaks : 지정된 피크 수
  - val1 : H의 어떤 값들이 피크로 간주되는지를 지정(범위 : 0~ 무한대), 디폴트 : 0.5*max(H(:))
  - val2 : 각 피크 주위의 이웃 크기를 지정(디폴트 : Size(H)/50)

1) 프로그램 코드

```
f=zeros(101,101);
f(1,1)=1; f(101,1)=1;f(1,101)=1; f(101,101)=1;f(50,50)=1;
%H=hough(f);
%imshow(H,[]);

[H,theta,rho]=hough(f);
peaks=houghpeaks(H,5)
imshow(H,'XData',theta,'YData',rho,'InitialMagnification','fit');
axis on, axis normal
xlabel('\theta'), ylabel('\rho')


% 실행결과
peaks =

  143   46
   43    1
  143    1
  143   91
  243   91
```

● 명령어 : houghlines

- 설명 : 하프변환에서 후보 피크들이 식별되고 나면, 그 피크들과 관련된 의미 있는 선분들이 있는지 여부와 선분들의 시작과 끝의 위치를 결정하는 함수
- 형식 : lines = houghlines(B,theta,rho,peaks)
- 옵션
  - B : 이진 영상
  - theta, rho :하프 변환에서의 출력 값
  - peaks : houghpeaks의 출력 값

1) 프로그램 코드

```
g=imread('test.tif');
f=edge(g,'canny',[0.04, 0.1],1.5);
[H,theta,rho]=hough(f);
peaks=houghpeaks(H,5);
lines = houghlines(f,theta,rho,peaks);
figure, imshow(f), hold

for k=1:length(lines)
   xy=[lines(k).point1; lines(k).point2];
   plot(xy(:,1),xy(:,2),'LineWidth',4);
end
```

하프 변환 함수와 MATLAB image toolbox의 함수를 이용하여 도형의 형태를 찾는 프로그램은 다음과 같다.

```
 clear all; clc;  close all;

f1 =imread('11장-단순물체.ppm');
 T1 = graythresh(f1);
 f2= ~im2bw(f1,T1);
 f3 = imclearborder(f2);
  f4=bwareaopen(f3,30);
 img =~imfill(f4,4, 'holes');
```

```
[M,L] = bwlabel(~img,4);

for k=1:L
  p=(M==k);
  B{k} =im2bw(M.*p) ;
   img=B{k};
   detect_shape(img)
end
```

이 프로그램은 먼저 영상을 읽어 2진 영상으로 변환한다. 그리고 각각의 도형 모양에 따라 lable을 붙인다. 이렇게 붙인 lable을 이용하여 오리지널 영상에 lable 도형만을 새로 만든다. 그 다음 detect_ shape 함수를 이용한다. 이 서브 함수에서는 hough변환을 이용하여 도형의 꼭짓점을 구한 다음 면적, 윤곽선의 길이 및 원형 지수를 활용하여 특정 도형을 찾아낸다. 이 책에서는 꼭짓점의 개수에 따라 도형을 찾았으며, 마름모도 사각형으로 인식된다.

```
function [  ] = detect_shape( img )
   figure; imshow(img,[]);hold on;
  outlined_img =img;
  img = edge(img);

   CC = bwconncomp(img);
   STATS = regionprops(CC, 'all');

  BB = STATS.Centroid;
  BW = STATS.Image;% each connected object
  BW = bwmorph(BW,'diag');

  [H,T,R] = hough(BW, 'ThetaResolution',12);
  P  = houghpeaks(H,5,'threshold',ceil(0.3*max(H(:))));
  lines = houghlines(BW,T,R,P,'FillGap',5,'MinLength',7);


  Area = STATS.FilledArea;
```

```
    Perimeter = STATS.Perimeter;
    Roundness=(4*Area*pi)/(Perimeter.^2);

    if(Roundness > 0.9)
          text(BB(1),BB(2),'circle','color','red');
    elseif(length(lines) == 3)
       text(BB(1),BB(2),'triangle','color','red');
    elseif(length(lines) == 4)
       text(BB(1),BB(2),'rectangle','color','red');
    elseif(length(lines) == 5)
       text(BB(1),BB(2),'Pentagon','color','red’);
    else
       text(BB(1),BB(2),'unknown','color','red');
    end

end
```

다음 그림은 원 영상에 특정 도형의 이름을 써 넣음으로써 원하는 모양을 찾을 수 있다.

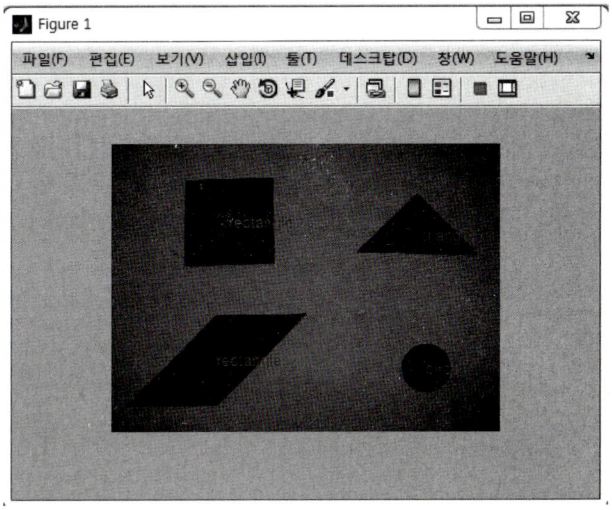

[그림 11-30] '11장- 단순물체.ppm'에서 특정 도형 찾기

그림 11-31은 도형을 개별적으로 분류하고 난 뒤 특정 모양의 도형을 찾아 낸 것이다.

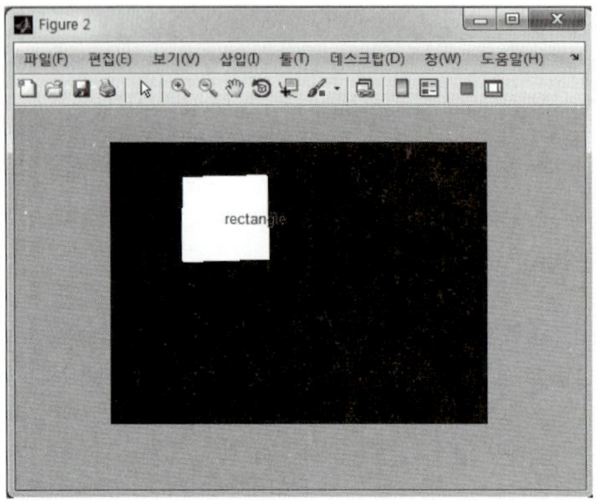

(a) 사각형 모양 검출

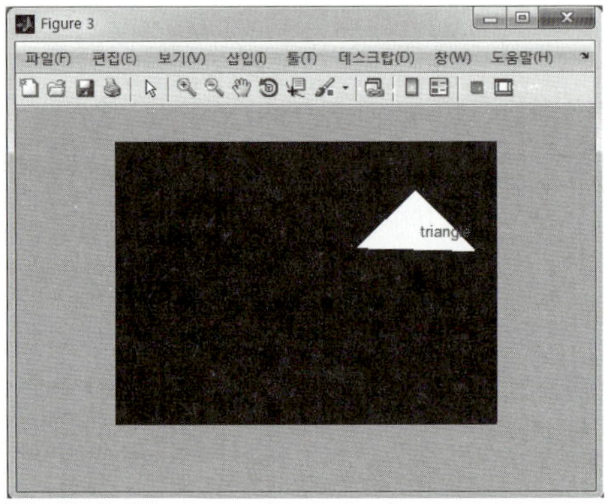

(b) 삼각형 모양 검출

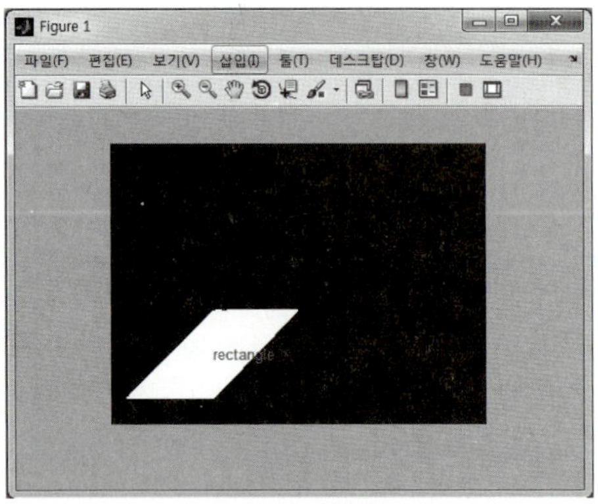

(c) 사각형 모양 검출

(d) 원형 모양 검출

[그림 11-31] '11장- 단순물체.ppm'에서 특정 도형 찾기

연 습 문 제

01 오각형 및 육각형 도형 영상에서 중심 값을 구하라.

02 오각형 및 육각형 도형 영상에서 윤곽선의 길이를 구하라.

03 오각형 및 육각형 도형 영상에서 원형 지수를 구하라.

04 오각형 및 육각형 도형 영상에서 오각형 도형을 검출하라.

05 오각형 및 육각형 도형 영상에서 육각형 도형을 검출하라.

CHAPTER

12

패턴 인식

CHAPTER

12 패턴 인식

패턴 인식이란 물리적 객체 혹은 사건을 이미 정해진 몇 가지 부류 중의 하나로 할당하는 것으로 정의할 수 있다. 패턴 인식 방법으로는 통계적인 정보를 이용한 방법, 인공 신경 회로망을 이용한 방법, 패턴의 구조 분석에 의한 방법 등 아주 다양한 방법들이 있으나, 대부분 상당히 복잡한 알고리즘들을 필요로 한다. 이 교재에서는 가장 기초적인 패턴 인식이라 할 수 있는 몇 가지 예제의 구현 방법을 살펴봄으로써 패턴 인식에 대한 이해를 돕고자 한다.

12.1 최소 거리를 이용한 사각형 마커 인식

앞 장에서는 기하학적 특징을 이용하여 사각형, 삼각형 등의 단순한 패턴을 검출하는 방법을 살펴보았다. 사각형 패턴의 검출을 위하여 사각형 내부에 심볼을 포함하는 사각형 마커를 사용했었다. 우리는 이 사각형 마커에 의미를 부여하고 로봇이나 컴퓨터가 입력 영상으로부터 사각형 마커를 검출하고 그 마커가 어떤 마커인지를 인식하게 함으로써 로봇이나 컴퓨터가 상황을 인식하거나 정보를 취득하게 할 수 있다. 이 절에서는 입력 영상에 존재하는 사각형 마커의 종류가 무엇인지를 인식하는 방법을 살펴보기로 하자.

패턴을 인식하는 가장 간단한 방법으로는 최소 거리 식별법이 있다. 패턴을 나타내는 수치화된 값을 특징이라 하고 특징이 하나 이상의 수치값을 가질 경우에는 특징 벡터라고 하는 N-차원의 열 벡터로 나타낸다. 특징 벡터의 차원이 N일 경우에 패턴은 N-차원 공간상의 한 점으로 나타낼 수 있다. N-차원 공간상에서 두 가지 패턴을 나타내는 점 사이의 거리가 가까울수록 두 개의 패턴이 비슷하다고 할 수 있다. 그림 12-1에는 2차원의 값을 갖는 패턴들의 예가 나타나 있다. 패턴들이 그림과 같이 부류 A와 부류 B로 나뉘어 있고 입력 패턴 P가 주어진 경우에 P가 어느 부류에 가까운지를 계산함으로써 P가 어느 부류에 속할 것인지를 결정할 수 있다. 이러한 최소 거리 식별법은 각 부류가 멀리 떨어져 있고 각 부류의 패턴들은 서로 가까운 거리에 밀집해 있을 때에 효과적으로 사용될 수 있다.

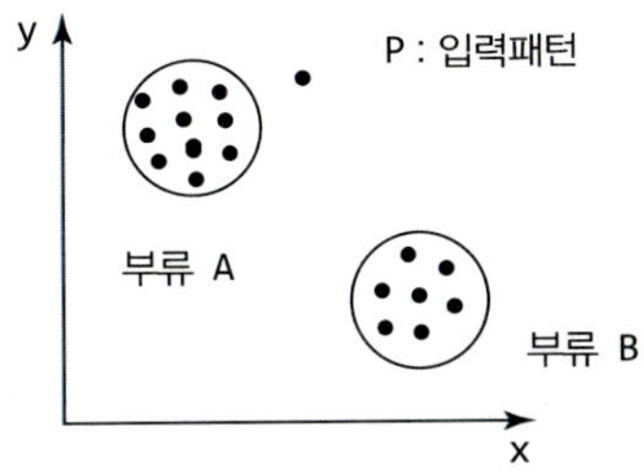

[그림 12-1] 2차원 패턴 부류의 예

●표준 패턴이 하나인 경우

각 부류를 대표하는 패턴을 표준 패턴이라 하는데, 표준 패턴이 각 부류마다 하나씩 존재한다고 가정하자. M개의 부류 $w_1, w_2, \cdots, w_M$가 있고 부류 w_i를 대표하는 표준 패턴을 y_i라 하고 입력 패턴을 x로 나타내기로 하자. 패턴이 N-차원의 특징 벡터로 구성된다고 하면 $y_i = (y_{i1}, y_{i2}, \cdots, y_{iN}), x = (x_1, x_2, \cdots, x_N)$으로 나타낼 수 있다. 그리고 패턴 x와 패턴 y_i의 거리는 다음 식으로 계산할 수 있다.

$$D(x, y_i) = \sqrt{\sum_{k=1}^{N}(x_k - y_{ik})^2}$$

최소 거리 식별법에서는 입력 패턴 x를 $D(x, y_i)$의 값이 최소가 되는 부류 w_i로 인식한다. 표준 패턴이 하나인 경우의 패턴 인식 예를 살펴보기로 하자. 그림 12-2와 같이 컴퓨터로 그린 10개의 사각형 마커가 있다고 하자. 모든 사각형 마커들의 해상도는 64×64로 정의되어 있다고 하자.

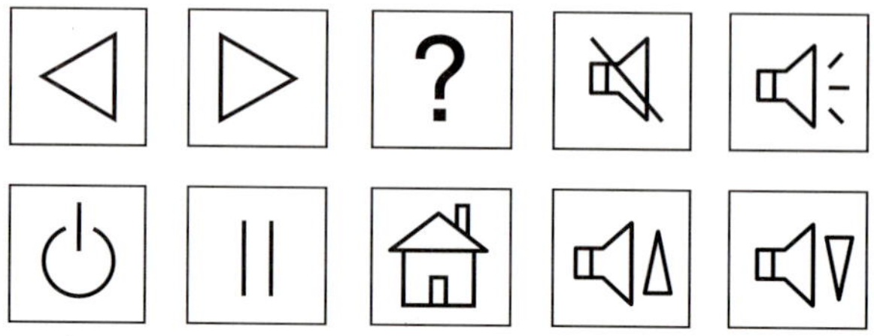

[그림 12-2] 사각형 마커의 예

그리고 카메라로 촬영된 영상이 그림 12-3과 같이 주어졌을 경우에, 입력 영상의 마커가 그림 12-2의 마커들 중의 어느 마커에 해당하는지를 인식하고자 한다. 이 경우에 패턴 인식 대상이 되는 부류가 10개이고 그림 12-2의 사각형 마커는 각 부류를 대표하는 표준 패턴이 된다.

[그림 12-3] 사각형 마커의 촬영 영상

그림 12-3의 입력 영상의 사각형 마커를 인식하기 위해서는 11장에서 설명한 사각형 검출 방법에 의해 사각형 영역을 검출한다. 그림 12-3의 영상에서 사각형 영역을 검출한 다음에 사각형에 해당하는 영역의 영상만 추출한 결과가 그림 12-4(a)에 나타나 있다. 입력 영상으로부터 추출한 사각형 영역의 크기는 카메라와 마커의 거리에 따라 변화되므로 확대 또는 축소를 하여 사각형 영역의 크기가 그림 12-2의 사각형 마커 영상의 크기 64×64와 동일하게 되도록 해야 한다. 그림 12-4(b)에는 크기가 조정된 사각형 영역의 영상이 나타나 있다. 크기를 조정한 다음에는 이진화를 수행하는데, 이진화에 사용하는 임계값은 사각형 검출시에 적용되었던 임계값과 같은 값을 사용하면 된다. 이진화된 결과는 그림 12-4(c)

에 나타나 있다.

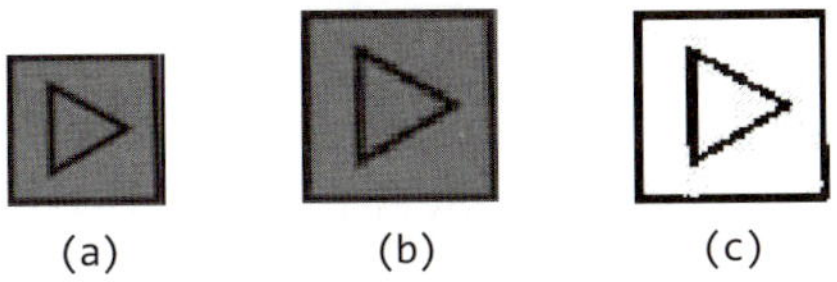

[그림 12-4] (a) 추출된 사각형 영역 영상 (b) 64 x 64 크기로 조정된 영상
(c) 이진화된 영상

사각형 마커 영역의 영상을 추출하는 데 있어서 더 고려할 사항은 그림 12-5와 같이 카메라의 위치에 따라서 마커의 형태가 정사각형이 아닌 다른 형태로 변형될 수 있다는 것이다.

[그림 12-5] 옆에서 촬영된 영상

그림 12-5의 입력 영상에 대해 사각형 검출을 수행하고, 이 사각형을 포함하는 정방형 사각 영역을 추출하면 그림 12-6과 같은 결과를 얻게 된다. 그림 12-6의 마커 영상은 형태가 정사각형과는 거리가 멀어서, 그림 12-2의 표준 패턴과 비교하기에는 무리가 따른다. 따라서 마커 형태가 정사각형에 가깝게 되도록 변형을 할 필요가 있다. 이는 6장에서 살펴본 워핑을 이용하면 된다.

[그림 12-6] 추출된 사각형 마커 영역

워핑을 수행할 때에 대응되는 제어선은 그림 12-7과 같이 검출된 사각형의 네 변과, 검출된 사각형을 포함하는 정방형 직사각형의 네 변으로 지정해주면 된다.

(a) 출력 영상에 대한 제어선 (b) 입력 영상에 대한 제어선

[그림 12-7] 워핑을 위한 제어선 설정

그림 12-8(a)에는 그림 12-7과 같이 주어진 제어선에 대한 워핑 결과 영상이 나타나 있다. 워핑을 수행한 다음에 표준 마커 영상의 크기와 같도록 영상의 크기를 조정하고 이진화한 결과는 그림 12-8(b)와 12-8(c)에 나타나 있다.

(a) (b) (c)

[그림 12-8] (a) 워핑 결과 영상 (b) 표준 마커 크기로 조정된 영상 (c) 이진 영상

이와 같이 입력 영상으로부터 이진화된 마커 영상을 구한 다음에는 표준 마커 영상과 최소 거리 식별법을 사용해서 가장 거리가 가까운 표준 마커를 찾음으로써 마커를 인식하게 된다.

● 표준 패턴이 여러 개인 경우

앞에서는 한 부류를 대표하는 표준 패턴을 하나로 가정하였는데, 여기에서는 각 부류별로 표준 패턴이 여러 개씩 존재한다고 하자. 이 경우에는 표준 패턴들 중에서 가장 거리가 가까운 것을 선택하여 입력 패턴의 부류를 결정할 수 있을 것이다. 또 다른 방법으로는 입력 패턴과 모든 표준 패턴들과의 거리를 구한 다음에, 거리가 가까운 상위 k개의 표준 패턴을 선정하고 이들 중 가장 많은 수의 패턴들이 포함된 부류를 선택하는 방법이 있다. 예를 들어서, 3개의 표준 패턴을 선택하는 경우에, 가장 가까운 표준 패턴이 부류 w_1에 속하고 두 번째와 세 번째로 가까운 패턴이 부류 w_2에 속한다고 할 때에 다수결 원칙에 의하여 입력 패턴은 w_2에 속하는 것으로 인식된다. 이러한 방법을 k-NN(Nearest Neighbor) 방법이라 한다.

사각형 마커 인식의 경우에는 여러 각도에서 촬영된 영상으로부터 추출된 마커 영상이 표준 패턴으로 사용될 수 있을 것이다. 그림 12-9에는 촬영된 영상으로부터 추출된 마커 영상의 예가 나타나 있다.

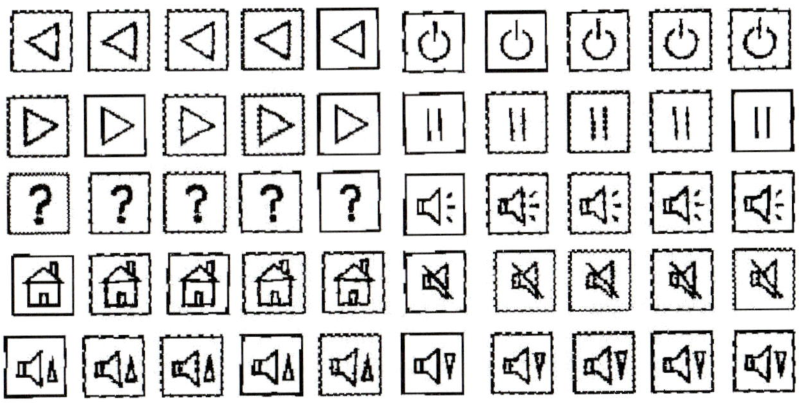

[그림 12-9] 다양한 각도에서 촬영된 영상으로부터 추출된 마커 영상 예

12.2 주성분 분석을 이용한 얼굴 인식

12.2.1 주성분 분석

앞 절에서 살펴본 최소 거리 식별법에서는 패턴이 N-차원의 특징 벡터로 나타날 때에 각 부류와의 거리를 구하기 위해서 N번의 덧셈과 제곱 연산 그리고 한 번의 제곱근 연산을 필요로 한다. 예를 들어 패턴 영상의 크기가 64×64일 경우에 영상의 픽셀값을 특징 벡터로 사용하면 4096번의 덧셈과 제곱 연산 그리고 한 번의 제곱근 연산을 필요로 한다. 모든 패턴 부류에 대하여 거리 계산을 해야 하므로 패턴 부류의 수가 많아지면 수행 속도가 문제가 된다. 따라서 패턴의 고유한 특징을 잘 나타낼 수 있는 소수의 값들을 찾아서 특징 벡터값으로 사용함으로써 인식 속도를 줄이는 방법이 여러 가지가 개발되었다. 이 절에서는 특징 벡터의 크기를 줄이는 방법의 하나인 주성분 분석에 대하여 살펴보자.

주성분 분석은 고차원 특징 벡터를 몇 개의 주성분값으로 나타내어 저차원의 특징 벡터로 표현해 주는 방식이다. 특징 벡터가 N-차원일 경우에는 각 특징 벡터는 N개의 기준축을 기준으로 표현된다. 따라서 특징 벡터의 차원을 줄인다는 것은 기준축을 줄이는 것으로 생각할 수 있다. 예를 들어 X축과 Y축으로 구성된 2차원 평면에서 특징 벡터가 그림 12-10(a)와 같이 대각선 방향으로 길게 퍼져 있다고 하자. 여기에서는 각 특징 벡터를 하나의 점으로 표시하였다. 그림 12-10(a)와 같은 분포에서 대각선 방향과 그에 수직 방향인 X'축과 Y'축 관점에서 특징 벡터를 살펴보도록 하자. X'축과 Y'축의 관점에서 볼 때에는 특징 벡터가 X'축을 중심으로 넓게 퍼져 있고 Y'축을 중심으로 좁게 모여 있다. 따라서 특징 벡터를 구분할 때에 X'축 상에서 어느 위치에 있느냐가 가장 중요한 요소가 되고 Y'축 상에서는 어느 위치에 있느냐 하는 것이 그 다음으로 중요하게 된다. 이와 같이 특징 벡터의 분포에 따른 새로운 기준축을 구한 다음에는 기준축 중에서 중요한 것만 남기고 나머지는 버림으로써 데이터의 차원을 줄일 수 있다. 그림 12-10(a)의 경우에 X'축이 더 중요하므로, 그림 12-10(b)에 나타나 있듯이 특징 벡터를 X'축에 투영하여 Y'축 성분값은 버리고 X'축 성분값만 남도록 함으로써 2차원의 특징 벡터를 1차원의 특징 벡터로 줄여서 표현할 수 있다.

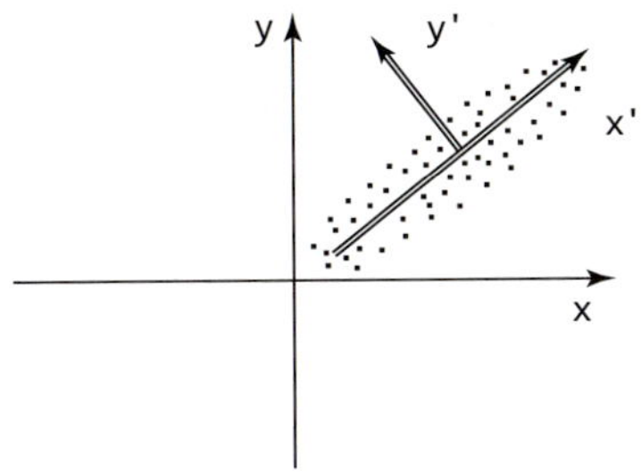

(a) 2차원의 데이터

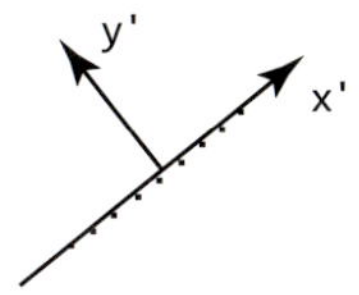

(b) 데이터의 차원 축소

[그림 12-10] 특징 벡터의 분포

그림 12-10(a)와 같은 특징 벡터 분포에 대해 구한 X'과 Y'축을 주성분축이라 한다. 특징 벡터의 분포를 분석하여 주성분축을 구하는 과정을 주성분 분석이라 한다. 주성분축을 구하기 위해서는 기준축에 대하여 특징 벡터의 변화가 어떻게 일어나는지를 분석해야 한다. 그림 12-10(a)에서 두 개의 특징 벡터 사이의 관계를 살펴보면 X 값이 증가하면 Y값이 증가하는 것을 알 수 있다. 이러한 관계는 두 개 이상의 변량 데이터가 주어질 경우에 각 변량 간의 변화하는 양상을 나타내는 통계적인 척도인 공분산을 이용하여 효과적으로 구할 수 있다. 두 변량 X, Y에 대하여 표본 데이터가 다음과 같이 주어졌다고 가정하자.

$$(x_1, y_1), (x_2, y_2), \cdots, (x_n, y_n)$$

표본 데이터의 X 성분 평균과 Y 성분 평균은 다음과 같이 구할 수 있다.

$$\overline{x} = \frac{1}{n}\sum_{i=1}^{n} x_i \qquad \overline{y} = \frac{1}{n}\sum_{i=1}^{n} y_i$$

두 변량 X, Y 사이의 공분산은 다음과 같이 계산된다.

$$C(X, Y) = \frac{1}{n}\sum_{i=1}^{n}(x_i - \overline{x})(y_i - \overline{y})$$

예를 들어서 그림 12-11(a)와 같이 데이터가 주어졌을 경우의 공분산값을 구해 보도록 하자. 이 경우에 X 성분과 Y 성분의 평균은 $\overline{x}=0, \overline{y}=0$이고 공분산은 다음과 같이 계산된다.

$$\begin{aligned} C(X,Y) &= \frac{1}{5}(2\times2+1\times1+0\times0+(-1)\times(-1)+ \\ &\quad (-2)\times(-2)) \\ &= \frac{1}{5}(4+1+1+4) \\ &= 2 \end{aligned}$$

그림 12-11(b)의 경우에도 X 성분과 Y 성분의 평균은 $\overline{x}=0, \overline{y}=0$이고, 공분산은 다음과 같이 계산된다.

$$\begin{aligned} C(X,Y) &= \frac{1}{5}((-2)\times2+(-1)\times1+0\times0+1\times(-1)+ \\ &\quad 2\times(-2)) \\ &= \frac{1}{5}(-4-1-1-4) \\ &= -2 \end{aligned}$$

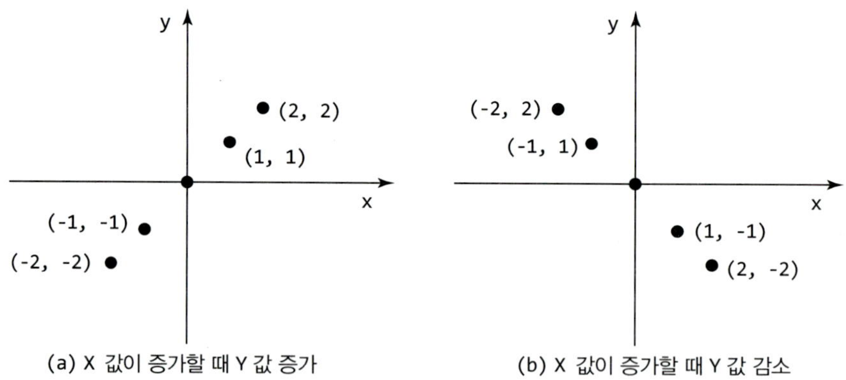

[그림 12-11] 단순한 2차원 데이터의 예

위의 예에서 알 수 있듯이 두 변량 X, Y 사이의 공분산값이 0보다 크면 X의 값이 증가할 때에 Y의 값이 증가하고, 공분산값이 0보다 작으면 X 값이 증가할 때에 Y 값이 감소한다.

데이터가 N차원일 때에 각 차원 사이의 공분산값이 다음과 같이 구성된 행렬을 공분산 행렬이라 한다. c_{ij}는 i번째 차원과 j번째 차원 사이의 공분산값을 나타낸다. c_{ii}는 i번째 차원과 그 자신과의 공분산인데, 이는 i번째 차원의 분산값과 동일하다.

$$C = \begin{bmatrix} c_{11} & c_{12} & \cdots & c_{1N} \\ c_{21} & c_{22} & \cdots & c_{2N} \\ \vdots & \vdots & \ddots & \vdots \\ c_{N1} & c_{N2} & \cdots & c_{NN} \end{bmatrix}$$

주성분 분석에서는 공분산 행렬로부터 고유 벡터와 고유값을 구함으로써 주성분축을 구한다. 행렬 A가 $N \times N$의 정방 행렬이고 $\mathbf{x} \neq 0$인 벡터 $\mathbf{x} \in R^N$가 존재할 때에 다음 관계를 만족하는 벡터 $\mathbf{x}$를 고유 벡터라 하고 스칼라값 λ를 고유값이라 한다.

$$A\mathbf{x} = \lambda\mathbf{x}$$

공분산 행렬의 경우에 $c_{ij} = c_{ji}$를 만족하므로 대칭 행렬이 되는데, $N \times N$의 대칭 행렬에 대해 고유 벡터들과 고유값이 각각 N개씩 존재하고 고유 벡터들은 서로 직교하게 되어 주성분축으로 사용될 수 있다. 그리고 고유값은 각 고유 벡터 방향으로의 분산 정도를 나타낸다. 고유값이 클수록 해당축 상으로 데이터가 널리 퍼져 있어서 보다 중요한 축으로 사용될 수 있다는 것을 의미한다. 따라서 공분산 행렬에 대한 고유 벡터와 고유값을 구한 다음에 큰 고유값을 갖는 고유 벡터만 남기고 작은 고유값을 갖는 고유 벡터는 버린 다음에 남은 고유 벡터에 데이터를 투영하면 데이터의 차원이 축소된다. 고유 벡터가 새로운 기준축이 되는 이유와 고유 벡터를 구하는 과정 등 고유 벡터에 대한 여러 가지 내용은 보다 심오한 수학과 통계 지식을 필요로 하므로 이 교재에서 깊이 있게 다루지는 못하였으므로 보다 구체적인 내용은 전문 서적을 참고하기 바란다.

그림 12-11(a)의 경우에 공분산 행렬은 다음과 같다.

$$C = \begin{bmatrix} 2.5 & 2.5 \\ 2.5 & 2.5 \end{bmatrix}$$

앞의 공분산 행렬에 대한 고유 벡터와 고유값은 다음과 같다.

$$\mathbf{x}_1 = \begin{bmatrix} 1 \\ 1 \end{bmatrix}, \lambda_1 = 5 \qquad \mathbf{x}_2 = \begin{bmatrix} -1 \\ 1 \end{bmatrix}, \lambda_2 = 0$$

위의 고유 벡터와 고유값은 $A\mathbf{x} = \lambda\mathbf{x}$ 식을 다음과 같이 만족함을 알 수 있다.

$$A\mathbf{x} = \begin{bmatrix} 2.5 & 2.5 \\ 2.5 & 2.5 \end{bmatrix}\begin{bmatrix} 1 \\ 1 \end{bmatrix} = \begin{bmatrix} 5 \\ 5 \end{bmatrix}, \ \lambda\mathbf{x} = 5\begin{bmatrix} 1 \\ 1 \end{bmatrix} = \begin{bmatrix} 5 \\ 5 \end{bmatrix}$$
$$A\mathbf{x} = \begin{bmatrix} 2.5 & 2.5 \\ 2.5 & 2.5 \end{bmatrix}\begin{bmatrix} -1 \\ 1 \end{bmatrix} = \begin{bmatrix} 0 \\ 0 \end{bmatrix}, \ \lambda\mathbf{x} = 0\begin{bmatrix} -1 \\ 1 \end{bmatrix} = \begin{bmatrix} 0 \\ 0 \end{bmatrix}$$

그림 12-11(b)의 경우에 공분산 행렬은 다음과 같다.

$$C = \begin{bmatrix} 2.5 & -2.5 \\ -2.5 & 2.5 \end{bmatrix}$$

위의 공분산 행렬에 대한 고유 벡터와 고유값은 다음과 같다.

$$\mathbf{x}_1 = \begin{bmatrix} -1 \\ 1 \end{bmatrix}, \lambda_1 = 5 \qquad \mathbf{x}_2 = \begin{bmatrix} -1 \\ -1 \end{bmatrix}, \lambda_2 = 0$$

위의 고유 벡터와 고유값은 $A\mathbf{x} = \lambda\mathbf{x}$ 식을 다음과 같이 만족함을 알 수 있다.

$$A\mathbf{x} = \begin{bmatrix} 2.5 & -2.5 \\ -2.5 & 2.5 \end{bmatrix}\begin{bmatrix} -1 \\ 1 \end{bmatrix} = \begin{bmatrix} -5 \\ 5 \end{bmatrix}, \ \lambda\mathbf{x} = 5\begin{bmatrix} -1 \\ 1 \end{bmatrix} = \begin{bmatrix} -5 \\ 5 \end{bmatrix}$$
$$A\mathbf{x} = \begin{bmatrix} 2.5 & -2.5 \\ -2.5 & 2.5 \end{bmatrix}\begin{bmatrix} -1 \\ -1 \end{bmatrix} = \begin{bmatrix} 0 \\ 0 \end{bmatrix}, \ \lambda\mathbf{x} = 0\begin{bmatrix} -1 \\ -1 \end{bmatrix} = \begin{bmatrix} 0 \\ 0 \end{bmatrix}$$

앞과 같이 구한 고유 벡터를 축으로 하여 그림 12-11을 다시 그리면 그림 12-12와 같다. 그림에 나타나 있듯이 두 경우 모두 Y'축 방향으로는 고유값이 0이고 데이터의 분산값도 0이 된다. 따라서 두 경우 모두 Y'축을 삭제하고 X'축에 대해서만 데이터를 표시해도 된다.

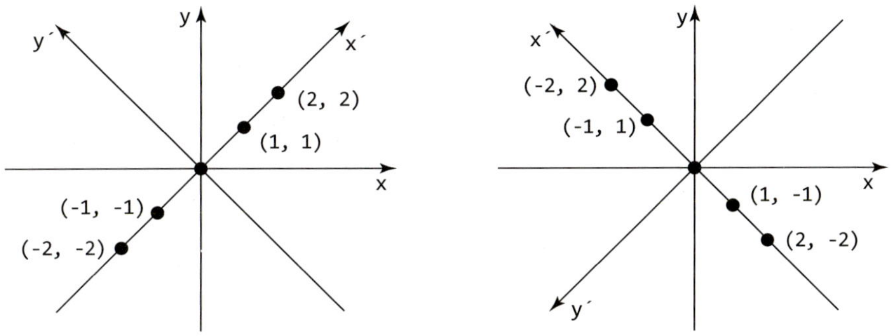

[그림 12-12] 주성분 분석에 의해 계산된 새로운 기준축

12.2.2 얼굴 인식

주성분 분석을 얼굴 인식에 적용해 보도록 하자. 주성분 분석에 사용할 영상은 영국 캠브리지 대학에서 제작한 얼굴 데이터베이스 중에서, 40명에 대하여 각각 9번씩 촬영한 영상을 사용하기로 하자. 영상의 크기는 92×112이고 흑백 영상이다. 그림 12-13에는 40명 중에 5사람에 대한 영상이 나타나 있다. 각 사람에 대한 9개의 영상은 서로 다른 각도에서 촬영되었으며 안경을 쓴 사람의 경우에는 안경을 벗거나 쓰고 촬영을 하기도 했다.

[그림 12-13] 얼굴 인식을 위한 주성분 분석에 사용된 얼굴 영상 예

그림 12-14에는 40명의 전체 얼굴이 나타나 있다. 이 영상들은 주성분 분석에 사용된 것과는 다른 얼굴들로 인식 실험에 사용되었다.

[그림 12-14] 전체 실험 대상자들의 영상

영상의 전체 픽셀값을 사용하여 영상에 대한 특징 벡터를 나타내기 위해서는 영상의 픽셀값들을 맨 윗줄부터 한 줄씩 순서대로 나열하여 열벡터를 생성한다. 그리고 전체 영상에 대한 열 벡터들을 모아서 하나의 행렬 S를 생성한다. 한 영상의 픽셀수가 N이고 주성분 분석에 사용된 영상의 수가 M개이면, 생성된 행렬 S의 크기는 $N \times M$이 된다. 얼굴 인식에 사용된 영상의 크기는 $92 \times 112 = 10304$이고 전체 영상의 수는 360개이므로 생성된 행렬 S의 크기는 10304×360이 된다. Φ_i를 i번째 영상에 대한 열벡터라 하고 영상의 수가 M개일 때에 행렬 S는 다음과 같이 나타낼 수 있다.

$$S = [\Phi_1 \Phi_2 \cdots \Phi_M]$$

행렬 S에 대한 공분산 행렬을 구하기 위해 먼저 평균 얼굴 벡터 Ψ를 다음 식과 같이 구한다.

$$\Psi = \frac{1}{M}\left[\sum_{i=1}^{M} \Phi_i\right]$$

주성분 분석에 사용된 360개의 얼굴 영상에 대한 평균 얼굴 벡터를 구한 다음에 이를 영상으로 출력한 결과가 그림 12-15에 나타나 있다.

[그림 12-15] 평균 얼굴 영상

평균 얼굴 벡터 Ψ를 구한 다음에는 행렬 S의 각 얼굴 벡터로부터 평균 얼굴 벡터를 빼줌으로써 행렬 A를 생성한다.

행렬 S의 공분산 행렬은 다음과 같이 구할 수 있다. 행렬 A의 크기는 $N \times M$이고 행렬 A^T의 크기는 $M \times N$이므로 공분산 행렬 C의 크기는 $N \times N$이 된다.

$$C = AA^T$$

위와 같이 공분산 행렬을 구한 다음에 고유 벡터와 고유값을 구함으로써 주성분축을 구할 수 있다. 공분산 행렬에 대한 고유 벡터와 고유값을 구하는 방법으로는 수치 해석에 의한 여러 가지 방법들이 개발되어 있는데, 구체적인 방법을 설명하기 위해서는 행렬에 대한 여러 가지 전문 지식을 필요로 하므로 이 교재에서는 기존에 개발된 알고리즘을 사용하는 정도로 만족하기로 하자. 보다 자세한 내용은 수치 해석이나 행렬 이론에 대한 전문 서적을 참고하기 바란다. 그런데 이 예제와 같이 N의 값이 아주 큰 경우에는 공분산 행렬에 대한 고유 벡터를 구하는 것이 고성능 PC의 경우에도 여러 날 이상이 소요된다. 고유 벡터를 빠르게 구하기 위한 방법으로는 다음과 같이 행렬 L을 생성한 다음에 L에 대한 고유 벡터를 구하고 행렬 A를 고유 벡터에 투영하는 방법이 있다. 행렬 A^T의 크기는 $M \times N$이고 행렬 A의 크기는 $N \times M$이므로 행렬 L의 크기는 $M \times M$이 된다. 이 예제에서는 M의 값이 N의 값에 비하여 월등하게 작아서 수행 속도가 현저히 빨라지게 되는데, 펜티엄 1.5GHz 컴퓨터에서 2-3분 정도가 소요되었다.

$$L = A^T A$$

행렬 L에 대해 구한 i번째 고유 벡터를 $\mathbf{x}_i$라 하고 고유값을 λ_i라 하자. 고유 벡터를 구한 다음에는 다음과 같이 고유 벡터를 열로 하는 행렬을 생성한다. 고유 벡터들은 고유값에 따라 정렬하여 행렬의 좌측으로부터 우측으로 고유값이 점점 작아지도록 하자.

$$E = [\mathbf{x}_1 \mathbf{x}_2 \cdots \mathbf{x}_M]$$

행렬 L에 대한 고유 벡터로부터 행렬 C에 대한 고유 벡터를 다음 식과 같이 구할 수 있다. 행렬 A의 크기는 $N \times M$이고 행렬 E의 크기는 $M \times M$이므로 다음 식과 같이 구한 행렬 V의 크기는 $N \times M$이 되고 V의 각 열은 행렬 C의 고유 벡터가 된다.

$$V = AE$$

행렬 V를 구한 다음에는 좌측의 열부터 원하는 수만큼 주성분축으로 사용하면 된다. 주성분축을 구한 다음에는 주성분축에 입력 영상을 투영함으로써 입력 영상들에 대해서 차원이 축소된 특징 벡터를 구할 수 있다.

얼굴 인식을 위해서는 먼저 주성분 분석에 사용된 360개의 입력 영상 $\Phi_1, \Phi_2, \cdots, \Phi_{360}$에 대해서 특징 벡터 $Z_1, Z_2, \cdots, Z_{360}$를 구한다. 그리고 새로운 입력 영상이 들어오면 그에 대한 특징 벡터를 구하고 이 벡터와 $Z_1, Z_2, \cdots, Z_{360}$ 벡터 사이의 거리를 구해서 가장 가까운 거리에 있는 벡터를 찾으면 된다.

영상 Φ_i를 주성분축에 투영하여 특징 벡터 Z_i를 구하기 위해서는 다음 식과 같이 먼저 영상 Φ_i로부터 주성분 분석에 사용된 평균 얼굴 벡터 Ψ를 뺀 다음에 고유 벡터 행렬에 대한 전치 행렬과 곱하면 된다. 행렬 V로부터 K개의 열만 선택하고 나머지는 버림으로써 V의 크기가 $N \times K$가 되었을 경우 행렬 V^T의 크기는 $K \times N$이고 행렬 I의 크기는 $N \times 1$이므로 행렬 Z_i의 크기는 $K \times 1$이 된다. 이렇게 함으로써 특징 벡터의 크기를 N에서 K로 줄어들게 되는 것이다. 주성분 분석에 사용되지 않은 새로운 영상에 대해서도 아래의 식을 동일하게 적용하여 특징 벡터를 구할 수 있다.

$$I = \Phi_i - \Psi$$
$$Z_i = V^T I$$

고유 벡터 행렬 V와 K 차원의 특징 벡터 Z로부터 다음과 같이 영상 Φ를 복원할 수도 있다.

$$I = VZ$$
$$\Phi = I + \Psi$$

특징 벡터의 차원을 줄이면서 영상을 복원해 보면 복원된 영상에 약간의 손상이 나타나는 현상을 볼 수 있다. 그림 12-16에는 얼굴 인식 실험에서 몇 가지 특징 벡터의 차원에 대해 복원된 영상이 나타나 있다. 주성분 분석에 사용된 영상의 수가 360개이므로 특징 벡터의 차원은 최대 360이고 이때에는 원래 영상과 거의 동일한 영상이 복원되는 것을 알 수 있다.

[그림 12-16] 특징 벡터의 차원에 따른 복원 영상의 예

얼굴 영상에 대한 주성분 분석에서 구한 고유 벡터를 영상으로 출력하면 그림 12-17과 같이 되는데, 얼굴 모양과 비슷해서 고유 벡터를 고유 얼굴이라고도 한다. 그림 12-17에서 λ_i는 i번째의 고유값을 나타내고 그에 해당하는 고유 얼굴이 표시되어 있다.

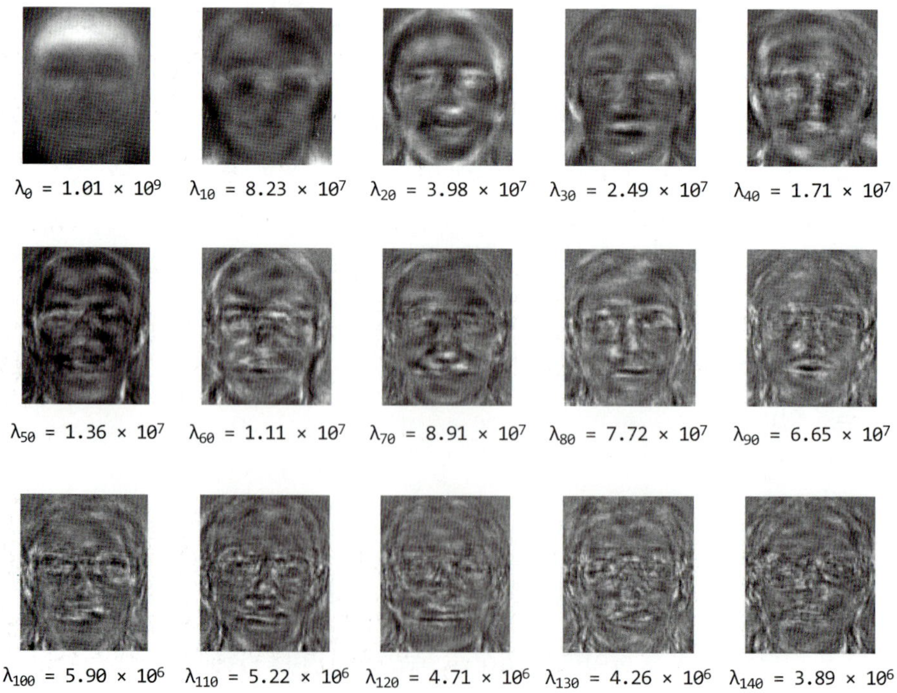

[그림 12-17] 고유 얼굴

12.3 실 습

12.3.1 사각형 마커 인식

사각형 마커가 그림 12-18과 같이 10개가 정의되어 있고 입력 영상으로 그림 12-19와 같이 사각형 마커를 포함하는 영상이 주어질 때에, 입력 영상으로부터 사각형 마커 영역을 검출하고 그림 12-18의 10개의 마커 중 어느 것과 가장 비슷한지를 인식해 보도록 하자. 여기에서는 구현을 단순화하기 위해 사각형 마커를 한 개만 포함하는 영상을 대상으로 하도록 하자.

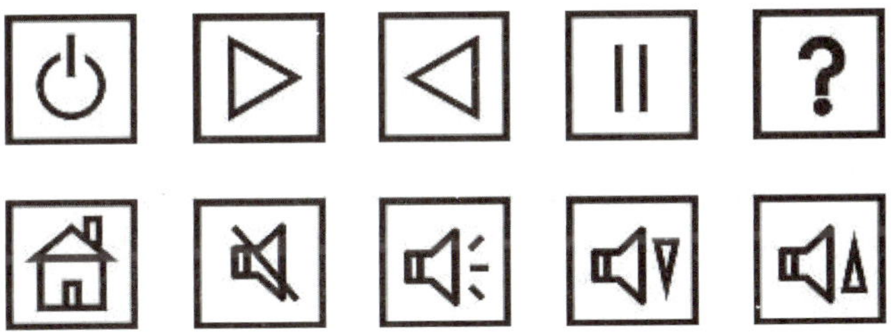

[그림 12-18] 인식대상 사각형 마커

[그림 12-19] 사각형 마커 인식 실험을 위한 입력영상

1) 학습 이미지를 읽고 Training data 만들기

```
clear all; close all; clc;

% 학습 이미지의 개수
 Marker=10; Training=[]; Group =[];
% 표준패턴 읽기 , 2진 영상 만들기 , Traing data 만들기
for N = 1 : Marker
     fname = sprintf('E:\\영상처리\\marker_%02d.bmp', N - 1 );
     Open_Marker{N} = imread(fname);
     T_size =size(Open_Marker{1});
     T1 = graythresh(Open_Marker{N});
     f2= im2bw(Open_Marker{N},T1);
     f3 = imclearborder(f2);
     img{N}=bwareaopen(f3,30);
     Traing{N} =[ reshape( img{N}, 1, T_size(1)*T_size(2))];
     Temp= Traing{N};
     Training =[Training ; Temp];
     Group = [Group, N ];
     subplot(ceil(sqrt(Marker)), ceil(sqrt(Marker)),N);
     imshow(Open_Marker{N});
end
```

그림 12-20은 학습 영상을 10개 읽어 이진 영상으로 변환한 뒤 Training data를 만들었다. Training data는 한 행에 1개의 영상의 값을 저장하도록 프로그래밍되어 있다.

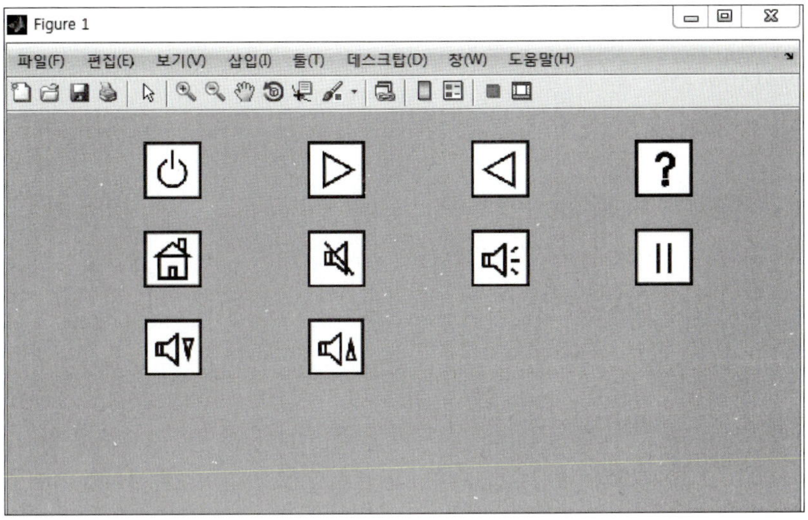

[그림 12-20] 학습 영상의 입력

2) 입력 이미지를 읽고 Sampling data 만들기 1

```
%% Sampling data 만들기1
 close all; clc;
 in_img  = imread('12장-help.pgm');
 imshow(in_img,[]);
 T2 = graythresh(in_img);
 in_img2 = ~im2bw(in_img,T2);
 in_img3 = imclearborder(in_img2);
 in_img4 = bwareaopen(in_img3,20);
 in_img5 = imfill(in_img4,4, 'holes');
 in_bimg = bwperim(in_img5,4);
```

이 단계에서는 Sampling data를 이진 영상으로 변환한 뒤 작은 부분은 제거하고, 최외각만을 구하는 것이다.

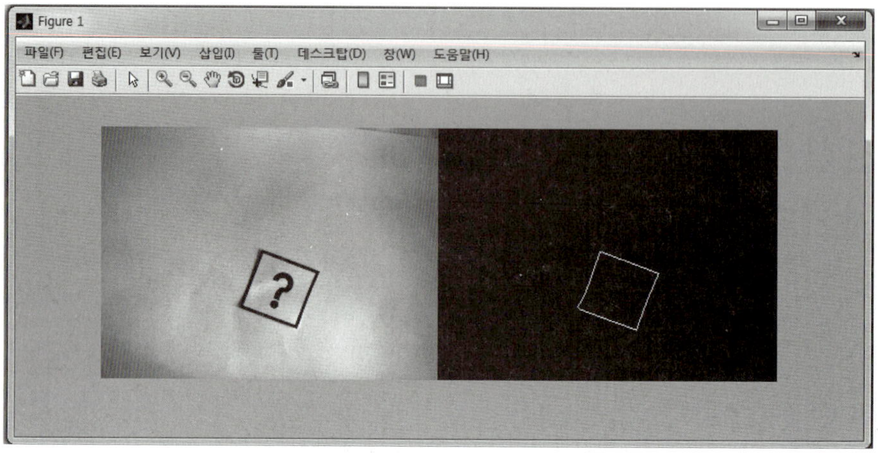

[그림 12-21] Sampling data와 최외각 이미지

3) Sampling data의 각도 계산

```
%% Sampling data 만들기2 ( hough 변환을 이용한 각도 계산)
    [H,theta,rho] = hough(in_bimg);
    peaks  = houghpeaks(H,4);
    lines = houghlines(in_bimg,theta,rho,peaks);
    figure, imshow(in_bimg); hold on;
   for k = 1:numel(lines)
      x1(k) = lines(k).point1(1);
      y1(k) = lines(k).point1(2);
      x2(k) = lines(k).point2(1);
      y2(k) = lines(k).point2(2);
      plot([x1(k) x2(k)],[y1(k) y2(k)],'Color','g','LineWidth', 2)
      if k==1
         L_theta = lines(k).theta;
      elseif k>=2 && y1(k) > y1(k-1)
         L_theta = lines(k).theta;
      end
  end
hold off
```

그림 12-22는 Sampling data의 최외각 선분의 정보를 이용하여 입력 영상의 기울기 정도를 구하는 것이다. 이 프로그램에서는 가장 아래 부분의 선분의 정보를 이용하여 각도를 구하였다.

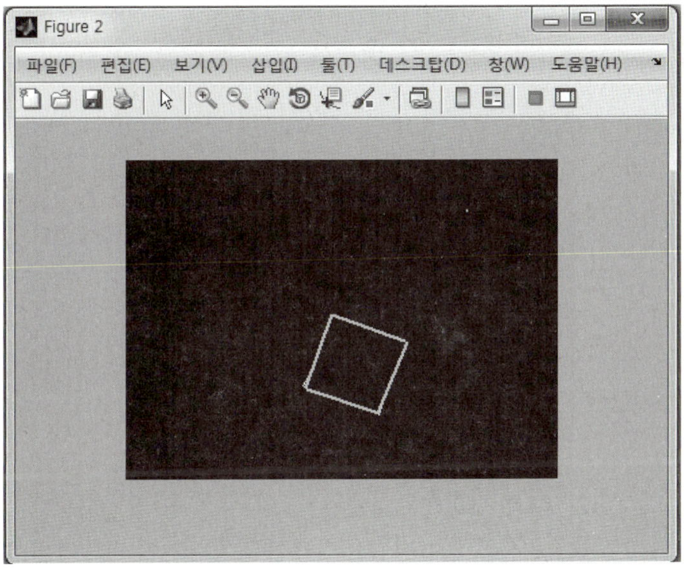

[그림 12-22] Sampling data 각도 계산

4) Sampling data의 회전

```
% 영상의 회전
  if L_theta >0
    in_rimg = imrotate(in_img4,-(90-L_theta),'bicubic' );
    imshow(in_rimg)
  else
    in_rimg = imrotate(in_img4,L_theta+90,'bicubic');
    imshow(in_rimg)
  end
```

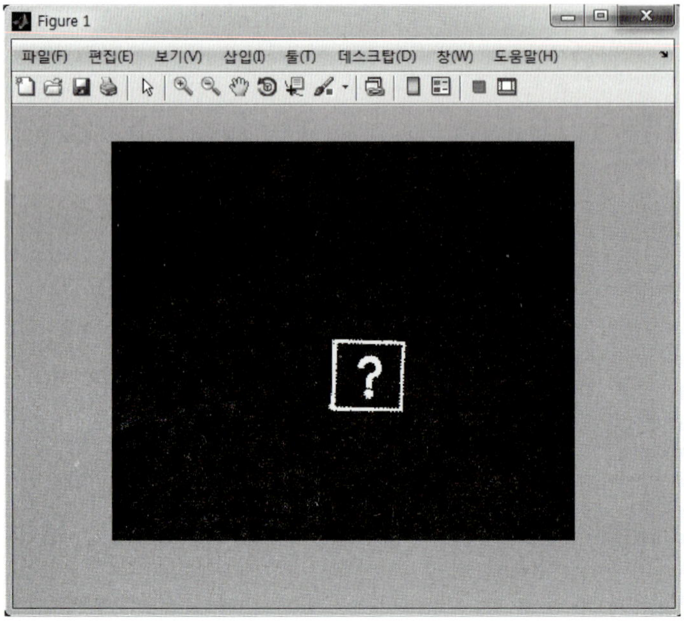

[그림 12-23] Sampling data 회전

Training data와 Sampling data의 최근접 거리비교를 통한 영상의 패턴 인식을 위해서는 Training data와 같은 조건으로 Sampling data가 맞춰져야 한다. 이 프로그램에서는 선분의 각도를 읽어오는 조건에 따라 두 가지 조건으로 나눠서 Sampling data를 회전시켰다.

5) Sampling data 저장

```
% 선택 영상 저장
close all; clc;
in_simg = regionprops(in_rimg, 'all');
BB =in_simg.BoundingBox;
subImage =~ imcrop(in_rimg,[round(BB(1)),round(BB(2)),...
round(BB(3)), round(BB(4))] );
re_subimg = imresize(subImage,[ T_size(1), T_size(2)]);
size_subimg = size(re_subimg );
Sampling = reshape (re_subimg, 1 ,size_subimg(1)*size_subimg(2));
imshow(re_subimg,[])
```

앞 단계에서 Sampling data의 크기는 Training data와 차이가 있다. 그래서 이 단계에서는 Training data의 크기에 맞게 Sampling data를 저장하는 것이다. 여기에서는 regionprops의 BoundingBox 함수를 이용하였고, reshape 함수로 크기를 변경하였다.

[그림 12-24] Sampling data의 크기 조절 및 저장

6) 최근접 알고리즘을 이용한 사각형 마커 찾기

```
% 거리 근접화 방법 적용
Class = knnclassify(Sampling, Training, Group);
imshowpair( img{Class}, subImage,'montage' );
```

[그림 12-25] 사각형 마커 인식 확인

최근접 알고리즘을 이용하여 Training data 중 Sampling data를 찾아 확인한다. 이 프로그램에서는 물음표 모양을 Sampling data로 하여 확인하였다.

12.3.2 얼굴 인식

얼굴 인식 실험에서는 먼저 360개의 영상에 대해 주성분 분석을 수행한 다음에 360개의 영상에 대한 특징 벡터를 계산하기로 하자. 그리고 40개의 테스트 영상에 대해 특징벡터를 구한 다음에 최소 거리 식별법에 의해 360개의 영상 중 어떤 영상과 가장 비슷한지를 계산함으로써 얼굴 인식을 하도록 하자.

주성분분석에 사용될 360개의 영상은 train_face_images 폴더 아래에 face_0.bmp, face_1.bmp, …, face_359.bmp와 같은 이름으로 주어진다.

테스트에 사용될 영상은 test_face_images 폴더 아래에 face_0.bmp, face_1.bmp, …, face_39.bmp와 같이 주어진다. 그리고 인식 결과는 test_face_images 폴더 아래에face_0_result.bmp, face_1_result.bmp, …, face_39_result.bmp와 같이 저장하기로 하자. 그리고 주성분 분석이 올바르게 되었는지 확인할 수 있도록 하기 위해 360개의 얼굴에 대해 구한 특징 벡터로부터 영상을 복원하여 recovered_images 폴더에 저장하고 주성분 벡터들을 영상으로 변환하여 recovered_images 폴더에 저장하도록 하자.

1) 학습 이미지를 읽고 Training data 만들기

```
clear all;  close all; clc;

% 학습 이미지의 개수
 Marker=390;
 Training=[];
 % 표준패턴 읽기 , 2진영상 만들기 , Traing data 만들기
for N = 1 : Marker
      fname = sprintf('E:\\영상처리\\face_%01d.bmp', N - 1 );
      Open_Marker{N} = imread(fname);
       T_size =size(Open_Marker{1});
       Traing{N} =reshape(Open_Marker{N}', T_size(1)*T_size(2),1);
```

```
    Temp= Traing{N};
    subplot(ceil(sqrt(Marker)), ceil(sqrt(Marker)),N);
    imshow(Open_Marker{N});
    Training =[Training Temp];
end
```

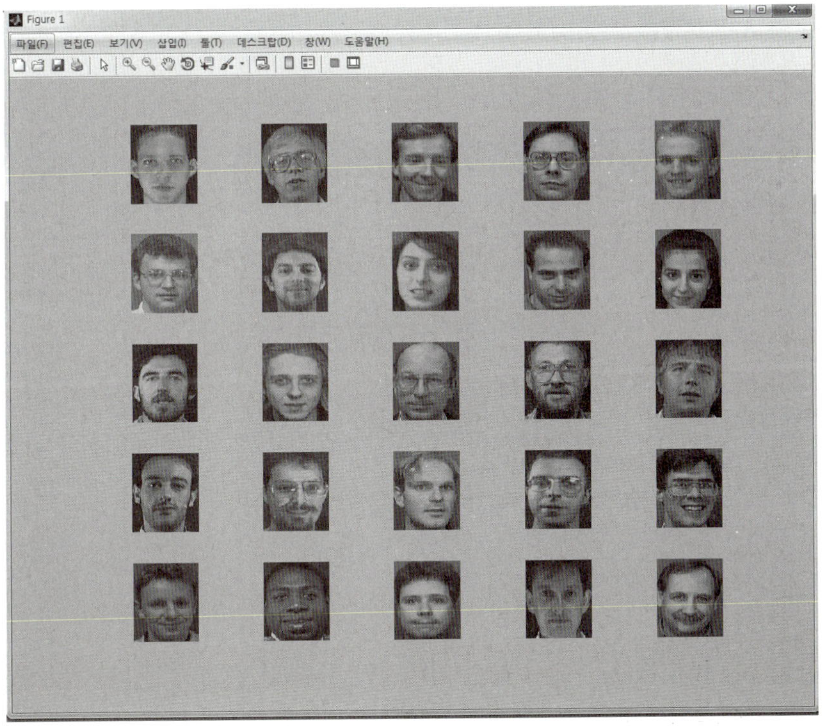

[그림 12-26] 얼굴 인식을 위한 학습 영상

주성분 벡터를 이용하여 얼굴을 인식하기 위해서는 먼저 학습 영상이 필요하다. 이 교재에서는 영국의 캠브리지 대학의 Olivetti Research Laboratory에서 채집된 40명의 서로 다른 각도에서 촬영된 영상을 이용하였다.

2) 평균얼굴 계산

```
%% 평균얼굴 계산
 close all; clc;

 Train_mean = (mean(Training,2));
 img = reshape(Train_mean,T_size(2),T_size(1)) ;
 imshow( uint8(img'));
```

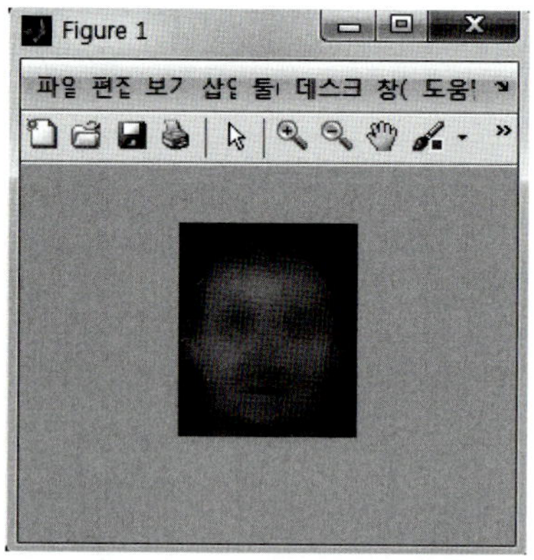

[그림 12-27] 평균얼굴

평균얼굴은 주성분 분석에서 학습 이미지와 차이를 계산하고 공분산과 고유벡터를 구할 때 사용된다. 평균 얼굴은 학습이미지의 합을 총입력의 개수로 나누면 구할 수 있다.

3) 공분산, 고유벡터, 고윳값 계산

```
% V : 고유벡터 행렬, b; 고윳값 행렬
  A = [];
 for i=1 : Marker
    temp = double(Training(:,i))- Train_mean;
    A = [A temp];
```

```
end
L= A' * A;
[V,D]=eig(L);
L_eig_vec = [];
for i = 1 : size(V,2)
    if( D(i,i) > 1 )
      L_eig_vec = [L_eig_vec V(:,i)];
    end
end
% 최종적으로 고유 얼굴 계산 %
eigenfaces = A * L_eig_vec;
```

공분산 계산을 위하여 입력된 학습 영상을 double형으로 변경하였고, 평균영상을 뺀 값에 대한 공분산(L)을 구한 뒤, 고유벡터와 고윳값 계산을 계산하였다.

4) 추종되는 이미지 벡터 행렬 만들기

```
% 추종되는 이미지 벡터 행렬
  projectimg = [ ];
  for i = 1 : size(eigenfaces,2)
      temp = eigenfaces' * A(:,i);
      projectimg = [projectimg temp];
  end
```

앞 단계에서 구한 공분산과 고유벡터 및 고윳값을 이용하여 학습 영상에 대한 주성분을 선택하였다. 이 프로그램에서는 projectimg변수에 저장되었다.

5) 테스트 이미지 입력 및 PCA를 이용한 추종 영상 만들기

```
%% PCA 분석을 위한 테스트 이미지
  fname1 = sprintf('E:\\영상처리\\att_faces\\s24\\%01d.pgm',7);
  test_image = imread(fname1);
  test_image = test_image(:,:,1);
  [r c] = size(test_image);
  % (MxN)x1 벡터 만들기
  temp = reshape(test_image',r*c,1);
  % 평균영상과 뺄셈 영상 만들기
  temp = double(temp)-Train_mean;
  % 테스트 추종 영상의 고유벡터 행렬 만들기
  projtestimg = eigenfaces'*temp;
```

학습 영상에 대해서 주성분 분석이 끝나면 테스트 이미지를 읽는다. 이 과정에서도 테스트 이미지와 학습 이미지의 평균의 차를 구한 뒤 테스트 추종 영상의 고유벡터를 계산한다.

6) 학습 영상과 테스트 영상의 거리 계산

```
euclide_dist = [ ];
for i=1 : size(eigenfaces,2)
  temp = (norm(projtestimg-projectimg(:,i)))^2;
  euclide_dist = [euclide_dist temp];
end
[euclide_dist_min recognized_index] = min(euclide_dist)
```

이 단계에서는 학습 영상과 테스트 영상의 주성분의 거리를 계산하고, 최소 거리 값이 계산된 위치를 구한다. 이 위치가 테스트 영상과 학습영상과 가장 일치하는 영상이다.

7) 학습영상과 테스트 영상의 거리 계산에 의한 이미지 찾기

```
x=1 : size(eigenfaces,2);
plot(x, euclide_dist); grid on;
figure;
grid off;
imshowpair(test_image,Open_Marker{recognized_index},'montage' );
```

마지막 단계는 그래프로 확인하는 단계로, 학습 영상과 테스트 영상을 디스플레이함으로써 확인할 수 있다.

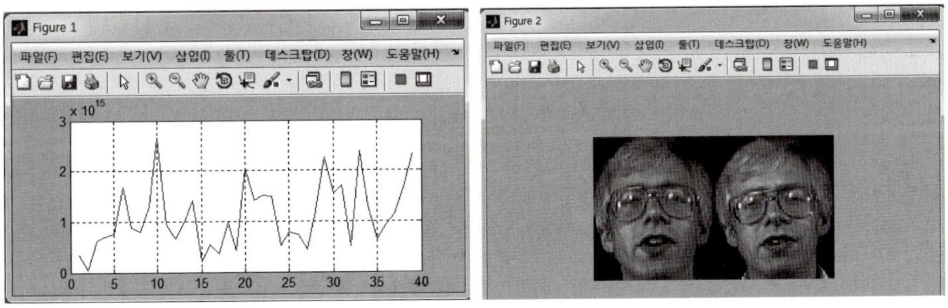

[그림 12-28] PCA 분석을 통한 얼굴 인식 결과

연 습 문 제

01 LDA(Linear Discriminant Analysis:선형판별분석법)을 이용하여 얼굴 인식을 수행하시오.

02 PCA(Principal Component Analysis:주성분 분석)와 LDA(Linear Discriminant Analysis:선형판별분석법)를 결합하여 얼굴 인식을 수행하시오.

찾아보기